李彬文集

# 唐代文明与新闻传播

修订版

李彬 著

清华大学出版社
北京

版权所有，侵权必究。举报：010-62782989，beiqinquan@tup.tsinghua.edu.cn。

**图书在版编目（CIP）数据**

唐代文明与新闻传播 / 李彬著. —修订版. —北京：清华大学出版社，2023.11
（李彬文集）
ISBN 978-7-302-64774-4

Ⅰ.①唐… Ⅱ.①李… Ⅲ.①新闻工作—文化史—中国—隋唐时代 Ⅳ.① G219.294

中国国家版本馆 CIP 数据核字（2023）第 204744 号

责任编辑：纪海虹
封面设计：刘　派
责任校对：王荣静
责任印制：杨　艳

出版发行：清华大学出版社
网　　址：https://www.tup.com.cn，https://www.wqxuetang.com
地　　址：北京清华大学学研大厦 A 座　　邮　编：100084
社 总 机：010-83470000　　邮　购：010-62786544
投稿与读者服务：010-62776969，c-service@tup.tsinghua.edu.cn
质量反馈：010-62772015，zhiliang@tup.tsinghua.edu.cn

印 装 者：涿州汇美亿浓印刷有限公司
经　　销：全国新华书店
开　　本：170mm×240mm　　印　张：140.75　　插页：10　　字　数：2165 千字
版　　次：2023 年 12 月第 1 版　　印　次：2023 年 12 月第 1 次印刷
定　　价：700.00 元（全五册）

产品编号：099950-01

# 文集自序

四十年来家国，八千里路云和月——两句古诗名句，道尽了这套文集的"因缘"。

作为"七七级"大学生，2022年是我毕业四十年，耕耘新闻教育新闻学近四十年。承蒙清华大学出版社及编辑纪海虹的美意与中国人民大学出版社及编辑翟江虹的支持，五部拙著得以汇编成为文集，按照第一版出版时间，有《传播学引论》（1993）、《唐代文明与新闻传播》（1999）、《传播符号论》（2002）、《全球新闻传播史》（2005）、《中国新闻社会史》（2007）。由于读者勖勉，书稿一版再版，一印再印。其中，修订四版的《传播学引论》获得教育部人文社科优秀成果三等奖；第二版《唐代文明与新闻传播》获得北京市人文社科优秀成果二等奖，并入选中华学术外译项目，2021年由麦克米伦公司发行英文版；第三版《中国新闻社会史》是清华大学、北京市和国家精品课"中国新闻传播史"配套教材，并获评清华大学优秀教材一等奖与北京市高等教育精品教材；第一版《全球新闻传播史》获评国家精品教材。版次有别，初心依旧。2003年《传播学引论》增补版后记中有句感言：不变的仍是书生本色，坚守的还是人间正道。这也是四十年来家国的况味。

犹记四十年前，我的本科毕业论文题为《八千里路云和月》。如果说四十年来家国是志业，那么八千里路云月则如人生：从天山脚下的少年，到淮河岸边的知青，从边陲干警到高校教师，读博人大，落脚清华。自愧阅历单薄，常叹百无一用，不由神往驾长车的风云气象。也因此，格外向往"我民族独立之精神，自由之思想"（陈寅恪）。

检讨半生新闻阅历，无非读书、教书、写书，并追求真知，追求真理。文集文字早晚风飘云散，但薪火相传的学术情怀终将与长天大地同在。

# 目 录

导 论 ········································································· 1

## 第一章 邸院与驿传 ················································ 17
上 篇 ······································································ 18
进奏院的由来 ······················································· 18
长安与诸道进奏院 ················································ 21
进奏官素描 ··························································· 25
下 篇 ······································································ 29
历史上的驿传 ······················································· 30
隋唐驿传的发达 ··················································· 35
客舍青青柳色新 ··················································· 39
一驿过一驿，驿骑如星流 ····································· 44

## 第二章 传播方式（上） ········································· 50
《开元杂报》 ························································· 51
韩翃与"邸报" ······················································· 58
进奏院状报 ··························································· 66

## 第三章 传播方式（中） ········································· 78
新闻·传播·新闻传播 ············································ 79

露布及其妙用 …………………………………… 86
　　一纸檄文敌千军 ………………………………… 95

**第四章　传播方式（下）** …………………………… **102**
　　白日登山望烽火 ………………………………… 103
　　校尉羽书飞瀚海 ………………………………… 109
　　榜文与告示 ……………………………………… 111
　　左史记言，右史记事 …………………………… 118

**第五章　新闻传播思想** ……………………………… **127**
　　闳放的盛唐气象 ………………………………… 128
　　隋初的文体改革 ………………………………… 131
　　李世民与《贞观政要》 ………………………… 134
　　陆贽的去蔽求通说 ……………………………… 138
　　刘知几的才学识理论 …………………………… 145
　　《史通》与"直笔" …………………………… 148

**第六章　士人传播——总论** ………………………… **156**
　　士的流变 ………………………………………… 158
　　"社会的良心" ………………………………… 161
　　唐代的士 ………………………………………… 167
　　唐代的士人传播 ………………………………… 172
　　歌诗合为事而作 ………………………………… 176

**第七章　士人传播——分论（上）** ………………… **184**
　　尺牍书疏，千里面目 …………………………… 186
　　史统散而小说兴 ………………………………… 194
　　唐人笔记 ………………………………………… 202

## 第八章　士人传播——分论（下） 213

题壁的由来 214

唐人题壁 216

旗亭画壁 219

前峰月照一江水 222

每到驿亭先下马，循墙绕柱觅君诗 225

人面不知何处去，桃花依旧笑春风 229

题壁与传播 233

"版印书籍，唐人尚未盛为之" 237

## 第九章　民间传播 242

乡土中国 244

人际网络与口耳相传 247

一方水土一方人 251

歌谣谚语 254

上有天堂，下有员庄 258

骆宾王"造谣" 263

俗讲与变文 269

《张议潮变文》 273

## 结　语 279

## 参考文献 297

## 附录　中国新闻史研究的一点再反思 302

## 后记——让我们追寻那诗意的境界 323

## 修订版补述 326

导 论

一

无论从政治、经济、文化，还是其他方面看，唐代都是我国历史上一段辉煌灿烂的鼎盛岁月、一个流光溢彩的黄金时代。她所创造的文明在人类发展的整个历程中，也是如此地光辉夺目，映照千秋。唐代，早已熔铸成华夏永远的骄傲和自豪。正如《中国大百科全书·中国历史》所总结的：

> 中国历史自春秋、战国之交进入封建社会以来，社会经济、政治、文化等方面沿着迂回曲折的道路前进，在发展过程中出现过三次高潮，即三次鼎盛局面。第一次高潮产生于西汉，第三次高潮产生于明清，第二次高潮就产生于唐代。在第二次鼎盛中，尤其是唐朝前期，农业生产蒸蒸日上，手工业品日益精巧，商业经济空前繁荣，城市车水马龙，繁花似锦；唐朝后期，江南经济进一步发展，为以后南方经济水平超越北方奠定了基础。在政治上先后有贞观之治和开元之治，国家统一，社会安定，呈现出一派升平景象，其成就都超过了西汉的"文景之治"。……就当时的世界范围来看，唐帝国也是最重要，最强盛的国家之一。……唐朝不但能够自立于世界民族之林，而且属于最先进的行列……在当时的世界中，文化交流的中心主要有印度、阿拉伯和中国，这三个中心，又以中国的地位最为突出。……唐代确实是一个不平凡的时代。①

很自然，对这样一个"不平凡的时代"，后人总是怀着浓烈的兴趣从方方面面展开研究，从而使唐代成为学术王国中的一方沃土，成为繁花似锦、美不胜收、硕果累累、层出不穷的一大领域。"中国学者因视它为中国政治力量和影响的鼎盛时期和在文化、艺术等方面取得杰出成就的王朝而深为注意。日本学者之所以专心致志于隋唐时期的研究，不仅因为他们对这一时期有内在的兴趣，而且因为在此期间日本深受中国制度的影响。……西方学者也早就对这一时期着了迷，1753年，法国耶稣会

---

① 《中国大百科全书·中国历史》（缩印本），705页，北京，中国大百科全书出版社，1994。

士宋君荣完成了第一部完整的西方唐代政治史；近几十年（指第二次世界大战后——笔者注），他们为促进人们对唐代的认识又作出了自己杰出的贡献。"①

在我们看来，唐代文明不仅集古典世界之大成，而且亦开近世历史之新声。其"九天阊阖开宫殿，万国衣冠拜冕旒"的开放吐纳之象，"将军三箭定天山，战士长歌入汉关"的昂扬奋发之气，"白日放歌须纵酒，青春作伴好还乡"的奋发进取之姿，"沉舟侧畔千帆过，病树前头万木春"的高瞻远瞩之怀，既凝聚着中国古典的精华，又与后代世俗化气脉隐隐相通。至于其一系列制度方面的创设，如以开科取士为基础的文官体系和以《唐律疏议》为蓝本的法理架构，对近世历史的意义就更为明显突出——"前人之述备矣"。可以说，唐代是中国历史上一个承前启后的制高点，在这一制高点上"瞻前顾后"，最容易把握五千年文明的来龙去脉。特别是在充满机遇与挑战、交织希望与危机的21世纪，身处精神分崩离析、灵魂无家可归的后现代，唐代文明的遗产便愈发显得珍贵。因为，正如李约瑟《中国科学技术史》第一卷在对比唐宋两代的总体特征时所概括的，"唐代是人文主义的"。当然，说唐代的人文气质能够化解现世的理性板结，无异于说唐代的藩镇割据实为北洋军阀之先导一样似是而非、不着边际。但唐代文明及其"抒情诗气质"②无疑可为现代社会的健全发展提供丰赡的文化资源和多维的现实参照。这也许正是越来越多的学人锲而不舍地探究唐代文明及其蕴含的诱因之一吧。

## 二

相较于唐代其他领域如火如荼的研究，新闻传播方面的探讨无疑还比较冷清寂寥。与人们对近代新闻事业一茬一茬深耕细作的局面相比，唐代的新闻传播研究整体上还是一片有待开垦的处女地。尽管近30年来，少数先驱者从不同领域踏入这片学术园地，开始垦荒、耕耘并且有所收获，

---

① [英]崔瑞德编：《剑桥中国隋唐史》，中国社会科学院历史研究所西方汉学研究课题组译，1页，北京，中国社会科学出版社，1990。
② [美]卡特：《中国印刷术的发明和它的西传》，吴泽炎译，70页，北京，商务印书馆，1957。

但毕竟由于起步较晚且该领域牵连广泛，迄今成果屈指可数，先驱者的孤独身影在如此广袤的天地间，也如美国早期开发西部的拓荒者一样兀立荒原，形单影只。

关于唐代的新闻传播，戈公振在第一部全面论述中国新闻发展史的著作《中国报学史》（1927）中，仅以有限的篇幅提了一下唐人孙可之《经纬集》里一篇读"开元杂报"的文章。此后约半个世纪，人们对唐代新闻传播的认识大致都停留在这一水平，进展不大。唯一的例外是台湾的新闻史专家朱传誉先生，他在1966年发表的《唐代报纸研究》一文中，"从开元杂报说起"，进而谈到了唐代的"报状与进奏院报"。①

直到20世纪80年代，坚冰才开始融化，局面才开始活跃，唐代的新闻传播研究才开始显露新的生机。导致这一转机的因素大略有二：一是伴随新闻学术春天的到来，新闻史的研究也大踏步地迈进，不断将探讨的触角伸向未知的领域；二是传播学的引进，使学术观念豁然开朗，许多以前颇显逼仄的论题一下变得丰富多样，意蕴深广。在这一开风气之先的思潮中，中国人民大学新闻系的方汉奇先生是筚路蓝缕以启山林的第一人。他发表在《新闻学论集》第五辑（1983）中的论文《从不列颠图书馆藏唐归义军"进奏院状"看中国古代的报纸》，是一篇影响广泛的学术力作，以坚实的功力、翔实的考证和完善的论述，提出唐代的"进奏院状"应为中国同时也是世界最古老之报纸的论点。

方先生这一结论的冲击力是不言而喻的，因而引起学术界的普遍关注和极大兴趣。时隔不久，天津社会科学院的唐史学者张国刚先生（现为清华大学历史系教授）便在《学术月刊》1986年7月号上发表了与方先生商榷的文章《两份敦煌"进奏院状"文书的研究》。所谓两份，一指方先生文中论及的、现藏伦敦不列颠图书馆编号为S.1156的归义军进奏院状（887），一指张先生自己发现的一份年代更早的、现藏巴黎国立图书馆编号为P.3547的归义军进奏状（约876）。张文的结论已在标题中挑明，即进奏院状不是"报纸"，而是"文书"。此前，张先生已在《天津日报》上发表了《邸报并

---

① 参见朱传誉：《先秦唐宋明清传播事业论集》，台北，台湾商务印书馆，1988。另外，黄卓明的《中国古代报纸探源》也有两节专论"开元杂报"与"进奏院状报"，北京，人民日报出版社，1983。

非古代报纸》一文（1986年3月25日），表达了上述观点。在我们看来，方先生探讨进奏院状的意义主要还不在于结论本身——虽说他的结论已是非同凡响——而在于从一片混沌中抓住了一个衍生力极强的学术话题，进而带动起许多相关的研究。借用传播学议题设置理论（agenda-setting），方先生等于为唐代的新闻传播研究设定了议程。对此话题大家尽可各抒己见，莫衷一是，但却不得不说着同一话题，而在这片众声喧哗的纷纷攘攘中自然会触发许多意想不到的新知，进而使这方面原已显得山重水复疑无路的探讨，在柳暗花明又一村的明灭变幻中不断向纵深处全面拓展。也就是说，进奏院状这步棋走活了，整个唐代新闻传播研究这盘棋也随之走活了。所以，我们说方先生在此的贡献首先还不在于解决了一个前人未能解决的问题，而在于以其通达的识见提出了一个举一反三、触类旁通的问题。即使有朝一日他的结论被改写修正，但他的创见对唐代新闻传播研究所具有的非凡意义却不容置疑，正如"日心说"虽已过时，但它对科学发展的非凡贡献无可估量。

## 三

除方汉奇先生之外，复旦大学新闻系的姚福申先生也曾在唐代新闻传播的学术领域辛勤耕耘，默默劳作，取得较为突出的实绩。从20世纪80年代初以来，他已发表了下列几篇颇有分量的论文：

《有关邸报几个问题的探索》，刊《新闻研究资料》1981年第4辑。
《唐代新闻传播活动考》，刊《新闻大学》1982年总第5期。《〈开元杂报〉考》，刊《新闻学论集》1985年总第九辑。
《唐代孙处玄使用"新闻"一语的考辨》，刊《新闻大学》1989年第1期。

这些论文从不同侧面探讨了唐代的新闻传播活动，史料周详，实事求是，在这一领域的拓荒者中独树一帜，正如方汉奇先生所称道的：

他的治学态度是严谨的。他所写的文章，论证绵密，言必有征，时有创获，不落前人窠臼，是很可钦佩的。①

尤其是《唐代新闻传播活动考》一文，以露布、条报、进奏官报、邸报、榜文等为主，较全面地梳理了有唐一代的新闻传播活动，从整体上展示了其面貌与特征，尽管不免于先驱者难以规避的粗疏缺失，但仍不失一篇颇有价值的开创性文字。

进入20世纪90年代以来，随着传播研究的深入和传播学理的渗透，包括中国社会科学院新闻研究所原所长孙旭培先生所倡导的"本土化"活动②，唐代的新闻传播研究也出现了一些新的气象。如，1996年暨南大学新闻系的李异平和陶第迁二位先生发表的《论唐代的对外传播》一文③，首次论及唐代的跨文化传播（intercultural communication），揭示了唐代这方面传播活动的类型（政治传播、儒家思想传播、经济和科技传播、文化传播、宗教传播等）和方式（和亲、授学、商贸、民间往来等）。再如，刘光裕和郭术兵二位先生在1997年第1期《齐鲁学刊》上发表的《论传播方式的改变对唐宋词的影响》一文，虽然重在文学，但对我们的研究也不无启发。

当然，总的来看，对唐代新闻传播领域的考察目前尚处于起步阶段，了解与认识还远不够清晰、完备、深入、系统。尤其是，许多与新闻传播有关的问题尚未触及，即便一些论及的问题也仍然不无暧昧、模糊乃至抵牾之处，甚至个别仿佛已成定论的问题也有待进一步推敲。迄今为止，最详尽、最充实地勾画唐代新闻传播风貌的，还数方汉奇先生等主编的《中国新闻事业通史》一书中由方先生执笔撰写的有关章节，字数约两万字。其中所着力阐述的、同时也是学界所普遍关注的主要包括两方面内容，一为孙可之所提到的"开元杂报"④，二为唐代进奏院状报。其他有关新闻史的著述，其实也大多不逾这两项。如复旦大学新闻学院徐培汀与裘正义二位先生合著的《中国新闻传播学说史》一书，在讲到"隋唐传播事业和官报体

---

① 方汉奇：《读〈〈开元杂报〉考〉一文后的断想》，载《新闻学论集》，第九辑，北京，中国人民大学出版社，1985。

② 参见《从零开始——首届海峡两岸中国传统文化中传的探索座谈会论文集》，厦门，厦门大学出版社，1994。另见孙旭培主编：《华夏传播论》，北京，人民出版社，1997。

③ 见论文集《面向21世纪的新闻与传播》，广州，暨南大学出版社，1996。

④ 朱传誉先生认为，"所谓'开元杂报'只不过是唐开元年间，杂乱的新闻信"，其中的"报"字乃是动词，不是专有名词。见《先秦唐宋明清传播事业论集》，前言1页、111页。

系"时，就基本沿用了上述研究中的观点，重点依然是"开元杂报"和进奏院状报。这既反映了研究的现状，又展示了研究的前景。"前人智力之所穷，正后人心思之所起"（纪晓岚），在唐代新闻传播这方学术天地中，先驱者披荆斩棘的努力已为后来者打开了缺口，踏出了道路，甚至提供了可以依凭的落脚点，他们许多原创性的观点更像夜幕笼罩中的一座座灯塔，引领探险的人们向神秘未知的领域前行。他们止步的地方，正是后人起步的地方，用纪晓岚的话说"有所藉者，易为力也"。

另外，令人感到慰藉的是，在纷然杂陈、森罗万象的隋唐研究中，有不少大家在追逐各自感兴趣的目标时，曾不经意地涉足新闻与传播活动领域，留下深浅不一的足迹。由于勾连繁复，这类材料不可能悉数列举。如关于韩翃由"邸报"得知授官一节，就有傅璇琮先生《关于〈柳氏传〉、〈本事诗〉所载韩翃事迹考实》和周绍良先生《〈柳氏述〉笺证》等文可供参考。①再如关于唐代的邮驿制度，陈沅远先生也曾在《唐代驿制考》一文中早有论述。②至于像陈寅恪、向达、岑仲勉、王仲荦等先生在其史著中所提供的线索与启发，就更是不胜枚举了。这些著述与《旧唐书》《全唐文》《全唐诗》等一手资料一样，都是研究唐代新闻传播活动的重要依据。

## 四

从纵的时间维度看，我们所说的唐代新闻传播并不仅限于有唐一代，即从618年唐高祖立国到907年唐哀帝禅位。因为，唐王朝的历史生命同此前的隋朝和此后的五代十国构成相对完整的板块，形成血脉相通的肌体。隋朝的历史虽然短暂，从581年到618年不过30多年，但它却为唐帝国的空前统一与繁盛奠定了不可或缺的基础。就此而言，隋朝与秦朝颇为相似，它们都是两代而亡的短命王朝，但都建下一种为来世开太平的丰功伟业。没有秦朝便不可能有汉朝的强大，没有隋朝同样不可能有唐朝的崛起，范文澜先生说得好：

---

① 参见傅璇琮：《唐代诗人丛考》，北京，中华书局，1980；《向达先生纪念论文集》，乌鲁木齐，新疆人民出版社，1986。
② 参见《燕京大学史学年报》第一卷第五期。

秦始皇创秦制，为汉以后各朝所沿袭，隋文帝创隋制，为唐以后各朝所遵循，秦隋两朝都有巨大的贡献，不能因为历年短促，忽视它们在历史上的作用。①

至于从907年梁太祖朱全忠即位到960年宋太祖赵匡胤称帝的五代十国时期，看似朝代更迭，天子辈出，城头频换大王旗，但整体格局实为唐代后期藩镇割据军阀混战的历史之延续。如以统一与分裂为视角，那么从隋初到唐中叶的安史之乱爆发，统一的趋势不断强化；而从安史之乱到五代十国，分裂的局面不断加剧，这一升一降的持续运动，也使隋唐五代成为无法割裂的历史板块。探讨唐代的新闻传播，自然应遵循史家的这一共识，即将上限推到6世纪下叶，而将下限延至10世纪中叶。

从横的空间坐标看，界定论域的问题要复杂一些。因为唐代的疆域既不同于今日的版图，又变动不居。照《新唐书·地理志》的说法，"举唐之盛时，开元、天宝之际，东至安东（指安东都护府，治所在平壤），西至安西（指安西都护府，治所在库车），南至日南（指安南都护府，治所在河内），北至单于府（指单于都护府，治所在内蒙古的和林格尔西北），盖南北如汉之盛，东不及而西过之。"②其中，变动繁仍的地区多在北部与西部，这些地区由于处在突厥等游牧民族与唐帝国两大势力之间而常常朝秦暮楚，从而使唐代新闻传播这一论题所涵盖的地域范围无形中也随之盈虚消长。这里，我们以唐帝国的有效辖区为主体，同时将视野辐射到与其历史命运联系密切的周边区域，包括渤海、回纥、吐蕃、南诏等。

这是本文论题的外在范围，至于内在界限当以"新闻传播"作为主体，其间既不应泛化到无所不包的传播领域，又不宜局促于别无分店的单一媒介。这一界限并非无关紧要。否则，要么由于面面俱到而冲淡主题难有新意，要么由于胶柱鼓瑟而束缚手脚限制眼界。

以新闻传播统摄一切论题的内在尺度确定之后，接下来的问题就是如何在这一时代的新闻传播全景中进行合理而有机的"条块分割"，使之既层

---

① 范文澜：《中国通史简编》（修订本），第三编第一册，3页，北京，人民出版社，1965。
② 《通典》卷172："（天宝初）其地东到安东都护府，西到安西都护府，南至日南郡，北至单于都护府。南北如前汉之盛，东则不及，西则过之。"

次分明又浑然一体。对此，自会言人人殊，英雄所见不同，但觉横看成岭侧成峰。但是，无论怎样划分，不管每个内容板块如何建构，都应该力求历史与逻辑的统一与一致。换言之，我们所分析、阐述、勾勒、概括的"唐代文明与新闻传播"，应该符合或基本符合历史的原生态面貌，同时又在学术上、思想上自成一体、自圆其说。当然所谓历史的原生态面貌其实还是人们所知所感的历史影像，而非历史本身，因为作为实在的历史本身都只发生一次，并随生随灭不复存在。因而，与历史的一致与统一，充其量只能是与历史文献的一致与统一。

## 五

中国社会科学院文学研究所的程蔷、董乃斌二位先生，在其甚得好评的《唐帝国的精神文明》一书中写道："唐帝国不但建成了中国古代文明的高峰，而且在当时世界范围内居于领先地位""这个无与伦比的历史文明，至少应该包括四大部分，即物质文明、制度文明、科技文明和精神文明"[①]。在这个"博大清新、辉煌灿烂"（范文澜）的文明之中，新闻传播也呈现着前所未有的灵动活跃，多彩多姿。一方面，它深受整个社会的物质生产、组织结构、科技进步与精神气质的影响，从而打上鲜明的时代烙印；另一方面，它又是唐代文明不可缺少的有机构成，是铸就唐代文明的要素之一。

那么，具体地说，唐代的新闻传播是受何种条件决定，为哪些因素所制约的呢？朱传誉先生在论及先秦的传播活动时，曾指出以下三个制约新闻传播活动的因素："交通的发达""传播工具的发明和改进"及"思想言论的自由"。[②]就此三条而言，唐代都有长足的进步。如唐代交通之发达，同条条大道通罗马一样为历代所称羡。杜佑《通典》在谈到开元盛世时，有一段常被征引的文字，对当时以京洛为中心的陆路交通状况做了生动的描绘：

东至宋汴（商丘、开封），西至岐州（宝鸡），夹路列店肆待客，

---

① 程蔷、董乃斌：《唐帝国的精神文明》，1页，北京，中国社会科学出版社，1996。
② 参见朱传誉：《先秦唐宋明清传播事业论集》，75页。

> 酒馔丰溢。每店皆有驴赁客乘，倏忽数十里，谓之驿驴。南诣荆、襄（江陵、襄樊），北至太原、范阳（北京），西至蜀川、凉府（武威），皆有店肆，以供商旅。远适数千里，不持寸刃。①

另外，几条陆地和海上的丝绸之路，把中原与西域、中亚乃至欧陆地区联系得非常密切，各方面的交流十分频繁，从而使新闻传播也变得空前活跃。

再以言论的自由、思想的宽松而论，唐代也达到古典时代空前绝后的高度。唐代前期自不待言，由于国势强盛、国威远扬，人们普遍胸襟坦然，吐纳自如，《贞观政要》中那位礼贤下士、宽容大度的太宗形象，不妨说是整个时代精神的人格化身。而唐代后期的分裂动荡局面，又在客观上消解了大一统的权威及其对言论的管制，其中各地进奏院可以自由地传递中央的消息就是一例，须知汉代的邸吏胆敢如此必冒杀身之祸。②尽管与历代王朝无异，奸人弄柄、指鹿为马、压制舆情、道路以目的事情在唐代并不少见，但相对来说唐代的社会空气无疑是封建时代中最宽松最宽容的，唐人"几乎是寻找一切机会谋求欢娱、快乐和自由，他们渴盼肉体的解放和精神的超越"③。甚至唐代官员的惧内都是出了名的，如"吃醋"一典。如此的时代氛围和精神气质，自然对唐代的传播交流行为包括新闻活动产生深远影响。

当然，唐代新闻传播的发达归根结底还在于生产力水平的提高，以及与此相关的经济发展、商贸活跃、国家综合实力的壮大和社会物质生活的繁荣。所有这一切从根本上促成了交往的社会需求与现实可能。④不管中国古代的报纸是否起源于唐代，唐代的信息交流之充盈、新闻传播之迅达及影响社会之深远，都是充盈史册、有目共睹的，"剑外忽传收蓟北，初闻涕

---

① 《通典》卷7"历代盛衰户口"。
② 参见姚福申：《从敦煌马圈湾烽燧遗址出土的简牍看汉代官方新闻传播》，151~152页，载《新闻学论集》，第八辑，北京，中国人民大学出版社，1984。
③ 程蔷、董乃斌：《唐帝国的精神文明》，67页。
④ 此处的"交往"一词，是在马克思、恩格斯的"交往"概念上使用的，即陈力丹先生所概括的："指个人、社会团体、民族、国家间的物质交往和精神传通。因而，这是一个宏观的社会性概念。"见陈力丹：《精神交往论》，2页，北京，开明出版社，1993。

泪满衣裳"的新闻景观犹如唐诗一样浸淫于人们的日常生活之中,形成唐代历史的一抹鲜亮色彩。

同唐代的整个历史风尚一致,新闻传播的一大特征也是重文化、"尚词章"①,其中往往洋溢着浓郁的人文气息,展示着高贵的精神品位。随举一例。德宗兴元元年(784),名将李晟率部收复被叛军盘踞半年多的京城长安,战后依照常例起草了向朝廷报捷的文书——露布,送到德宗当时避难的行在梁州,其中写道:"臣已肃清宫禁,祗谒寝园。钟簴不移,庙貌如故。"②如此文雅清正古色古香的露布,为历代历朝所仅见,它不仅旨在传递消息,也重在彰显文化的意蕴和精神的气度。这种风格与宋代以后讲求实际,倾心世俗,着意于实在信息的新闻活动相比颇异其趣,而与"唐代……是一个新生与青春的时期,是一个抒情诗和宗教信仰的世纪"③之情态则正相吻合。依据美国史学家斯塔夫里阿诺斯的观点,中国历史一向采取"文化主义"而不是民族主义的形式,强调对本土文化的息息相关之感。④这种独特的文化情怀,在唐代的历史及其新闻传播史中,或许可以说体现得更为突出。

## 六

从文化类型上看,不同时代都存在着三种相互渗透、相互依存而又各自独立各具特色的文化形态,我们姑且称之官方的主导文化、大众的民间文化和士人的经典文化。主导文化指向社会层面,重在巩固政统;民间文化指向生活层面,重在维系传统;经典文化指向精神层面,重在承担道统。邵建先生分析三种文化的当代特征时,将其概括为意识形态(主导文

---

① 南宋章如愚《山堂考索》前集卷61地理门"历代所尚":"西汉尚经术;东汉尚名节;晋尚虚浮",而唐则"尚词章"。
② 此露布为李晟的掌书记于公异所撰,事见《资治通鉴》卷231德宗兴元元年。
③ [美]卡特:《中国印刷术的发明和它的西传》,吴泽炎译,70页。
④ 参见[美]斯塔夫里阿诺斯著:《全球通史——1500年以后的世界》,吴象婴、梁赤民译,473页,上海,上海社会科学院出版社,1992。

化）、意象形态（民间文化）和意义形态（经典文化）。①

由此，我们可将唐代的新闻传播分解为官方的、民间的和士人的三个层面。其中，官方传播自然占据主流与主导地位，成系统、成规模、成建制地展开，是有意识的，其表征体现为以驿传为骨干的网络体系。而民间传播则是无意识的，整体上呈随意散漫无始无终之状，其典型是歌谣传说。至于士人传播则仿佛介乎二者之间，又确定又含混，又积极主动又漫不经心，其代表便是将官方的新闻与民间的传闻凝固下来的诗文撰述。如果说，官方传播犹如史诗，保留着大量英雄的符号——激情、理想、血火等，所谓"校尉羽书飞瀚海，单于猎火照狼山"；那么，民间传播就是散文，平淡无奇、波澜不惊，所谓"马上相逢无纸笔，凭君传语报平安"。至于"作为一个群体，其精神面貌和行为方式的基本特征，往往更为集中、典型地蕴含着时代文化精神的内核和本质"②的士人，其传播形态则似一幅历史的长卷，历久弥新，韵味无穷。

从并非严格的理论意义上讲，我们不妨将唐代的三种传播视为马克思所揭示的三种递进的社会交往形态，即人的依赖形态、物的依赖形态和人的全面发展形态。③它们与唐代三种传播格局的对应关系如下：

人的依赖形态——民间传播

物的依赖形态——官方传播

人的全面发展形态——士人传播

依据中国社会科学院新闻与传播研究所陈力丹先生（现为中国人民大学新闻学院教授）所做的阐释，在第一种交往形态中，"人们的交往始终局限在狭窄的范围内，个人在交往中始终没有独立的个性，人依赖于人们结成的共同体，仅仅以共同体的一分子的身份和心态参与精神交往"④。在依赖物的交往形态中，马克思所说的物"主要指资本，或它的具体形式货币、

---

① 参见邵建：《西方社会面临"意象形态"的挑战》，载《东方》，1996（6）。
② 程蔷、董乃斌：《唐帝国的精神文明》，405页。
③ 参见《马克思恩格斯全集》，中文1版，第46卷上，104页，北京，人民出版社，1980。
④ 陈力丹：《精神交往论》，528页。

商品"①，我们则把它当作官方的邸报邮驿之类的名物。马克思曾将中国皇帝与其官吏间的交往说成是"这个广大的国家机器的各部分间的唯一的精神联系"②，而这种联系的纽带正是四通八达的官方传播网络。第三种交往形态即人的全面发展的形态，是马克思、恩格斯为未来"各个人自由发展为一切人自由发展的条件"的社会所设想的，我们将它与士人传播对举并不着眼于历史的内容，而仅仅是就其精神旨趣所做的类比。因为，在唐代的新闻传播领域中，士人传播应属高级形态，其传播主体所具有的禀赋、所显示的风貌及所张扬的自由心性，都指向生命的健全发展，就像李白这首名诗所集中展现的意境：

> 杨花落尽子规啼，闻道龙标过五溪。我寄愁心与明月，随君直到夜郎西。

这里的"闻"已不仅是一种实际的交往，而更多的是一种诗性存在的流溢，是一种生命的汇通和心性的交融。

## 七

不论是官方传播，还是民间传播，抑或是士人传播，说到底都是人们的活动、人们的行为、人们的创造，借用李大钊先生在《史学要论》中揭示历史的妙语来说：

> 是人类生活的行程，是人类生活的联续，是人类生活的变迁，是人类生活的传演，是有生命的东西，是活的东西，是进步的东西，是发展的东西，是周流变动的东西；他不是些陈编，不是些故纸，不是僵石，不是枯骨，不是死的东西，不是印成呆板的东西。③

一言以蔽之，是活生生的人的历史。

---

① 陈力丹：《精神交往论》，538页。
② 《马克思恩格斯全集》，中文1版，第9卷，110页，北京，人民出版社，1965。
③ 《李大钊史学论集》，197~198页，石家庄，河北人民出版社，1984。

这里，又涉及历史的本源性问题，以及一系列看似简单而实则繁复的历史哲学的问题。在我们看来，历史的第一要义应该是人，是立体的而非平面的、鲜活的而非概念的、主体的而非客体的人，亦即马克思归结的"社会关系的总和"。一切史学研究的旨归都在人，而不在物。因为在所有历史事件与文献器物的背后，实际上都站着人，往昔一切仿佛纯然客观的东西都无非是人的延伸，是人的生命的外化和精神的投影。正因如此，优秀的史家往往都如年鉴学派创始人布洛赫所说，"善于捕捉人类的足迹，人，才是他追寻的目标"，否则"充其量只是博学的把戏而已"[1]。

可惜，近代以来的史学研究多见物的堆砌而鲜见人的活动。具体到传播史领域，也不免由于物的过度扩张而使人的空间被挤压，由于学术的一味铺陈而使思想的事业受冷落，由于崇尚社会科学特质而使人文科学精神遭排斥。一句话，重理智，轻性灵。这种抽去人的史学势必丧失"活泼而和谐的韵味"（布洛赫），放弃天然的美与诗意，除去专业知识的累积之外，与历史的和现实的人都了不相涉了。

与此相关的是另一个史家争论已久的问题：历史研究究竟是一门"艺术"，还是一门"科学"？我们想，将史学包括传播史变为英国史学家杰弗里·巴勒克拉夫（G.Barraclough）所批评的"文学性较强的叙事史"，一切总以艺术性、修辞水平和语言表达能力为准自然并不可取。但是，另一方面，机械的操作、刻板的研究、僵硬的程式又容易使人沉溺于一些琐屑甚至无聊的主题，背弃"究天人之际"的精神力度、"通古今之变"的思想深度和"成一家之言"的学术气度，最终往往风干成毫无生气的木乃伊。

其实，正如真善美总是有机统一的，科学与艺术登临绝顶也不存在壁垒森严的鸿沟，美、诗意、想象力等看似与"科学"相悖的资质，却正是铸就大气象大景观所不可或缺的要素，即所谓相反者相成。被鲁迅先生誉为"史家之绝唱，无韵之《离骚》"的《史记》，除去严谨求实的科学一面，不也是大美大诗吗？西方"史学之父"希罗多德的《历史》，在他所称的"如

---

[1] [法]马克·布洛赫：《历史学家的技艺》，张和声、程郁译，23页，上海，上海社会科学院出版社，1992。

实记载"外，不也是一曲真善美的交响吗？

所以，历史既不应该是死且不朽的"出土文物"，史家亦不应该是矜奇炫博的"古董迷"，白寿彝先生在其主编的《中国通史》(导论)中说得好：

> 历史的发展，毕竟是人们活动的结果。在史书中，看见了历史人物的群像，就愈益感到历史的丰富性，离开了人，也就谈不上历史。①

总之，一切历史的本位都在人。对人的关注、对生命的体悟、对真善美的向往，以及由此而产生的怅惘千秋一洒泪、心有灵犀一点通似的同情之情怀，才是探索历史并展露其无穷魅力的动力与源泉。

对唐代这样一个青春洋溢、生命勃发的时代，这样一个将人的创造力挥洒得五彩缤纷、张扬得淋漓尽致的时代，这样一个弥漫着浓郁的人文之气、鼓荡着饱满的抒情之风的时代，理所当然地更应该凸显其中的人的形象，更应该以史、思、诗的笔触展示其活生生的风采。就唐代的新闻传播而言，如果仅仅是堆砌如山的史料，迷恋事实的罗列，着眼客观的价值，则无异于将好端端的活人变成一具冷冰冰的僵尸。这也是我们宁愿以"唐代文明与新闻传播"而不愿以"唐代新闻传播史"总括此项研究的深层动因。我们尚不敢企望"大历史家，都是大思想家，同时也是大文学家"(白寿彝②)的境界，我们只是希图以文史哲的襟抱涵化唐人在新闻传播舞台上演出的有声有色的活剧，渴求以真善美的灵泉沾溉那诗意盎然的传播时代所遗留的一幕幕尘封于历史深处的动人场景。一句话，我们的旨归在于"复活"而不仅是"复现"一段新闻传播的历史画面。

以上我们由大而小、由虚而实、由此及彼、由表及里，一步步解说了"唐代文明与新闻传播"这一涉及广泛的学术论题。如前所述，这基本上还是一个有待开发的领域，未知的问题既多，已知的事项也不甚分明。我们虽然希望总揽全局，刨根究底，把该说的都说到，但由于诸般主客观的局限，最终能使说到的都是该说的，恐怕已是勉为其难。清初鸿儒顾炎武，

---

① 白寿彝主编：《中国通史》，上海，上海人民出版社，1989。
② 参见白寿彝《古籍整理与历史编纂》一文。

在《日知录》一书自序中引了一段他给人复信中的话：

> 尝谓今人纂辑之书，正如今人之铸钱。古人采铜于山，今人则买旧钱，名之曰废铜，以充铸而已。所铸之钱既已粗恶，而又将古人传世之宝舂剉碎散，不存于后，岂不两失之乎？承问《日知录》又成几卷，盖期之以废铜，而某自别来一载，早夜诵读，反复寻究，仅得十余条，然庶几采山之铜也。

但愿我们此行能少一点"废铜"而多一点"采山之铜"。

# 第一章　邸院与驿传

# 上　篇

在唐代的官方传播网络中，进奏院一直是新闻史研究者所关注的焦点。因为，专家们普遍认为，中国最古老的报纸可上溯到唐代。而"唐代报纸的孕育和发展，是和唐代邸务和藩镇制度的发展紧密联系的"[①]。另外，经方汉奇先生考订并确认的一份现存最古老的报纸，也正是出自归义军进奏院。[②] 如此说来，唐代进奏院在中国新闻传播发轫史上的地位便显得十分突出，乃至于从某种意义上讲，唐代进奏院的面貌，决定着中国乃至世界最原始的报纸的面貌。

那么，唐代的进奏院究竟是怎样一种面貌呢？遗憾的是，对这一关键问题，对唐代进奏院的由来与发展、构成与运作等环节，迄今为止传播史家尚未厘清，其间尚存一些语焉不详、朦胧恍惚甚至矛盾混乱之处。因而，我们需先就这一问题做一剖析，以期廓清唐代进奏院的"庐山真面目"。

## 进奏院的由来

应该承认，关于唐代进奏院，当时和后来的文献中都没有留下多少详备的记录，似乎史家对此都惜墨如金，不肯浪掷一词。这也难怪，正如《剑桥中国隋唐史》的编者在谈及"史料的问题"时所言，许多在近代历史学家看来极为重要的人类活动领域，"当时的史官或因视为理所当然，或因认为与公认的历史标准内容无关，所以就干脆轻易地放过了"[③]。

目前所见的一份较全面记述唐代进奏院的材料就是常被征引的柳宗元

---

[①] 方汉奇、宁树藩、陈业劭等主编：《中国新闻事业通史》，第一卷，34页，北京，中国人民大学出版社，1992。

[②] 参见方汉奇《从不列颠图书馆藏唐归义军"进奏院状"看中国古代的报纸》，载《新闻学论集》，第五辑，北京，中国人民大学出版社，1983。同时，唐史研究者张国刚先生又从巴黎国立图书馆所藏的敦煌文物中，发现了一份年代更早的归义军"进奏院状"，而他认为进奏院状不能算报纸。详见其《两份敦煌"进奏院状"文书的研究》，载《学术月刊》，1986（7）。

[③] [英]崔瑞德编：《剑桥中国隋唐史》，48页。

的《邠宁进奏院记》。"邠宁"指邠宁节度使,邠宁节度使设置于安史之乱爆发后的第四年,即唐肃宗乾元二年(759)。当年正月,史思明在河北魏州自称大圣燕王,三月郭子仪等九节度之师六十万大战史思明于相州(今河南安阳),不料竟溃不成军,眼见胜利在望的战局又陡然逆转。正是在这种严峻局势下,"六月,丁巳,分朔方(节度使)置邠宁等九州节度使"①。邠宁的辖区约当今西安北至延安一带,它的进奏院在长安城内的宣阳坊。②

柳宗元的《邠宁进奏院记》一文,对唐代进奏院的由来与职能做了如下叙述:

> 凡诸侯述职之礼,必有栋宇建于京师,朝觐为修容之地,会计为交政之所。其在周典,则皆邑以具汤沐;其在汉制,则皆邸以奉朝请。唐兴因之,则皆院以备进奏。政以之成,礼于是具,由旧章也。……宾属受辞而来使,旅贲奉章而上谒,稽疑于太宰,质政于有司,下及奔走之臣,传遽之役,川流环运,以达教令。大凡展彩于中都,率由是焉。故领斯院者,必获历阊阖,登太清,仰万乘之威而通内外之事。③

这段话的大意是说,历来地方官进京朝觐述职,都得有个居住的地方,以便上朝时修整仪容,相聚时有处商讨。这在周朝,就是"邑";在汉朝,就是"邸";在唐朝,就是进奏院。进奏院的官员受各地方镇的委派出使京城,带着奏章面见皇上,同时就疑难事项向有关部门咨询,并与各方相沟通,以使朝廷的政令畅达。凡是想在首都一展风采者,大都经由此道。所以,执掌进奏院的官员,肯定可以获得登朝堂,历宫廷,拜见皇上从而通悉内外之情的机会。

柳宗元以寥寥几句便勾勒了进奏院的概貌,以及进奏院仰藩镇之威而通天听之势,笔法简当,令人叹服。只是讲到进奏院的起源时,仅以周之邑和汉之邸与之进行类比。这种类比如同现在人们常将进奏院与各地驻京办事处所做的类比一样,固然便于直观了解进奏院,但于唐代进奏院的由

---

① 《资治通鉴》卷221。
② 参见(清)徐松撰、李健超增订:《增订唐两京城坊考》,西安,三秦出版社,1996。
③ 《柳河东集》卷26。

来及职司未免显得过于笼统，不得其实。

认真追溯起来，唐代中后期出现的进奏院或许应从唐初的朝集使说起。①朝集使不是常任的官职，而只是对一种临时性使臣的称谓。唐承隋制，每年的岁末年初，州级以上的各行政长官如都督、刺史等，必须轮流到京城集中，这些聚集京师的封疆大员便是朝集使。倘若某地遭受自然灾害，或遇军情紧急，那么主官不必亲行，可以委派上佐幕僚充任朝集使。另据《唐会要》卷24"受朝贺"云："（开元）十八年十一月敕：灵、胜、凉……等五十九州为边州，扬、益、幽……等十二州为要州。都督刺史并不在朝集之例。"朝集使的任务是"汇报所属官吏考课情况，进纳本地贡物，聆听皇帝敕命"②。具体的日程安排为：

> 凡天下朝集使，皆以十月二十五日至京师。十一月一日，户部引见讫，于尚书省与群官礼见，然后集于考堂，应考绩之事。元日（正月一日），陈其贡篚于殿庭。③

尤其是元日这一天，皇帝要大会群臣，在朝堂举行隆重的庆典，谓之"元正朝集"，朝集使的参拜活动至此达到高潮。此后，朝集使们便可收拾行装，陆陆续续打道回府了。

由此看来，朝集使在京城逗留的时间长达两个多月。④其间，住宿一项自然成为首先需要考虑的问题。唐朝开国之初，由于百废待兴，许多运作程式尚不完备，不少典章制度还在草创之际，各地朝集使来京后都没有专门住处，而只能临时租房，与各色闲杂人员混居。就像《资治通鉴》中所写到的：

---

① 张国刚先生认为，朝集使与进奏院没有直接的递嬗关系，参见其《唐代进奏院考略》，载《文史》，第十八辑，北京，中华书局，1983。不过，若从地方与中央的联系上看，二者的功能不妨说存在间接的传承。

② 《中国历史大辞典·隋唐五代史》"朝集使"条，上海，上海辞书出版社，1995。

③ 《资治通鉴》卷193太宗贞观五年正月胡三省注。另《唐会要》卷7"封禅"："贞观五年正月，朝集使赵郡王孝恭等，佥议以为天下一统，四夷来同，诣阙上表请封禅。"

④ 《资治通鉴》卷197载："沧州刺史席辩坐赃污，二月，庚子，诏朝集使临观而戮之。"由此看来，朝集使在京时间似乎还要再长一些。

> 先是，诸州长官或上佐，岁首亲奉贡物进京，谓之朝集使，亦谓之考使。京师无邸，率僦（租赁）屋与商贾杂居。①

这种状态对高人一等的朝廷命官来说，难免尴尬；对朝集使所履行的差命，也多有不便。故而唐太宗有一次对侍臣专门提及此事时说道："古者诸侯入朝，有汤沐邑，刍禾百车，待以客礼。汉家故事，为诸州刺史郡守创立邸舍于京城。顷闻都督刺史充考使至京师，皆赁房，与商人杂居。既复礼之不足，必是人多怨叹。"②太宗以先秦的邑和汉朝的邸为先例，自然不堪忍受这种朝集使（考使）与末流之辈（商人）杂居的局面。

于是，贞观十七年（643）十月，李世民下诏，"令就京城内闲坊，为诸州朝集使各造邸第三百余所。"③建成后，李世民还亲临视察。这三百余所朝集使在京的官邸，与当时全国358个州的总数相当，④大约合一州一邸。从此，地方官进京办事，就有了一个固定的居停之所，对此我们可以恰当地称之为各州的驻京办事处。不过，好景不长，不到半个世纪，至高宗永淳元年（682），由于"关中饥乏，诸州邸舍渐渐残毁"⑤。到中宗神龙元年（705），更有朝臣上奏，请求将诸州邸舍变卖⑥，朝集使的职任仿佛可有可无了。

## 长安与诸道进奏院

玄宗天宝十三载（754），安史之乱爆发。这个凸现于唐代中叶的天崩地裂的事变，将有唐一代的历史拦腰断为两截。从此，中央与地方、朝廷与藩镇之间的明争暗斗，便构成了唐代下半期的一条历史主线。

---

① 《资治通鉴》卷197。

② 《通典》卷74。

③ 同上。

④ 唐初州的数目，出自《剑桥中国隋唐史》，173、203页。

⑤ 《通典》卷74。

⑥ 参见《通典》卷74。另《隋唐嘉话》卷下对此也有记载，不过时间、人物与《通典》有出入，其略云"京城诸州邸，贞观初所造。至开元初，李尚书入，悉卖与居人，以钱入官"。

正是在这一中央权威日衰而割据势力日隆的背景下，当年唯恭唯谨、贡奉述职的朝集使便从历史的画面中悄然淡出①，取而代之的便是作为"唐五代诸道方镇及直隶州在京师长安所置办事处"②的进奏院。进奏院大约出现于兵荒马乱之际的肃宗与代宗时期，最初的情形已不可考，想来当是在平定安史之乱中，一些主要的军镇如郭子仪的朔方军、李光弼的河东军等，为加强同中央及各地的联系与协调而临时设立的应急机构，所以开始都叫"上都留后院"③。至代宗大历十二年（777）五月，"诸道邸务在上都名曰留后，改为进奏院"④。这是进奏院的正式设立。主持各进奏院事务的一般都是节度使麾下的大将，称进奏官，又称进奏吏或邸官、邸吏。笔者所见最早一条提及进奏官的材料，出自郭子仪的《祭贞懿皇后文》。贞懿皇后为代宗的宠妃，大历十年去世，"追谥曰贞懿皇后，殡于内殿，累年不忍出宫，（大历）十三年十月方葬"⑤。下葬之年正是上都留后院改名为上都进奏院的第二年。郭子仪在这篇祭文中提到的"上都进奏院官傅涛"，大概是见诸文献的第一位进奏官了。⑥

作为"藩镇和朝廷间的联络机构"⑦，唐代的进奏院不仅随着藩镇势力的崛起而出现，而且随着藩镇势力的发展而变化。到了9世纪初叶，全国

---

① 《通典》卷74："至建中元年十二月（780）敕每州邸舍，各令本郡量事依旧营置。至二年五月，户部奏：'若令州府自置，事又烦费。伏请以官宅二十所，分配住给，过事却收。'敕旨'宜依'。"可见此时局面已大不如贞观年间，而此后朝集使的身影几乎从史家笔下消失了。另外《资治通鉴》卷226在写建中元年史事时提到："十一月，初令待制官外，更引朝集使二人，访以时政得失，远人疾苦。"又据《唐会要》卷24《受朝贺》："建中元年十一月朔，御宣政殿，朝集使及贡士见。自兵兴以来，典礼废坠，州郡不上计、内外不会同者二十五年，至此始复旧典（州府计吏至者一百七十有三）。"

② 《中国历史大辞典·隋唐五代史》，"进奏院"条，上海，上海辞书出版社，1995。

③ "留后"又称"留侯"。高承《事物纪原》卷6引《宋朝会要》云："唐藩镇皆置邸京师，谓之上都留侯院。"

④ 《旧唐书》卷11。

⑤ 《旧唐书》卷52，另《文献通考》卷60云："唐藩镇皆置邸京师，以大将主之，谓之上都留后。大历十二年，改为上都知进奏院。"

⑥ 《因话录》卷1载柳芳为郭子仪草《祭贞懿皇后文》事，祭文开篇写道："维某年某月日，驸马都尉郭暧父，关内河东副元帅、司徒兼中书令、洛阳郡王臣子仪，谨遣上都进奏院官傅涛，敢昭告于贞懿皇后行宫……"

⑦ 黄卓明：《中国古代报纸探源》，30页。

节度使已发展到48个①，与此同时各道进奏院也差不多达到相当于此的数目。据清人徐松撰述、近人李健超增订的《增订唐两京城坊考》一书记载，唐代设在长安的进奏院至今可考的共有53家，详细情况与具体分布如表1-1所示：

表 1-1　唐代上都进奏院详情一览表

| 所在坊区名 | 进奏院名 | 数目 | 页码 |
| --- | --- | --- | --- |
| 务本坊 | 西川、齐州进奏院 | 2 | 62 |
| 崇义坊 | 兴元、鄜坊、易定进奏院 | 3 | 64 |
| 长兴坊 | 镇州进奏院 | 1 | 66 |
| 永兴坊 | 凤翔、陈许、湖南进奏院 | 3 | 83 |
| 崇仁坊 | 东都、河南、商、汝、汴、淄青、淮南、兖州、太原、幽州、盐州、丰州、沧州、天德、荆南、宣歙、江西、福建、广、桂、安南、邕州、黔南进奏院 | 23 | 87 |
| 平康坊 | 同华、河中、河阳、襄、徐、魏、泾原、灵武、夏州、昭义、浙西东、容州进奏院 | 12 | 91 |
| 宣阳坊 | 邠宁、东川、振武、鄂州进奏院 | 4 | 95 |
| 胜业坊 | 陕府、郑、滑进奏院 | 3 | 122 |
| 道政坊 | 东平进奏院 | 1 | 143 |
| 靖恭坊 | 金州进奏院 | 1 | 150 |

资料来源：据《增订唐两京城坊考》编制，西安，三秦出版社，1996年版。

由表1-1不难看出，约占总数三分之二的进奏院都集中在崇仁坊与平康坊，其中尤以崇仁坊为盛，达到23家。这一布局的形成当然不是偶然的。为了说明这个问题，下面不妨先简单谈谈唐代的长安。

长安，居唐代"五都"之首②，是全国政治、经济、文化的中心，物华天宝，人杰地灵。长安的城市布局十分规整，整个城市呈坐北朝南之势，颇具王家气派。其中位于北端居高俯瞰的，就是皇宫。这与明清皇宫位于市中心的格局形成明显而有趣的对照：一者是开放吐纳的，一者是局促封

---

① 参见李吉甫：《元和国计簿》，见《通鉴》卷237元和二年。
② 五都包括长安、洛阳、太原、凤翔和江陵，见《唐大诏令集》卷69《元年建卯月南郊敕》。

闭的，其间所表露的不同文化心态耐人寻味。唐代皇宫由两部分组成，即南部的皇城和北部的宫城。皇城主要是政府各部门如尚书省所在地，"百僚廨署列乎其间"（《唐六典》）。宫城是皇帝、后妃等居住活动的地方，其主体便是唐人习称为"西内""大内"的太极宫，而它的北门正是李世民发动玄武门兵变的玄武门。

除太极宫之外，在长安宫城东北龙首原上，还有唐时称为"东内"的大明宫。这里是皇帝朝见群臣、处理政务的地方。朝廷的最高权力机构——中书省与门下省也都设在此处，也就是说唐朝的宰相们都在东内办公。所以大明宫堪称唐王朝的政务中枢。在大明宫以南皇城以东，还有被称为"南内"的兴庆宫。它原是唐玄宗做王子时与兄弟们同住的宅邸，号称"五王子宅"，后来他当了太子还住在此处，开元初遂令将这一片潜龙之邸扩充为兴庆宫。以上犹如"品"字鼎足而立的大内、东内和南内，就是唐人常说的"三大内"，亦即柳宗元《邠宁进奏院记》所称"历闾阖，登太清，仰万乘之威而通内外之事"的场所。

三大内外围的长安居民区称外郭城，在统一的设计下被整整齐齐地划分为一百零八坊（或说一百零九坊）和东西两市。从皇城中门的朱雀门起，由北而南的朱雀门大街犹如一条中轴线，将长安城分为东西两半，东边属万年县，西边属长安县，两县统归京兆府管辖。城内的十四条南北街和十一条东西街垂直交叉，将全城切割成一个个独立而又相连的坊，其中东市与西市各占两坊之地。坊是长安市内的基本住宅区，除皇室及其侍卫之外的几十万长安人，包括官员、百工、市民、商旅等都散居在这一百多坊之中。每坊四周都有高大的夯土围墙，四边各开一门，坊门晨启昏闭，城区实行宵禁。坊内为一宽敞的十字街巷，连通四门，巷内有曲，将每坊隔为十余区，其间遍布王府、官邸、寺观、店铺等。一般说来，达官显宦、文士名流大都喜欢居住在朝市附近（朝指皇宫，市指东西两市），东城万年县更是首选之区。

理清了唐代长安的基本格局，也就不难理解进奏院的分布特征了。对照唐代长安的地图，可以一目了然地发现，各进奏院所在的坊都在东城，并都紧挨着品字形的三大内。其中集中了最多进奏院的崇仁坊就在品字的两个下口之间，具体说就在皇城与南内之间，往北隔三个坊正对着品字上口的东内,往南依次为妓院云集的平康坊①与宣阳坊(以进奏院数而论,两坊分居第二位和第三位),而这两坊的东面正是长安城最繁华的东市,或称唐代长安的王府井。难怪"选人京师无第宅者多停憩此,因是一街辐辏,遂倾两市,昼夜喧呼,灯火不绝,京中诸坊莫之与比"②。同样,毫不奇怪,三分之二的进奏院也自然都集中在崇仁坊一带。既然进奏院要代表地方藩镇同中央王朝打交道,既然作为常设机构进奏院除公干之外,还免不了有大量的生活起居之需;那么,在长安城里,还有哪里比崇仁坊这类既靠近宫廷又毗邻闹市的里坊更便利更合适的呢?答案不言自明。对进奏院的官员来说,这样的地方显然是进退自如,左右逢源。顺便提一下,归义军节度使张议潮③后来入朝为官,朝廷赐他的一处宅邸就在平康坊④,而归义军进奏院所在的街坊却湮没无闻了。从这一情况可以推断,上列"唐代上都进奏院详情一览表"中的五十三家进奏院,并不代表进奏院总数,而仅仅代表目前坊里可考的进奏院总数。当然,实际数目应该距此不远。

# 进奏官素描

关于唐代进奏院的职能,唐史专家瞿蜕园先生曾做过精炼的概括:

> 唐代藩镇均于京师置进奏院,以进奏官任呈递公文,探报消息之责,有似明、清督抚所派驻京之提塘官,但进奏院初名留后院,以大将主之,得以入见皇帝陈述事件,非提塘官之为低级武弁可比。⑤

新闻史权威方汉奇先生又进一步阐明:

---

① (五代)王仁裕《开元天宝遗事》云:"长安有平康坊,妓女所居之地,京师侠少萃集于此,兼每年新进士以红笺名纸游谒其中,时人谓此坊为风流薮泽。"
② 《唐两京城坊考》卷3。
③ 据姜亮夫先生考订,张议潮之名不应作张义潮。详见《向达先生纪念文集》,74页。
④ 参见《唐两京城坊考》卷3。
⑤ (清)黄本骥:《历代职官表》附录《历代职官简释》(瞿蜕园),156页,上海,上海古籍出版社,1980。

（进奏院）既为所代表的地方呈递章奏，下达文书，办理需要和政府中枢各部门请示汇报联系交涉的各项事宜，也为地方了解、汇集和通报各项政治消息。①

下面我们就从进奏官入手，来探究一下进奏院的日常事务。

如前所述，主持进奏院日常工作的是进奏官。进奏官由藩镇首脑委任，多为亲信，"因此只对派遣他的藩镇和诸道长官负责，不受朝廷管辖"②。鉴于藩镇在唐代尾大不掉、各自为政的局面，称雄一方的割据势力常似独立王国、各行其是的史实，类似下例的情形便不足为奇了。昭宗龙纪元年（889），权势倾天、不可一世的宣武军节度使朱全忠（温），在刚被封为东平郡王之后不到一年又要求兼领盐铁使这一肥差，结果遭到嫉恶如仇、欲振朝纲的元老重臣孔纬的断然拒绝。孔纬声色俱厉对宣武军进奏官说道："朱公须此职，非兴兵不可！"③完全是一副两国交兵最后通牒的口吻。

不管是上都留后院，还是上都进奏院，从传播的角度看，其功能都不外乎通风报信，即向朝廷禀报有关事项和向藩镇传递有关信息。前者正如朱全忠求盐铁使一例所示，后者则更频见于史籍记载。比如唐昭宗天复三年（903），盘踞开封的朱全忠准备向山东淄青镇节度使王师范发起攻击，但又害怕他的老对手、山西军阀李克用抄自己的后路。于是，他就在长安故意放出风来，说我与李克用本没有太大嫌隙，希望朝廷善待他，多加抚慰云云，摆出一副和好的姿态。这个政治气球立刻由李克用的进奏官传到了山西，狡黠的李克用一眼就识破了朱全忠的用意，笑道："这个老贼想用兵淄青，说这番漂亮话不过是怕我从背后袭击他罢了。"④

随着朝廷的日渐衰败与藩镇的日渐强横，进奏官的形象也一天天地从循规蹈矩、奉命唯谨变得飞扬跋扈、盛气凌人。比如，进奏院出现之初的德宗贞元元年（785），三朝元老李泌在单骑抚定陕虢叛乱前，曾召集"陕

---

① 方汉奇、宁树藩、陈业劭等主编：《中国新闻事业通史》，第一卷，37页。
② 同上。
③ 《资治通鉴》卷258。
④ 《资治通鉴》卷264。

州进奏官及将吏在长安者"谈话,气氛好像一场国务院的记者招待会。① 时隔不到半个世纪,至文宗太和七年(833),当朝廷加卢龙节度使、检校工部尚书杨志诚为检校吏部尚书时(当时的吏部尚书在六部中的地位最高,一向为"大尚书"),杨志诚的进奏官徐迪便已是咄咄逼人地面见宰相,辞令傲慢地故意说道:"军中不识朝廷之制,惟知尚书改仆射为迁,不知工部改吏部为美,敕使往,恐不得出。"这等于明言,宣诏的敕使一到卢龙必被拘留。听到这种放肆的言论,宰相也无可奈何,只能"不以为意"。胡三省忍不住地写道:"徐迪敢诣宰相出是言者,直以下陵上替,无所惮耳。"②

谁知更加无所忌惮的还在后面。昭宗光化三年十一月(900),宦官刘季述等发动宫廷政变,囚禁皇帝,矫诏令太子继位,而策划这场政变的核心人物中,就有朱全忠宣武军的进奏官程岩。当时他"率诸道邸吏牵帝(昭宗)下殿以立幼主"③。不过,这场政变很快破产,刘季述等被诛。此前,朱全忠在开封曾召还程岩,等听到昭宗复辟的消息后,便"折程岩足,械送京师"。后来,程岩与其他同谋一起被斩于长安。这场闹剧虽然未能成功,但进奏官(邸吏)在其中所扮演的角色却十分引人注目。在中国古代的历次废立行动中,由进奏官参与策划的大概唯有这空前绝后的一次。当时进奏官之地位于此可见一斑。

当然,进奏官的权势说穿了不过是狐假虎威,挟诸侯以令天子而已。所以,藩镇强,其腰板就硬,如上述李克用的河东进奏官,朱全忠的宣武进奏官等;而藩镇弱,则其说话就软,如归义军进奏官代张淮深求赐节度使旌节达十几年而毫无结果。至于哪个藩镇一旦被朝廷宣布为叛镇,号令举国共讨之,那么其进奏官可就成了过街老鼠。如武宗会昌三年(843),河北的昭义军叛乱时就是如此。当时入唐求法寓居长安的日本和尚圆仁,对此有过生动的记述:

> 河北道潞府节度使刘从简(应为刘从简之子刘稹,时刘从简已死——笔者注)叛,勅(敕)下诸州府,抽兵马都五万军,打潞府。……

---

① 参见《资治通鉴》卷231。
② 《资治通鉴》卷244。
③ 《资治通鉴》卷262;《旧五代史·李振传》。

潞府（即昭义）留后院在京左街平康坊。潞府押衙叠孙，在院知本道事，勅（敕）令捉，其人走脱，不知去处，诸处寻捉不获。唯捉得妻儿女等，斩敓（杀）破家。有人告报："潞府留后押衙叠孙剃头，今在城僧中隐藏。"……近住寺僧，不委来由者尽捉。京兆府投新裹头僧于府中，打敓（杀）三百余人。①

唐代与进奏院相关的事件中，最出名的莫过于发生于李师道东都进奏院的一次流产暴动。李师道是淄青节度使，他设在洛阳的进奏院是史书所载的少数几家东都进奏院，地处城区南端的兴教坊②，傍依伊水，前临嵩岳。我们推想，这家进奏院当与东都的其他政府部门一样形同虚设。如果不是一次有名的历史事件，李师道设在洛阳的这一莫名其妙的进奏院八成也消失在历史的云雾中了。关于此事，史书多有记载，下引的一段出自《旧唐书·本纪十五》元和十年（815）：

淄青节度使李师道阴与嵩山僧圆净谋反，勇士数百人伏于东都进奏院，乘洛城无兵，欲窃发焚烧宫殿而肆行剽掠。小将杨进、李再兴告变，（洛阳）留守吕元膺乃出兵围之，（贼众）则突围而出，入嵩岳，山棚（山民）尽擒之，审讯其首，僧圆净主谋也。僧（圆净）临刑叹曰："误我事，不得使洛城流血！"

这里，我们感兴趣的只在进奏院所起的作用上，可惜这部分内容偏巧缺失。现在唯一知道的一点就是进奏院里藏匿了数百兵丁，表明其建筑规模相当可观，非一般的宅院官邸可比。

以上我们从不同角度对唐代进奏院的起源、演化及职能做了概略的描述。总括起来说，唐代进奏院源于唐朝初年的朝集使。起初，"京师无邸"，朝集使只能租房与商贾杂居，至贞观十七年，太宗"始命有司为之作邸"。安史之乱后，各藩镇开始陆续在京师设立上都留后院。代宗大历十二年，诸道留后院正式更名为进奏院。现在坊里可考的唐代进奏院有五十三

---

① [日]圆仁：《入唐求法巡礼行记》，顾承南、何泉达点校，174页，上海，上海古籍出版社，1986。
② 参见《唐两京城坊考》卷5。

家，此数距进奏院的实有数目相去不远。此外，在东都洛阳还有淄青等几家进奏院。进奏院除了通风报信之外，还经常干预朝政、拨弄是非。[①]至于进奏院在中国新闻传播史上的特殊地位，则待后文另述。

# 下　篇

勾画唐代的官方传播网络，不能不涉及交通；单就信息流通而言，交通中最值得关注的又在于唐代的一整套驿传系统。

陈鸿彝先生在《中华交通史话》一书中，写下一句简明而不无深刻的话："交通，说到底，就是人员、物资与信息的交换与流通。"[②]对现代人来说，交通的信息传播功能已不明显。因为，从传播的角度看，交通无非是人际传播的延伸，或者说是人与人之间传播信息的直接形式。而在资讯发达、媒介兴盛的现代社会，人们通过报章杂志、广播电视、电话电传以及新兴的互联网，便能及时便利地获得潮汛般的滚滚信息，无须等待远方的行旅之人亲自捎来的口信，往昔许多亲身交往当面沟通的机会已被越来越多的现代化媒介所取代。然而，对古人来说，交通却是信息得以流通传播的唯一通用形式，"在人类发明电报之前，'通信'问题基本上等同于交通问题"（吴伯凡）。道路不通、交通断绝不仅意味着人员与物资的阻隔，同时也意味着信息的阻隔，所谓"明日隔山岳，世事两茫茫"（杜甫《赠卫八处士》）。这里最典型的一例，就是安史之乱爆发后，地处青藏高原的吐蕃乘唐朝陇右驻军东调之机，占领了河西走廊，切断了西域守军与内地的联系。此后大约五年，朝廷与西域之间彼此都不知对方的情况，以致守军仍旧沿用已经更改的年号，而当朝廷后来得知他们忘身报国、坚守西域的通报后，上下无不为之"酸鼻流涕"[③]。

---

① 《资治通鉴》卷260昭宗乾宁二年五月载："初，崔胤除河中节度使，河东（李克用）进奏官薛志勤扬言曰：'崔公虽重德，以之代王珂，不若光德刘公于我公厚也。'光德刘公者，太常卿刘崇望也。及三帅（李茂贞、王行瑜、韩建）入朝，闻（薛）志勤之言，贬（刘）崇望昭州司马。"
② 陈鸿彝：《中华交通史话》，44页，北京，中华书局，1992。
③ 余太山主编：《西域通史》，188页，郑州，中州古籍出版社，1996。

唐代的交通，是一个包括道路、桥梁、车船、旅店、驿传等多项因子的大系统；其中，最富有传播意味的还是驿传，即一个由驿路、驿站、驿卒、驿马、羽檄、符节等名目构成的子系统。整个唐代的官方传播网络，就是由这一系统支撑起来的。马克思曾将中国皇帝与其官吏间的交往，说成是"这个广大的国家机器的各部分间的唯一的精神联系"①，而支撑这一联系的现实基础不是别的，正是那"一驿过一驿，驿骑如星流"（岑参《初过陇山途中呈宇文判官》）的驿传系统。它犹如一套精密高效的神经传导网络，将中枢——朝廷及其所属的全身大小部位，有机地连为一体，从而形成"大一统"的格局。

## 历史上的驿传

所谓驿传，区分起来基本上乃由驿路与馆舍两个相连而相别的部分所组成。前者是以官道为主的交通"网线"，"十里一走马，五里一扬鞭，都护军书至，匈奴围酒泉"（王维《陇西行》），便是其形象写照。馆舍是驿传系统的"网结"，作为驿路上的中继站供途中往来人员歇宿休憩。②《太平广记》收有这么一则文坛轶事：

> 刘禹锡赴姑苏，道过扬州。州师杜鸿渐饮之酒，大醉而归驿。稍醒，见二女子在旁，惊非己有也。（女子）乃曰："郎中席上与司空诗，（司空）特令二乐妓侍寝。"③

这里说的"大醉而归驿"的驿，其实就是驿馆。至于刘禹锡醉中所赋的那首诗，便是司空见惯一典的出处："高髻云鬟宫样装，春风一曲杜韦娘。司空见惯寻常事，断尽苏州刺史肠。"

驿路与馆舍，仿佛一串不可分开的珍珠项链，一者是珠，一者是链，

---

① 《马克思恩格斯全集》，中文1版，第9卷，110页。
② 杜佑《通典》卷33乡官言"三十里置一驿。杜佑注：其非通途大路则曰馆"，是就馆驿的名称说的。而我们这里对馆驿的区分，则是着意于功能。
③ 《太平广记》卷273"刘禹锡"条。孟棨的《本事诗》对此记载稍有不同，事中司空为李绅。

二者总是彼此相连,就像岑参《虢州后亭送李判官使赴晋绛》一诗里所写道的:

> 西原驿路挂城头,客散江亭雨未收。君去试看汾水上,白云犹似汉时秋。

下面先谈驿路,再说馆舍。

说到唐代的驿传,让我们先来看两首隽永的小诗:

> 折花逢驿使,寄与陇头人。江南无所有,聊赠一枝春。
> 
> 陆凯《赠范晔》
> 
> 玉管朝朝弄,清歌日日新。折花当驿路,寄与陇头人。①

这两首小诗一为南朝人所作,一为唐朝人所作。很显然,两首诗的意境一脉相通。不过,我们感兴趣的不在诗的艺术,而在诗中历史画面的相似与相承。事实上,唐代的驿路交通正是从前代的基础上发展而来的,正如高适在《陈留郡上源新驿记》一文中对此所做的简要概括:

> 周官行夫掌邦国传遽之事,施于政者,盖有章焉。唐皇之兴,盛于古制,自京师四极,经启十道,道列于亭,亭实以驷,而亭惟三十里,驷有上中下,丰屋美食,供亿是为,人迹所穷,帝命流洽,用之远者,莫若于斯矣。②

细考起来,唐的驿政可上溯到西周时期的置邮传命制度。据《韩非子·外储说·右上》篇记载,西周初年,姜太公在齐,欲对两位"贤士"行刑,周公听到消息后,立刻"乘传"前往齐国去劝阻。所谓"传",即后世常说的"驿"。借用颜师古的解释:"传者,若今之驿,古者以车,谓之传车,其后又单置马,谓之驿骑。"③周代担负传驿事务的,称行夫。他们在天子与诸侯之间,在各个邦国之间穿梭往返,传递各种官方信息,"虽道有

---

① 《全唐诗》卷27杂曲歌辞。
② 刘开扬:《高适诗集编年笺注》,387页,北京,中华书局,1981。
③ 《汉书·高帝纪下》颜师古注。

难而不时必达"(《周礼·秋官·行夫》)。行夫传命分徒传与遽传,前者步行,后者乘车。《诗经·小雅·大东》篇有"周道如砥,其直如矢"之句,《孟子·公孙丑上》篇引孔子的话说"德之流行,速于置邮而传命",据此可知当时驿路之畅和遽传之迅。周人有"师行三十"的说法,意谓部队行军每天以三十里为程,故三十里又称一舍,舍有支帐露宿之意("凡师,一宿为舍"①),退避三舍之说便由此而来。周人定制,后人因之。正因如此,历代多将两驿之间的距度定为三十里②,而传舍、客舍、馆舍等名称的由来也与此相关。

当然,对唐代驿制产生直接影响的还得首推魏晋南北朝驿制,二者的亲缘关系在前引两首小诗上得到传神的体现。南朝的驿传体制在秦汉的基础上进一步发展和完善,其中较突出的一项就是南方兴起的水驿。水驿最早出现于孙吴时代,两晋以后日渐普及,日趋发达。当时江南地区的公文传递与官员赴任,大多经由水驿。另外,北方的驿路也四通八达,十分畅通。下面一则轶事,也间接地反映了当时的驿传情形:

(陈)元达少有志操,(刘)渊尝招之,元达不答。及渊为汉王,或谓元达曰:"君其惧乎?"元达笑曰:"吾知其人久矣,彼亦亮吾之心;但恐不过三、二日,驿书必至。"其暮,渊果征元达。③

1972年,在嘉峪关的魏晋墓里,出土了一块画像砖。上面绘着一个驿使骑在红鬃马上,一手持缰,一手举着文书疾驰飞奔,生动地再现出当时的历史情景。东晋的蔡谟,在谈及后赵的驿传时说道:

大军未至,声息久闻。而贼之邮驿,一日千里,河北之骑,足以来赴。④

前秦苻坚建都长安后,在王猛的辅佐下,建立起一套更加严密规整的驿传体系:

---

① 《左传·庄公三年》。
② 《管子·大匡》:"三十里置遽委焉,有司职之。"《后汉书·舆服志》:"驿马三十里一置。"《旧唐书·职官志》:"凡三十里一驿。"
③ 《资治通鉴》卷85。
④ 《晋书》,中华书局1987年标点本,第7册,2038页。

> 自长安至于诸州，皆夹路树槐柳，二十里一亭，四十里一驿，旅行者取给于途，工商贸贩于道。①

当他听说西域有一位名叫鸠摩罗什的高僧时，下令大将吕光："若获罗什，即驰驿送归。"所谓驰驿，是与乘驿相对而言的。如果把乘驿比作普快，那么驰驿就是特快；一者在普通情况下使用，一者在紧急情况下使用。北齐时规定，陆驿日行二百里。有一次，北周宣帝从长安到洛阳，"亲御驿马，日行三百里"②。

魏晋时代的这套完备发达的驿制，为隋朝所直接继承，而且继承得顺畅自然，天衣无缝。这并没有什么可惊奇的，因为隋之取代北周本来就是一个水到渠成、瓜熟蒂落的过程。于是，公元580年当杨坚派心腹韦孝宽，前去接替北周元老重臣、时任相州总管尉迟迥的职务时，韦孝宽便很自然地利用北周的驿传系统，导演了一出小小的喜剧。当时，尉迟迥已知杨坚"将不利于（北周）帝室"，准备"举兵讨之"③。韦孝宽行至中途，察觉形势不妙，赶忙打道回府。为防追兵，韦孝宽想出这么一条妙计：

> 每至亭驿，尽驱其传马而去，谓驿司曰："蜀公（尉迟迥）将至，宜速具酒食。"（尉迟）迥寻遣仪同大将军梁子康将数百骑追孝宽，追者至驿，辄逢盛馔，又无马，遂迟留不进。孝宽与艺由是得免。④

隋唐之际，戎马倥偬。从杨坚称帝到杨广被弑，三十多年间兵革不息，烽火相连，内外战事此起彼伏。结果，驿传系统总是加班加点忙得不亦乐乎。翻开这一时期的历史文献，乘驿驰传之类的字眼触目皆是：

> （公元584年）吐谷浑复寇边，西方多被其害，命（贺娄）子干讨之。驰驿至河西，发五州兵，入掠其国，杀男女万余口，二旬而还。⑤

---

① 《晋书》，中华书局1987年标点本，第9册，2895页。
② 《册府元龟》，中华书局1960年影印本，第2册，2159页。另见《资治通鉴》卷113。
③ 《资治通鉴》卷174。
④ 同上。
⑤ 《隋书》卷53。

（公元590年）秦王（杨）俊为并州总管，（王韶）仍为长史。岁余，（王韶）驰驿入京，劳敝而卒，时年六十八。高祖甚伤惜之，谓秦王使者曰："语尔王，我前令子相（王韶字子相）缓来，如何乃遣驰驿？杀我子相，岂不由汝也？"言甚凄怆。①

（公元590年）上（文帝）以（杨）素久劳于外，令驰传入朝。（杨）素以余贼未殄，恐为后患，复请行，遂乘传至会稽。②

（公元602年）朝廷恐（蜀王杨）秀生变，戊子，以原州总管独孤楷为益州总管，驰传代之。③

…………

车辚辚，马啸啸，驿道上滚滚的烟尘惊扰得行人惶惶不安，一阵阵急促的马蹄声潮水般由远而近又由近而远地响过，为隋唐之际的大动荡平添许多喧嚷惶乱的声息。以至于天台宗创建人智𫖮，都不得不向曾驻江都的东南总管杨广上诉，"请求地方上两座保存高僧圣骸的寺庙不受嘈杂的驿站交通的打扰"④。智𫖮不知道这种打扰已经接近尾声了。隋朝的覆亡始于杨玄感的叛乱。在镇压这次突如其来的兵变时，驿传作为朝廷的神经传导系统发挥了突出的作用。此后这一系统便随王朝的分崩离析而改换门庭。大业九年（613），当隋炀帝在高丽前线苦战之际，后方督运粮草的杨玄感举兵反隋，一时应者云集，天下竦动。炀帝慌忙派遣身边的"左翊卫大将军宇文述、左武卫将军屈突通等驰传发兵，以讨玄感"⑤。当时率领水军正准备由东莱直趋平壤夹攻高丽的大将来护儿"闻玄感围东都，召诸将议旋军救之。……即日回军，令子（来）弘、（来）整驰驿奏闻"⑥。正是在这一派兵慌马乱乘驿驰传声中，李唐王朝的身影开始从历史的风云变幻中显现出来。

---

① 《隋书》卷62。

② 《资治通鉴》卷177。

③ 《资治通鉴》卷179。

④ 参见[英]崔瑞德编：《剑桥中国隋唐史》，116页。

⑤ 《隋书》卷4。另《隋书》卷61《宇文述传》载："会杨玄感作乱，帝召述班师，令驰驿赴河阳，发诸郡兵以讨玄感。"

⑥ 《资治通鉴》卷182。

## 隋唐驿传的发达

唐朝开国元勋魏征,当年奉使出关时,写下一首沉雄慷慨而启盛唐之风的名作《述怀》:

> 中原初逐鹿,投笔事戎轩。纵横计不就,慷慨志犹存。杖策谒天子,驱马出关门。请缨系南越,凭轼下东藩。……

对于此诗及其本事,人们都很熟悉,但对他"驱马出关门"是乘传而行便未必清楚了。那是唐高祖武德元年(618):

> 魏征随(李)密至长安,久不为朝廷所知,乃自请安集山东,上(即李渊)以为秘书丞,乘传至黎阳,遗(李密旧将)徐世勣书,劝之早降。①

于是,徐世勣便投降了李唐王朝,被赐予"御姓",成为凌烟阁上赫赫有名的开国功臣李世勣。但他的孙子后来在扬州起兵讨伐武则天,又被削夺李姓,复还原姓,这就是赚得骆宾王一纸千古檄文的徐敬业,而徐敬业兵败被杀后,他的首级还是由驿马载入洛阳的。②

唐代疆域辽阔,气魄恢宏,文化昌盛,声威远播。它的水陆交通线覆盖全国,通达四邻,为大唐帝国空前规模的人员来往、物资交流和信息传播,提供了坚实的基础。正如陈鸿彝先生所概括的:

> 唐政府除对上述国家干道倍加注意外,在各州郡之间,还修筑了地方干道,各县之间,也有大道相通,这样层层级级,构成一个覆盖全国的巨大而稠密的交通网络,水陆通联,江海并举,使全国经济文化交流空前活跃起来。……"忆昔开元全盛日,远行不劳吉日出",讲的就是交通形势。③

与之相应,唐代的驿传也达到令人叹为观止的完美程度。据柳宗元《馆

---

① 《资治通鉴》卷186。
② 参见《太平广记》卷163"杨柳谣"。
③ 陈鸿彝:《中华交通史话》,150页。

驿使壁记》一文所述，唐代以长安为中心有七条重要的驿道，呈放射状通往全国各地，"告至告去之役，不绝于道；寓望迎劳之礼，无旷于日"。驿道不仅平整宽阔，而且夹道绿树成荫①，往来使者，通行无阻。

在驿道沿线一般每隔三十里设一驿（馆）②，唐朝极盛时期"天下驿凡一千六百三十九"，其中水驿二百六十个，陆驿一千二百九十七个，水陆兼驿八十六个。③李白流放夜郎时，乘的就是水驿。这个"绣口一吐／便是半个盛唐"（余光中）的浪漫诗人，如今被押解着去荒远之地，心情自然十分苦闷，因而途中作诗写道："扬帆借天风，水驿苦不缓。"（《流夜郎至西塞驿寄裴隐》）④而当他突然遇赦获释时，那心情又像飞流而下的小船一日千里："两岸猿声啼不住，轻舟已过万重山！"一般来说，水驿备船，陆驿备马，所备船马数目如下：

> 陆驿驿马，京城都亭驿七十五匹，诸道之驿视其繁闲分六等，依次为六十、四十五、三十、十八、十二、八匹；水驿驿船，繁者四只，次三只，再次二只。⑤

另外，"凡驿马给地四顷，莳以苜蓿"⑥，就是说每个驿站拨给四百亩驿田，专门用于种植饲料。

唐代驿传系统的最高管理部门，属尚书省六部中的兵部，具体说是兵部所属兵部、职方、驾部与库部四个部门中的驾部。驾部有郎中一员，从五品上；员外郎一员，从六品上；主事三人，从九品上；此外，令史十人，书令史二十人，掌固四人。其中，"郎中、员外郎之职，掌邦国舆辇、

---

① [英]崔瑞德编：《剑桥中国隋唐史》，133页。
② 王宏治先生尝言："三十里置一驿是唐代的法定驿程。但在西北、西南等边远处，或'须依水草'，或'地势险阻'，驿程往往超过三十里，为六、七十里，甚至达百里之遥。而在京畿腹地，则因事繁剧且急切，又往往少于三十里，甚至仅八里。"详见其《关于唐初馆驿制度的几个问题》，载北京大学中国中古史研究中心编：《敦煌吐鲁番文献研究论集》，第三辑，北京，北京大学出版社，1986。
③ 参见《唐六典》卷5"驾部郎中"。
④ 参见《全唐诗》卷173。
⑤ 《中国大百科全书·中国历史》（缩印本），888页。
⑥ 《新唐书》卷46。

车乘、传驿、厩牧、官私马牛杂畜簿籍,辨其出入,司其名数"①。除中央部门外,地方诸道各设馆驿巡官四人②,诸州由兵曹司兵参军分掌③,诸县令兼理。为督促这些常设部门的工作,唐玄宗开元年中,又"以监察御史兼巡传驿",至唐代宗大历十四年(779),正式定"御史一人知馆驿,号馆驿使"④。唐中期后,宦官势力猛增,窃权弄柄无所不为,从8世纪后期开始,他们进而插手"管理驿传、馆舍"⑤,频充馆驿使。⑥

在驿道上乘传驰驿,决非随心所欲如郊游旅行,而是有一整套严格的规矩。首先,任何"搭乘"人员,不管是驿使还是往来迁黜的朝廷命官,都必须持有通行证——"传符"⑦。在京人员的传符,由中央三省中的门下省审批⑧,在外则由各军州颁发。⑨其次,什么级别的干部乘什么级别的车,都有定制:

> 给驿(马)者自一品八匹递至七品以下二匹,给传(车)者一品十匹至八九品一匹,有特敕始可限外加马。⑩

最后,最要命的是,驿道上的各色人等每天应走多远,也有法定的里程,若在指定的时间不能到达指定的位置,就要受到轻重不等的相应处罚。如驿使传递公文,耽误一日杖八十,若耽误的是军事情报,则处一年徒刑。⑪根据唐制,"乘传(车)日(行)四驿(一百二十里),乘驿(马)

---

① 《旧唐书》卷43。
② 参见《新唐书》卷46。
③ 《旧唐书》卷44:"兵曹、司兵掌武官选举、兵甲器杖、门户管钥、烽候传驿之事。"
④ 《资治通鉴》卷240胡三省注。
⑤ [英]崔瑞德编:《剑桥中国隋唐史》,713页。
⑥ 参见《资治通鉴》卷240宪宗元和十二年十一月壬辰,"诏以宦者为馆驿使"。
⑦ 《旧唐书》卷43:"传符,所以给邮驿,通制命。"
⑧ 《旧唐书》卷43:"(侍中二员)若发驿遣使,则给其传符,以通天下之信。"
⑨ 《旧唐书》卷13:"(贞元八年)闰月癸酉,门下省奏:'邮驿条式,应给纸券。除门下外,诸使诸州不得给往还券。至所诣州府纳之,别俾还朝。……'从之。"
⑩ 《中国大百科全书·中国历史》(缩印本),888页。详见《新唐书·百官志》。
⑪ 参见《唐律疏议》,中华书局1983年标点本,210页。

日（行）六驿（一百八十里）"①。这种驿传的定程化，其便利统治的优越性不待多言，如对一切属于官事范畴的人员流动实施严密的监控，若想越雷池一步立刻就会露出马脚。再如，"对于京师的当权者来说，那遍布全国的驿站和驿道，便有如拴着一串串蚂蚱的绳子，若是心血来潮，要追加什么处置，只须顺便提起一串，指点着其中的一只，说一声'钦此'，缇骑顺藤摸瓜，省心极了"②。由于时速、里程、停靠地点等都有定式，因而一上驿道就如列车开行般准时正点。白居易在一首忆念元稹的诗中写道："忽忆故人天际去，计程今日到梁州。"（《同李十一醉忆元九》）而这一天元稹恰到梁州驿站。

驿传的功用很多，远不仅限于递送公文。下面就是一些具体的实例：

> 秦王（李）世民自河北引兵将击圆郎，会上（李渊）召之，使驰传入朝，乃以兵属齐王（李）元吉。③

> （李）建成死，诏遣通事舍人崔敦礼驰驿召（建成心腹李）瑗（时为幽州大都督）。……（李瑗密谋起事）发驿征兵。④

> 唐永淳（高宗年号）之后，天下皆唱"杨柳杨柳漫头驼"。后徐敬业犯事，出柳州司马。遂作伪敕，自授扬州司马。（不久徐敬业兵败被杀，首级被）驿马驮入洛（阳）。⑤

> （698年，狄仁杰率军击突厥，获胜后）散粮运以赈贫乏，修邮驿以济旋师。⑥

> （中宗之子李重福谋反）自均州（湖北十堰）诈乘驿与（洛阳人张）灵均继进。……（乱平后）诏曰："……私出均州，诈乘驿骑，至于都下（洛阳），遂逞其谋……"⑦

---

① 《资治通鉴》卷203则天后垂拱二年三月胡三省注。
② 夏坚勇：《湮没的辉煌》之《驿站》，上海，东方出版中心，1996。
③ 《资治通鉴》卷190。
④ 《资治通鉴》卷191。
⑤ 《太平广记》卷163"杨柳谣"。
⑥ 《资治通鉴》卷260。
⑦ 《旧唐书》卷86。

晋谢灵运须美，临刑，施为南海祇洹寺维摩诘须，寺人保惜，初不亏损。中宗朝，安乐公主五日斗百草，欲广其物色，令驰取之，又恐为他人所得，因剪弃其余。遂绝。①

（史）思明本不识文字，忽然好吟诗，每就一章，必驿宣示，皆可绝倒。尝欲以樱桃赐其子朝义及周贽，以彩笺敕左右书之曰："樱桃一笼子，半赤一半黄，一半与怀王（史朝义封怀王），一半与周贽。"小吏龙潭进曰："请改为一半与周贽，一半与怀王，则声韵相叶。"思明曰："韵是何物！岂可以我儿在周贽之下。"……郡国传写，置之邮亭。②

（安史之乱爆发后），（封）常清乘驿赴东京招募，旬日得兵六万，皆佣保市井之流。③

…………

从以上这些遍布典籍、随手拈来的事例中，我们不难看出驿传的"多功能"面貌。除去大宗的物资转运，中央与地方的任何大大小小、正常异常的交往，可以说都无不经由驿传系统。这种形形色色无所不包的交往，概括起来无非两大类，一属人员流动，一属信息传通。人员流动主要涉及官员之入京、赴任、出使、贬谪，此外是朝廷特命征召的各色人等，如贤士、僧道、罪人等。④至于信息传通，后文将做详细探讨，此处暂不多谈。

## 客舍青青柳色新

上文提到，驿传包括驿路与馆舍两项。驿路的情况明朗之后，现在我

---

① 《隋唐嘉话》卷下。
② 《安禄山事迹》卷下。
③ 《旧唐书》卷140。
④ 这里一个较典型的事例，就是武则天"盛开告密之门，有告密者，臣下不得问，皆给驿马，使诣行在"。见《资治通鉴》卷230。

们再来看看馆舍。①

山不转水转。如果把驿路比作流动的水，那么馆舍就是恒定的山，山水相依才构成一套完整的驿传网络。玄宗朝设立的馆驿使一职，可谓名副其实地折射出这一山光水色交相映衬的历史图景。那么，何为馆舍呢？王维的《送元二使安西》，是一首童稚都能脱口背出的诗：

渭城朝雨浥轻尘，客舍青青柳色新。劝君更进一杯酒，西出阳关无故人。

诗中的"客舍"，即指驿道上的馆舍。它的叫法很多，在各种文献中，下列名称都不时可见：客舍、邸舍、邸店、邸肆、邸第、传舍、亭、驿亭、邮亭、驿等，其中一些如"邸"并不专指官方的驿馆，有时也兼谓私家的旅店。在所有关于驿馆的称呼中，使用最频繁的是驿，或是传舍。这里的驿，就是人们现在常说的驿站，各驿站的正式名称都带驿字，如都亭驿、蓝桥驿、上源驿、敷水驿、铜台驿（曹操所置铜雀台之处）等，最为人知的当然还数杨贵妃"宛转蛾眉马前死"的马嵬驿。据《杨太真外传》记述：

（杨国忠死后）上乃出驿门劳六军。六军不解围，上顾左右责其故。高力士对曰："国忠负罪，诸将讨之。贵妃即国忠之妹，犹在陛下左右，群臣能无忧怖？伏乞圣虑裁断。"上回入驿，驿门内傍有小巷，上不忍归行宫，于巷中倚仗歇首而立。圣情昏默，久而不进。京兆司录韦锷进曰："乞陛下割恩忍断以宁国家。"逡巡，上入行宫。抚妃子出于厅门，至马道北墙口而别之，使力士赐死。

从里边看，驿站是丰屋美食的楼堂馆所；从外面看，驿站又是城楼森然的军事堡垒。《中国青年报》上曾刊登过一篇介绍我国现存最大也最完整的古驿站——鸡鸣驿的报道，其中对这座建于明末位于京郊的驿站所做的描绘比诸唐代驿馆的形状规模，可以说虽不中亦不远：

---

① 关于唐代的馆舍，日本学者大庭惰在其《吐鲁番出土的北馆文书——中国驿传制度史上的一份资料》一文中，做了清晰的描述。文见中国敦煌吐鲁番学会主编，[日]周藤吉之等著，姜镇庆、那向芹译：《敦煌学译文集——敦煌吐鲁番出土社会经济文书研究》，兰州，甘肃人民出版社，1984。

古驿系砖包土城，高十余米。四面城墙下均布角台。墙体外侧每间隔三五米便密布垛口，似隐含重重杀机。垛墙下有望口、射孔与排水孔道，内侧亦有相应之女墙，在南角"马面"上则各建魁星楼。驿站城内曾经是繁华大场面，当时日杂、酒店、当铺、面食店遍布，老爷庙、灶神庙、城隍庙、戏台等一应俱全，并有慈禧西逃时住过的贺家大院。院内紧靠墙体有5米的环城驿道，平素便利交通驿递，战时集结设防。……鸡鸣驿边长一里十三步（相当于400多米）的古城墙，崩坏速度每年超过15米……丞署北端的龙王庙更是破败……①

以鸡鸣驿为参照，也能推想唐代驿站的大致格局。

根据重要与繁忙的程度，唐代的驿站分为六等。一般来说，驿站外面都有门墙，里边则有厅堂、厨房、马厩、仓库等。一流的驿站犹如高级宾馆，不仅宏大宽敞、设施周全，而且草木葱茏，环境幽雅。其中规模较大者，简直像一座"长烟落日孤城闭"的城堡。对这等"合土以峻堞，攻木以高户"（高适《陈留郡上源新驿记》）的驿站，唐人在诗文中经常谈及。如刘禹锡在《管城新驿》中的名句：

门街周道，墙荫竹桑，境胜于外也。远购名材，旁延世工，既涂宣皙，领甓刚滑，求精于内也。

大意是说，院里的道路宽敞整齐，周围遍植桑竹，驿内的景致胜过外面；所有的建筑都选用名贵材料，装饰得精美华丽，驿内的装饰精益求精。

唐代最壮观豪华的驿站，应为汉中的褒城驿。中唐文人孙樵在《书褒城驿壁》中曾盛赞："褒城驿号天下第一。"这所驿站墙垣高大，门楼壮伟，人来客往每岁"不下数百辈"，驿站里面厅堂崇丽，屋舍勾连，庭院间还有池塘逶迤，绿波荡漾，可泛舟，可垂钓，应有尽有，舒适安全。从下面这则令人忍俊不禁的小故事里，也不难想见此等驿站的气派：

江南有驿使，以干事自任。典郡者初到，吏白曰："驿中已理，请一阅之。"刺史乃往，初见一室，署云酒库，诸酝毕熟，其外画一神。

---

① 晓虹：《风雨飘摇叹古驿》，载《中国青年报》，1997-04-20。

刺史问："何也？"答曰："杜康。"刺史曰："公有余也。"又一室，署云茶库，诸茗毕贮，复有一神，问曰："何？"曰："陆鸿渐（《茶经》作者陆羽）也。"刺史益善之。又一室署云葅（腌菜）库，诸葅毕备，亦有一神，问曰："何？"吏曰："蔡伯喈（蔡菜谐音）。"刺史大笑曰："不必置此。"①

唐代驿站引人注目颇富诗意之处，当属驿楼。驿楼之于驿站恰似皇宫门楼之于整座皇宫。唐人歌咏驿站的诗文，一般都少不了驿楼的意象，如：

> 山槛凭南望，川途眇北流。远林天翠合，前浦日华浮。……
> 
> 张九龄《候使登石头驿楼作》
> 
> 朝来登陟处，不似艳阳时。异县殊风物，羁怀多所思。……
> 
> 孟浩然《人日登南阳驿门亭子怀汉川诸友》
> 
> 古戍依重险，高楼见五凉。山根盘驿道，河水浸城墙。……
> 
> 岑参《题金城临河驿楼》
> 
> 去时楼上清明夜，月照楼前撩乱石。……
> 
> 元稹《西县驿》
> 
> 明朝便是南荒路，更上层楼望故关。
> 
> 李德裕《盘陀岭驿楼》

诗文中的"城"字，其实是指驿站。对唐代驿站的形象把握，莫过于把它看成一座类似前述鸡鸣驿的城堡。这样，才便于理解隋唐典籍中许多现在觉得语焉不详而当时看来却不言自明的表述。像"令所在发人城县府驿"（《隋书》卷4），"郡县驿亭林坞皆筑城"（《资治通鉴》卷182）等，都隐含此旨。下面这首李商隐的诗，可以说是对驿站风物一个全景式的素描：

> 庙列前峰迥，楼开四望穷。岭鼷岚色外，陂雁夕阳中。弱柳千条露，衰荷一面风。壶关有狂孽，速继老生功。
> 
> 《登霍山驿楼》

---

① 李肇：《唐国史补》卷下。

建筑的式样，说到底总是由建筑的功用决定的，唐代的驿站也不例外。从职能上讲，驿站犹如兵站，缀于唐帝国各条驿道上的大大小小的驿站，其实都是军事或准军事单位。在现代人眼里，驿站可能仅仅是公差人员中途歇脚换马的招待所；但在古代，驿站却是军务关紧不容儿戏的兵站，只是这种兵站不负责转运粮秣兵员而已。

唐代的驿站都设主事的驿长或称"驿将""驿吏"，①驿将手下又有多少不等的"驿丁"或称"驿卒"，而各驿站又统归尚书省的兵部管辖。驿吏，属下级官员，品秩不高，故正史多不传，只在一些野史小说中偶见其身影。如下面这则关于武周朝名相娄师德的传奇：

> 纳言娄师德，郑州人。为兵部尚书，使并州，接境诸县令随之。日高至驿，恐人烦扰驿家，令就厅同食。尚书饭白而细，诸人饭黑而粗。（师德）呼驿长责之曰："汝何为两种待客？"驿将恐，对曰："邂逅浙米不得，死罪。"尚书曰："卒客无卒主人，亦复何损？"遂换取粗饭食之。
> 
> …………
> 
> （后为纳言平章事）使至灵州。果驿上食讫，（师德）索马。判官谘，意家浆水亦索不得，（驿将）全不祗承。纳言曰："师德已上马，与公料理。"往呼驿长责曰："判官与纳言何别？（你竟）不与供给。索杖来！"驿长惶怖拜伏。纳言曰："我欲打汝一顿。大使打驿将，细碎事，徒浼（wò，为泥土所沾污）却（我的）名声。若向你州县道，你即不存生命。且放却。"驿将跪拜流汗，狼狈而走。②

李商隐有首诗专写驿吏，名为《戏题赠稷山驿吏王全》（《全唐诗》卷540），题下还有一段小注："（王）全为驿吏五十六年，人称有道术，往来

---

① 唐代的馆驿当以至德为界分为前后两期，前期实行的是驿长捉驿制。驿长由当地富户充任，负责邮递及馆驿的日常事务，供过往官使食宿，故有"民贫不堪命"（《通典》卷33）的情况。刘晏掌管财政时对此进行改革，废除由民间富户充任驿长的捉驿制，改以"吏主其事"（《新唐书》卷149）。详见王宏治先生《关于唐初馆驿制度的几个问题》一文，载《敦煌吐鲁番文献研究论集》，第三辑。

② 《太平广记》卷176"娄师德"条。

多赠诗章。"李商隐这首赠给驿吏王全的玩笑诗这么写道:

> 绛台驿吏老风尘,耽酒成仙几十春。过客不劳询甲子,惟书亥字与时人。

由于具有军事化或准军事化特性,驿站也就难免萦绕着杀伐之气,闪烁着刀光剑影。隋唐五代的驿站同样不知见证了几多血泪交织的惨剧,以至于提起它来总免不了联想到赐死、谋杀、攻伐、算计等名目,杨贵妃在马嵬驿的香冢便是这一幕历史的象征与投影。《资治通鉴》最后一条的记述,就是一幕骇人的驿站刺杀镜头:

> 契丹主遣其舅使于(南)唐,(后周)泰州团练使荆罕儒募(刺)客使杀之。唐人夜宴契丹使者于清风驿,酒酣,(使者)起更衣,久不返,视之,失其首矣。自是契丹与唐绝。

明确此点大有必要,因为唐代官方的新闻传播正是在这一体制中运作,在这一背景中发生,它的内蕴与表征不能不与此丝丝相扣,息息相通。

## 一驿过一驿,驿骑如星流

由前述驿路和馆舍所构成的唐代驿传系统,说到底其实就是一套官方的交往系统。除去朝廷食粮所系的漕运系统,一切事涉官方的交往活动——不管是黄钟大吕的军国要务还是鸡零狗碎的荒唐之举,最终都无不依赖于驿传系统。

上文提到,这套系统所承担的包罗广泛的交往活动可分为两大类,一属人员流动,一属信息传通。而所谓的信息传通,实际上主要系于驿骑。

驿骑,是驿传系统中最活跃、最重要的因子。我们无法想象一个没有驿骑的驿传系统,正如无法想象一个没有血液的血管。唐代的官方传播活动,正是由千万无名无姓的驿骑支撑起来的。所以探讨唐代的官方传播,不能不勾勒驿骑的群像。

驿骑，又称驿使，驿子①，负责传递一应军政公文、物件及递送过往官员。敦煌壁画中有一幅晚唐时期的《宋国夫人出行图》，描绘了驿使身背布袋行色匆匆的模样。不管骄阳似火还是寒风刺骨，也不管是暴雨倾盆还是风沙弥漫，驿道上总有驿使纵马驰奔，急如流星。"一驿过一驿，驿骑如星流"（岑参），已成为他们身影的历史定格。至若杜牧《过华清宫》一诗中的驿骑形象更是广为人知：

> 长安回望绣成堆，山顶千门次第开。一骑红尘妃子笑，无人知是荔枝来。

此诗的内容人所共知，不待多言。只因贵妃娘娘爱吃鲜荔枝，于是每年荔枝成熟季节，君王便不惜动用驿骑，千里迢迢地从四川涪州飞速将此鲜美水灵尚未变色的佳果送进宫来。结果自然出现这么一幕荒唐可笑的画面：但见风尘滚滚，驿马狂奔，不知情者以为又有什么惊天动地的紧急军情，殊不知原来竟是君王为博美人欢心而让人送来的一点水果。无独有偶，不久史思明也如法炮制，利用王朝的驿传网络将鲜樱桃从洛阳送给在河北的养子史朝义，这也算一种上行下效吧。需要补充一点的是，当年"一骑红尘"所经的路线，系由今天的四川涪陵，经万县，再从陕西商洛、蓝田一线抵达长安②，全程二千三百多里③，即使快马加鞭马不停蹄怎么也得五六天④。另外，据宪宗朝的翰林学士李肇记载，贵妃娘娘吃的荔枝也有从南海（今广州一带）送的：

> 杨贵妃生于蜀，好食荔枝。南海所生，尤胜蜀者，故每岁飞驰以进。然方暑而熟，经宿则败，后人皆不知之。⑤

---

① 在驿馆服务的驿丁和在驿路供职的驿子，是各司其职的两类人，不能混为一谈。王宏治先生曾指出二者的区别："一、驿丁的职责是牧饲，驿子为递送；二、每驿驿丁有定数，按每三匹马匹一驿丁，驿子则无定数，按过往官员及家属的人数、官品、事由而随配；三、驿丁番上，驿子则无定期，随事充……"详见其《关于唐初馆驿制度的几个问题》，载《敦煌吐鲁番文献研究论集》，第三辑。
② 参见陈鸿彝：《中华交通史话》，148页。
③ 《通典》卷175："（涪陵郡）去西京二千三百五十七里。"
④ 《日知录》卷10"驿传"条云："唐制，敕书日行五百里。"
⑤ 《唐国史补》卷上。

看来不管驿骑如何快马加鞭，也是无济于事了。

唐代驿骑分"普快"与"特快"。前者传递例行公文，后者传递火急公文；前者日行六驿，即一百八十里，后者日行十驿甚至更多；前者是"日旰山西逢驿使，殷勤南北送征衣"（韦应物《突厥三台》），后者是"校尉羽书飞瀚海，单于猎火照狼山"（高适《燕歌行》）。常人心目中的驿骑，多为后者，亦即唐人所谓的急递、急脚、急脚递。正如一位当代作家所描写的：

> 感觉深处的驿站，总是笼罩在一片紧迫仓皇的阴影之中，那急遽的马蹄声骤雨般地逼近，又旋风般地远去，即使是在驿站前停留的片刻，也不敢有丝毫懈怠，轮值的驿官匆匆验过火牌，签明文书到达本站的时间，那边的驿卒已经换上了备用的快马，跃跃欲试地望着驿道的远方。所谓"立马可待"在这里并非空泛的比附和夸张，而是一种实实在在的形象，一种司空见惯的交接程序。……驿卒的神色永远严峻而焦灼，那充满动感的扬鞭驰马的形象，已经成为一幅终结的定格。①

更如当代一位诗人所咏歌的：

> 驿骑的马蹄声
> 似开堂密鼓
> 琵琶铮钹
> 由远及近
> 踏碎黎明的山径
> 最后几粒寒星
> 只见城门洞开如电
> 烟尘掠过如风……②

---

① 夏坚勇：《湮没的辉煌》之《驿站》，65页。
② 晓虹：《风雨飘摇叹古驿》，载《中国青年报》，1997-04-20。

这里描写的，都属驿骑中的"特快"——急递。<sup>①</sup>急递固因其戏剧性紧张感而为人瞩目，但在传驿舞台上大量活动着的还是扮演群众角色的"普快"。由于人卑事碎，他们的面目早被时光的流水漫漶得模糊不清了。好在从后代与之相承的人员身上，我们尚能依稀辨认出一些他们的特征。闻名于世的瑞典现代探险家、楼兰古城的发现者斯文·赫定在其内涵丰富、才识兼备、文笔优美、引人入胜的系列西域考察著作中，曾记述了一位骑马送信的邮差：

> （从塔城到乌鲁木齐的）路上，遇到一位邮差，是个独居的柯尔克孜人，他骑在马上，两个邮袋挂在马鞍两侧。这样行走一天一夜，到下一站，交给另一个继续传递。从塔城到乌鲁木齐有620公里路程，邮件要走7天。<sup>②</sup>

倘若让时光倒回一千年的话，那么斯文·赫定笔下的这位邮差同唐代的驿使当彼此难分。而且，二者行走的速度也是如此接近，即日行一百八十里。

不管是"普快"还是"特快"，驿骑传讯都必须遵守一系列严格的纪律。《唐律疏议》中对此有详细的规定，大略如下：

> 诸驿使稽程者，一日杖八十，二日加一等，罪止徒一年。
> 
> 诸驿使无故以书寄人行之及受寄者，徒一年。若致稽程，以行者为首，驿使为从；即为军事警急而稽留者，以驿使为首，行者为从。其非专使之书，而便寄者，勿论。
> 
> 诸文书应遣驿而不遣驿，及不应遣驿而遣驿者，杖一百。
> 
> 诸驿使受书，不依题署，误诣他所者，随所稽留以行书稽程论减二等。若由题署者误，坐其题署者。
> 
> 诸乘驿马者，一匹徒一年，一匹加一等。主司知情与同罪，不知情者勿论。

---

① 《资治通鉴》卷237宪宗元和三年："（裴均、李绛）奏'敕使所至烦扰，不若但附急递'。"另据《碧鸡漫志》："《脞说》云：太真妃好食荔枝，每岁（四川）忠州置急递上进，五日至都。天宝四年夏，荔枝滋甚，比开笼时，香满一室。"又按《资治通鉴》卷278胡三省注："军期紧急，文书人递不容稽违晷刻者，谓之急递。递，邮传也。递者，言邮置递以相付而达其所。"

② [瑞典]斯文·赫定：《亚洲腹地探险八年：1927—1935》，徐十周等译，263页，乌鲁木齐，新疆人民出版社，1992。

> 诸乘驿马辄枉道者，一里杖一百，五里加一等，罪止徒二年。越至他所者，各加一等。经驿不换马者，杖八十。
>
> 诸乘驿马赍私物，一斤杖六十，十斤加一等，罪止徒二年。驿驴减二等。①

这一切如山的律令，旨在确保驿传系统的高速度、高效率与高保真，以使置邮传命成为国家安危所系的一大要务。有一次，太宗李世民对侍臣说起，安西都护郭孝恪日前奏称"十一日往击焉耆，二十日应至（安西都护府时治交河——今吐鲁番西），必以二十二日破之，朕计其道里，使者今日到矣"。结果，"言未毕，驿骑至！"②据人计算，焉耆距长安七千里，驿骑在路上二十八日，平均每天行二百五十里。③再如，《元和郡县图志》卷四关内道"新宥州（内蒙古乌海市）"条写道：

> 又顷年每有回鹘消息，常须经太原取驿路至阙下，及奏报道，已失事宜。今自新宥州北至天德，置新馆十一所。从天德取夏州乘传奏事，四日余便至京师。

而据同书同卷"天德军"条，天德"至上都一千八百里"，按四日推算，则每天平均奔驰四百五十里。如此神速，怎不令人叹服！怨不得后世之人，提起唐代的驿传便总是称赏备至。如宋代的洪迈，在其《容斋随笔》里就曾写道：

> 唐开元十年八月己卯夜，权楚璧等作乱，时明皇幸洛阳，相去八百余里。壬午，遣河南尹王怡如京师按问宣慰，首尾才三日。置邮传命，既如此其速，而廷臣共议，盖亦未尝淹久，后世所不及也。④

明清思想家顾炎武，在"平生之志与业皆在其中"的《日知录》一书里，以严谨的考辨缕述了汉唐驿传之利：

---

① 《唐律疏议》卷10，中华书局1983年标点本，208~213页。
② 《资治通鉴》卷197。
③ 参见《敦煌吐鲁番文献研究论集》，第三辑，328页。
④ 《容斋随笔》续笔卷2"汉唐置邮"条。

《续汉·舆服志》曰:"驿马三十里一置。"《史记》:"田横乘传诣洛阳,未至三十里,至尸乡厩置。"是也。

唐制亦然。白居易诗:"从陕至东京,山低路渐平。风光四百里,车马十三程。"(一程即一驿)是也。其行或一日而驰十驿。岑参诗:"一驿过一驿,驿骑如星流。平明发咸阳,暮到陇山头。"韩愈诗:"衔命山东抚乱师,日驰三百自嫌迟。"是也。又如天宝十四载十一月丙寅,安禄山反于范阳,壬申,闻于行在所。时上在华清宫,六日而达。至德二载九月癸卯,广平王收西京,甲辰,捷书至行在。时上在凤翔府,一日而达(《通典》卷173:凤翔府"去西京二百七十里")。而唐制,赦书日行五百里,则又不止于十驿也。古人以置驿(站)之多,故行速而马不弊。后人以节费之说,历次裁并,至有七八十里而有一驿者。马倒官逃,职此之故(由于这个缘故)。曷一考之前史乎?①

唐代驿传的急速高效,最终还是源于军政泛化的需求。事实上从一开始,驿传系统及其运作便无不为军事意图所制约,进而成为征伐诛讨一统江山的一把利器。以行草隶篆中的草书为例,这个在后人看来纯属书法艺术的事物,最初却是由于军情紧急刻不容缓的传驿需要而形成的,正如梁武帝《草书状》引蔡邕的话所言:

> 昔秦之时,诸侯争长,羽檄相传,望烽走驿。以篆隶难,不能救急,遂作赴急之书,盖今之草书是也。②

明乎此,则不难理解驿站何以为兵站,传驿中人何以名驿将、驿卒、驿骑,而为隋唐五代画上休止符的事件——960年赵匡胤黄袍加身之发生在陈桥驿,也便成为一个顺理成章的象征。③

---

① 《日知录》卷10"驿传"。

② 《太平广记》卷206。

③ 意大利哲学家克罗齐尝言,一切历史都是当代史。不管此论如何奇崛,当代史之为历史的沉积当无疑义。因而,从当代反溯历史应不失为揭示历史的方法之一。以唐代的驿传、馆舍、驿骑为例,下面一段近世历史的情景便为此提供了活的参照:"说是很孤单也不见得,只要你骑着租赁的马从这个驿站到那个驿站地走下去。因为总有一马夫陪着走,准备再把这两匹马带回去的。租马得出几个克兰,晚上住栈房价钱亦相若。每站都换一次马和马夫。所以只要你有气力,日夜奔驰都可以的。每站的距离从二十公里到三十公里。"([瑞典]斯文·赫定著,李述礼译:《亚洲腹地旅行记》,19页,上海,上海书店出版社,1984)

# 第二章　传播方式（上）

对谙熟唐史的人来说，一提起唐代的官方传播，都会自然地想到驿传与邸院。就唐代官方一路的新闻传播而言，邸院与驿传的地位的确十分突出。没有前者，最早的官方新闻无以生成；没有后者，任何的官方信息都无以周流。所以，我们开篇首先简略地描摹了这两个系统的状貌，借以为以下论述唐代官方新闻传播提供必不可少的历史场景。这就好比演电影，先得拉起一块银幕，然后才好放映影片一样。我们的这部早期影片当然不如现代大片那么惊心动魄，扣人心弦，它不仅情节简单，技法原始，而且画面还跳跃模糊，混沌不清，但唯其珍惜罕见而别有一番韵味。

# 《开元杂报》

从1873年《申报》发表《论中国京报异于外国新报》一文算起，中国新闻史的研究已有百年以上的历史。若论戈公振的《中国报学史》（1927）的话，这一学科领域也届耄耋之年了。不管从何算起，中国新闻史研究从一开始便命定地面对着一个首屈一指的问题——中国报业的历史上限可追溯到哪朝哪代？具体说，中国最早的报纸产生于何时？

目前学界一致认为，"邸报"就是中国古代的报纸，"一部中国古代报纸史基本上就是一部'邸报'史"①。那么"邸报"又源于什么年代？对此，各家争议不休，分歧很大。大略说来，关于"邸报"诞生的时间现在有三种较有影响的说法。一是汉代说，以戈公振先生为代表；二是唐代说，以方汉奇先生为代表；三是宋代说，以朱传誉先生为代表。②汉代说因缺乏根据现已被认为不可取。宋代说由于史实充足，被普遍接受当无疑义。现在的问题在于：邸报的上限能否由宋代继续上推到唐代？这个问题因为涉及中国报业的起源以及中国古代报纸的形态，因而成为学术界关注的焦点。自1983年方汉奇先生发表《从不列颠图书馆藏唐归义军"进奏院状"看中国古代的报纸》一文后，有关的商榷争鸣一直连绵不绝，其中以张国刚先生的

---

① 黄卓明：《中国古代报纸探源》，8页。
② 分别参见戈公振《中国报学史》（1927）、方汉奇等《中国新闻事业通史》第一卷（1992）和朱传誉《宋代新闻史》（1967）。

《两份敦煌"进奏院状"文书的研究——论"邸报"非古代报纸》以及江向东先生的《对中国古代报纸产生于唐代之说的质疑》两篇文章较有代表性。①

从眼下掌握的史料来看，证明中国古代报纸产生于唐代的根据有三条：

（1）唐人孙樵的《读开元杂报》一文；

（2）诗人韩翃涉及"邸报"的一则轶事；

（3）现存的两份唐代"进奏院状"。

凡是有关唐代官方新闻传播的论述，大抵不离这三者，而尤以"进奏院状"为主要依凭。为了澄清问题，需要先对这三者逐一进行考量辨析。

孙樵，字可之，一作隐之，大中九年（855）进士及第，为唐代后期的古文名家。自谓"尝得为文真诀于来无择（即来择），来无择得之于皇甫持正（即皇甫湜），皇甫持正得之于韩吏部退之（即韩愈）"（《与王霖秀才书》）。换言之，他是韩愈门下的三传弟子，韩派古文的继承人。前人评其文：

> 幽怀孤愤，章章激烈。生于懿（宗）、僖（宗时代），每念不忘贞观、开元之盛，其言不得不激，不得不愁。按其词意渊源自出，信昌黎先生（韩愈）嫡传也。②

《新唐书·艺文志》著录其《经纬集》三卷，今尚存。现在通行的《孙可之文集》（又名《孙樵集》），共十卷三十五篇，为南宋蜀刻本。其中的《读开元杂报》一文，"历来被认为是研究唐代新闻事业的重要文献"③。全文如下：

> 樵襄于襄汉间得数十幅书，系日条事，不立首末。某（《全唐文》作"其"）略曰：某日皇帝亲耕籍田，行九推礼；某日百僚行大射礼于安福楼南；某日安北奏诸番君长请扈从封禅；某日皇帝自东封还，赏赐有差；某日宣政门宰相与百僚廷争一刻罢。如此，凡数十百条。

---

① 两文分别刊载《学术月刊》1986年第6期和《福建师范大学学报（哲学社会科学版）》1992年第2期。
② 高步瀛：《唐宋文举要》上册卷五引储同人语。
③ 方汉奇等：《中国新闻事业通史》，第一卷，47页。

樵当时未知何等书，徒以为朝廷近所行事。有自长安来者，出其书示之，则曰："吾居长安中，新天子嗣国及穷虏自溃，则见行南郊礼，安有籍田事乎？况九推非天子礼耶？又尝入太学，见丛甓负土而起若皇堂者，就视石刻，乃射堂旧地。则射礼废已久矣，国家安能行大射礼耶？自关以东，水不败田，则旱败苗，百姓入常赋不足，至有卖子为豪家役者。吾尝背华走洛，遇西戍还兵千人，县给一食，力屈不支。国家则能东封？从官禁兵安所仰给耶？北虏惊啮边甿，势不可控，宰相驰出责战，尚未报功。况西关复惊于西戎，安有扈从事耶？武皇帝御史以窃议宰相事，望岭南走者四人，至今卿士齰舌相戒。况宰相陈奏于杖罢乎？安有廷争事耶？"语未及终，有知书者自外来，曰："此皆开元政事，盖当时条报于外者。"樵后得《开元录》验之，条条可复。然尚以为前朝廷所行不当尽为坠典。及来长安，日见条报朝廷事者，徒曰今日除某官，明日授某官，今日幸于某，明日畋于某，诚不类数十幅书。樵恨生不为太平男子，及睹开元中书，如奋臂出其间，因取其书帛而漫志其末。凡补缺文者十三，改讹文者十一。是岁大中五年也。①

此文所谈的便是引得各家聚讼纷纭而且至今官司不断的"开元杂报"。

首先，关于名称本身就存在大相径庭的看法。持唐代说者认为，"开元杂报"是中国最早的报纸，产生于开元年间（713—741），名为"开元杂报"。也就是说，把杂报的"报"字当成名词，其意同现代的报纸相承。而持异议者则指出，"开元杂报"一名不过是孙樵对所见数十幅书的称谓，并不意味着当时有这么一份所谓的报纸，另外杂报的"报"当动词讲，意为广而告之，与报纸的报不是一回事。如朱传誉先生就说："以'杂报'一词来说，这并不是一种报纸的专称。"②姚福申先生干脆说："'杂报'只是孙可之杜撰的称谓，甚至还可能是'杂记'，传抄时的讹文"，"无论从版本学角度还是从实际内容来考察，《开元杂记》这一名称应该比《开元杂报》更接近原著，也更接近原意"。③

---

① 《经纬集》卷10，上海古籍出版社1979年影印本。
② 朱传誉：《先秦唐宋明清传播事业论集》，111页。
③ 姚福申：《〈开元杂报〉考》，载《新闻学论集》，第九辑，225页。

另外，对孙樵文中的"日见条报朝廷事"一语中的"条报"，也存在不同理解。持唐代说的论者认为，"条报"乃"杂报"的别称，二者都属唐代的邸报。如吴廷俊先生在颇具新意的近著《中国新闻业历史纲要》一书中写道：

> 这两种"报"虽然一种出现在开元，一种出现在大中，一种叙事较详，一种叙事很略，但两者有其共同点：那就是由朝廷发布并且"条布于外"。从记叙内容和发布形式看，常有较为明显的政府公报性质。可见，唐代从开元到大中都有带政府公报性质的朝廷官报发行，且其名称不叫"开元杂报"，而可能叫"报状"或"报"。①

吴先生虽然未执泥于名称，但结论显然是从杂报与条报二者引申出来的。这里吴著有个疏忽，即孙樵的《读开元杂报》一文写于大中五年，而吴先生却把"及来长安，日见杂报朝廷事者"当成"孙樵在唐宣宗大中九年进士之后"的事情看待了。

视"条报"不足为唐代邸报之证者，也从语意角度立论，断言"条报"并非专有名词，而不过是逐条布告之意，如姚福申先生所言：

> "条报"一词在原句内作动词用，即"逐条报道"的意思，既然它不是名词，当然更谈不上是封建官报的名称。②

仅从古代汉语与现代汉语的语法结构上讲，"条报朝廷事"的报字都当动词讲，解为布告、告知等意，而条字则为修饰报的副词，条报合在一起的结构与语意是"一条一条地报告（告知）"。这同作为所谓报纸名目的"条报"，应属风马牛不相及。

这些关于名称的分歧，其实都关乎对"开元杂报"的定性。按照习惯的说法，"它属于古代报纸的范畴，是进奏院状报一类的早期报纸"③。与之相反，有的论者认为"《开元杂报》是书不是报"，并"很可能是一部大事

---

① 吴廷俊：《中国新闻业历史纲要》，4页，武汉，华中理工大学出版社，1990。
② 姚福申：《〈开元杂报〉考》，载《新闻学论集》，第九辑，225页。
③ 方汉奇、宁树藩、陈业劭等主编：《中国新闻事业通史》，第一卷，50页。

记,充其量是一种与《开元录》类似的编年史"①。更有人断定,"所谓'开元杂报',只不过是唐开元年间,杂乱的新闻信"②。其中,最突兀的反对意见根本不把"开元杂报"置于新闻传播的范畴考察,而是将它归入朝廷文告,如江向东先生就曾直言"开元杂报"实为政府文告,他进而论述道:

> 实际上,唐制宰相于政事堂议政,议政的内容和结果,经皇帝画敕,"然后政事堂牒布于外"(宋敏求《春明退朝录》卷下)。孙樵文中提及的"知书者"也说:"此皆开元政事,盖当时条布于外者。"孙樵后来在长安城中果然也目睹了这一典制,即"日见条报朝廷事者"(有的人认为"条报"即"杂报",但从文中句子的上下关系来看,笔者认为"条报"和"条布""牒布"一样,均属动词而非名词)。可见这种"系日条事"的文书,实际上是政事堂牒布于外的政府活动情况的文告或公告,而不是报纸,其目的是为了显示唐中央政府的政治透明度,这一典制也只有在盛唐时期才会出现。③

最后,还有一种奇异而不无启发的见解,则干脆怀疑历史上是否真有孙樵所说的"开元杂报",此论以朱传誉先生为代表。他说:

> 孙氏的《读开元杂报》一文,虽然是关于唐代邸报的最重要资料,但是就这篇文章的语意看,有没有这件事都成问题。当时文人不敢直接评论时政,大多用隐譬暗喻等假托的方式来借题发挥。孙氏也算是当时的名士,又关心国事,不会对当时的政事,隔阂到像他所说的那种程度。他这篇文章是大中五年写的,离开元仅一百多年,不会对开元政事一无所知。他一方面介绍开元盛治,一方面借长安客来,说明当时政事。两相比较,优劣自见,成为尖锐的对比。他达到了讽刺时政的目的,但是他究竟有没有看到那"数十幅书",就很难说了。所

---

① 姚福申:《〈开元杂报〉考》,载《新闻学论集》,第九辑,224~225页。
② 朱传誉:《先秦唐宋明清传播事业论集》,2页。
③ 江向东:《对中国古代报纸产生于唐代之说的质疑》,载《福建师范大学学报(哲学社会科学版)》,1992(2)。

谓"长安客"和"知书者"假托的可能性更大。①

朱先生的见解虽多揣测之思，但并非无稽之谈。其实，我们认为，最能支持此类见解的理由既简单，又有力，那就是《读开元杂报》乃不折不扣的孤证，在唐代典籍文献中迄今再找不到哪怕是第二处谈及这一事项的文字，尽管我们承认"在中国古代新闻史的研究中，这则史料具有特别重要的价值"②。在既无实物，又无旁证的情况下，审慎而明智的选择当然还是不急于指认"开元杂报"与早期报纸的联系为妥。

那么，所谓"开元杂报"究属何物呢？这可从事物的本身与事物的联系两方面来看。就前者而言，我们倾向于唐史学界的定论，即"开元杂报"是"开元年间政府公报"。③另外，从其"系日条事"以及所登均为皇帝言行上看，"开元杂报"又类似于记录皇帝言行的起居注。不过，"开元杂报"是"条布于外"的，而皇帝的起居注则只供史官修史之用，秘不示人。

这是就"开元杂报"这一事物的本身情状来说的。依据唯物辩证法的观点，任何事物只有从联系的角度才能把握其本质，孤立地剖析无异于将活生生的人从社会历史的网络中剥离出来一样。看待"开元杂报"自然也不例外。只是一味就事论事地谈论这一历史事物，恐怕永远难得其要领，好比盲人摸象，各执一端。而一旦从事物的联系上看，特别是将"开元杂报"同中国古代新闻传播的演进过程，乃至同人类新闻活动的长程脉络联系起来看，问题就可能比较明朗，同时仅用一句简单的政府公报来概括其性质也就不足以说明问题了。因为，虽说政府公报或朝廷文告这类事物源远流长，由来已久，但定期地发布看来始于"开元杂报"。这一看似寻常而多被忽略的细节，也许正是问题的关键。换言之，定期发布不仅仅使"开元杂报"同此前的同类事物判然相别，更重要的是显示出它在中国新闻史上异峰突起的独特地位。我们知道，定期性是报刊区别于书籍、新闻区别于传闻的内在特征和外在标志之一。不论何时何地，定期性地凸现总是新

---

① 朱传誉：《先秦唐宋明清传播事业论集》，113页。
② 姚福申：《〈开元杂报〉考》，载《新闻学论集》，第九辑，222页。
③ 参见《中国历史大辞典·隋唐五代史》，"开元杂报"条（吴枫撰）。

闻活动从无序到有序的界标，总是新闻事业萌发生成的征候。[①]由此说来，"开元杂报"的意义并不在于它是不是中国古代的第一份报纸（人们无论如何都无法将孤本式的东西认同于报纸），而在于它是最早一份见诸史籍定期发布的"政府公报"。正是由于定期性而不是其他，"开元杂报"才成为中国新闻史上开启鸿蒙的象征，成为古代新闻活动从无边暗夜渐入天地生辉的第一道曙光。以此为契机，唐宋以后的新闻传播便显现出迥异于以往的历史风貌，成建制、成规模地在社会生活中延展铺排开来。

这种"立片言而居要，乃一篇之警策"式的情景，类似于西哲所讲的"哲学的突破"（philosophic breakthrough），亦称为"超越的突破"（transcendent breakthrough）。所谓哲学的突破，乃指公元前一千年之内（the first millenium BC），中国、印度、古希腊、希伯来等民族在精神世界先后经历的一场超越性、系统性、批判性的升华。经过哲学的突破，原始的信仰与思维，一变而为精致的思想形态，孔子、老子、释迦牟尼、苏格拉底、柏拉图、犹太先知的话语，分别成为支配各民族文化传统的元典。对此突破的意义，可借用宋儒的一句形象比喻："天不生仲尼，万古如长夜。"而当代西方哲人怀特海也说过一句异曲同工的妙语："一切西方哲学都是对柏拉图哲学的注释。"比照哲学的突破，我们可以把"开元杂报"视为中国新闻传播史上一个超越性的突破。经过突破，古代的新闻传播由茫茫九派流中国的状态，渐入沉沉一线穿南北的开化境界。作为新闻传播的"元典"，"开元杂报"的蕴义与内涵也就在宋元明清的官方网络中一步步得到展开，一点点得到历史的诠释。

"开元杂报"的这一历史地位与象征意味，让人联想到西方传播史上那份诞生于古罗马时代，堪称"新闻的突破"之标志的《每日纪闻》（Acta Diurna）。巧的是，"开元杂报"与《每日纪闻》都属官方公报，都是每日发布，都为单本"榜示"而非批量散发，表面上都与后来的报业没有直接关系但又无不具有"千里伏线，至此结穴"式的遗传基因。这并非偶然，它恰恰显示了文明古邦在传播演进中的历史共性。尽管高深宏赡如斯宾格勒者，

---

[①] 参见拙文《"创世纪"：17世纪与新闻事业》，载《国际新闻界》，1996（2）。虽说对定期性的具体解说现在与当时有所不同，但基本认识应该大同小异。

常不屑于《每日纪闻》与现代报业间的脉络勾连，斥之为皮相的类比①，但是应该承认，二者在社会功能上存在着内在的对应，在传承线路上显示着血统的关联。无怪乎西方新闻学者一谈历史，必谈《每日纪闻》，这委实属于归祖认宗的本能反应。既然西方学者可以坦然地将《每日纪闻》视为自己文化传统中新闻一脉的缘起，那么我们为什么不能将与之具有同等历史地位与象征意义的"开元杂报"当成中国报业的滥觞呢？事实上，早有西方学者在以《每日纪闻》为参照的前提下，对"开元杂报"做过类似的评价。如西蒙诺夫斯卡娅就曾把"开元杂报"说成是"在唐玄宗皇帝宫廷管理下"，中国出现的"第一份报纸"②；其句式和语意读来仿佛是说：《每日纪闻》是在恺撒大帝的统治下，西方出现的第一份报纸。

总之，不管"开元杂报"算不算报纸，也不论它是不是最早的邸报③，它在中国新闻传播史上的发轫意义与象征地位应是毋庸置疑的。

## 韩翃与"邸报"

证明古代报纸或邸报源出唐代的第二条史料，是关于韩翃授官的一段记载。韩翃为中唐诗人，是著名的"大历十才子"之一。④据傅璇琮先生所言：

> 无论《新唐书》与《唐才子传》，它们所记载韩翃的事，都有所本，这就是唐许尧佐的《柳氏传》和孟棨的《本事诗》，也可以说，后世所有有关韩翃事迹的记述，包括现在的一些文学史著作与唐诗选本，都莫不出此二书。⑤

---

① 参见[德]斯宾格勒：《西方的没落》，上册，齐世荣等译，16页，北京，商务印书馆，1963。
② 方汉奇、宁树藩、陈业劭等主编：《中国新闻事业通史》，第一卷，51页。
③ 顾炎武《日知录》卷28"邸报"条云："邸报字见于史书，盖始于此时（指宋代）。然唐《孙樵集》中，有《读开元杂报》一篇，则唐时已有之矣。"
④ 参见《唐才子传》卷4。
⑤ 傅璇琮：《唐代诗人丛考》，450页。

许尧佐与孟棨为同时之人。①许的《柳氏传》为唐传奇名篇,记述韩翃与柳氏悲欢离合的爱情故事,情节曲折生动,内容丰富深刻。其中所载韩翃因怀念离散的柳氏而写的一首《章台柳》和柳氏应答的一首《杨柳枝》,是唐代文人词的佳作,以其平易流畅、情深意长而为人激赏:

> 章台柳,章台柳,往日依依今在否?纵使长条似旧垂,也应攀折他人手。
> 
> 杨柳枝,芳菲节,所恨年年赠离别。一叶随风忽报秋,纵使君来岂堪折。

孟棨的《本事诗》一卷,分情感、事感、高逸、怨愤、徵异、徵咎、嘲戏等七类,凡四十一条皆录诗歌本事,如崔护的咏人面桃花诗,故对理解有关唐诗的背景颇多裨益,向为"谈艺者所不废"②。《本事诗·情感》第一中记载的韩翃柳氏的故事,与《柳氏传》全同,只是文末多出一节韩翃在开封李勉幕府中任职的逸闻,而正是此段文字由于涉及邸报而为新闻史家所关注。我们先全文照录如下:

> 后事罢,闲居将十年。李相勉镇夷门,又署为幕吏。时韩已迟暮,同职皆新进后生,不能知韩,举目为恶诗。韩邑邑殊不得意,多辞疾在家。唯末职韦巡官者,亦知名士,与韩独善。一日,夜将半,韦扣门急,韩出见之,贺曰:"员外除驾部郎中、知制诰。"韩大愕然曰:"必无此事,定误矣。"韦就座曰:"留邸状报制诰阙人,中书两进名,御笔不点出,又请之,且求圣旨所与,德宗批曰:'与韩翃。'时有与翃同姓名者,为江淮刺史。又具二人同进。御笔复批曰:'春城无处不飞花,寒食东风御柳斜。日暮汉宫传蜡烛,轻烟散入五侯家。'又批曰:'与此韩翃。'"韦又贺曰:"此非员外诗也?"韩曰:"是也。"(韦曰):"是知不误矣。"质明,而李与僚属皆至。时建中初也。

孟棨自称,此事是他亲自听大梁夙将赵唯讲的,而赵唯又是在汴州从

---

① 傅璇琮:《唐代诗人丛考》,453页。
② 《四库全书总目》卷195集部诗文评类。

军时耳闻目睹的,故周绍良先生云"盖一事而两传者"①。据傅璇琮先生参以其他史实考订,"《本事诗》所载的这一情节可以信从"②。而它是"关于韩翃的后期生活,唯一的史料记载","尤其是任李勉汴州幕以后,记载韩翃后期生活的第一手材料"③。其中的"留邸状报制诰阙人"一句,为新闻史家探讨唐代与邸报之关联的一大枢机。按说,我们只须就此展开论述而无须顾及其他二手材料,但由于以往关于这一问题的研究多征引《全唐诗话》中的一段记载,为便于说明问题不妨也照录如下:

> 韩翃居家久。一日,夜将半,客扣门急,贺曰:"员外除驾部郎中知制诰。"翃谔然曰:"误矣!"客曰:"邸报制诰阙人,中书两进君名,不从,又请之。"④

以上便是证明唐代已有邸报的第二条根据所依凭的主要史料,尤其是《全唐诗话》中的"邸报制诰阙人"一句,更被视为唐代存在邸报的铁证,正像有的论者所言:"这则记载里讲得明明白白,唐代已有邸报,而且起着传播新闻的作用!"⑤然而,事情恐怕并不如此显豁,一目了然。上述史料真的能证明唐代已有邸报吗?下面让我们先分别辨析一下《全唐诗话》与《本事诗》这两段记载中的有关文字。

不管是《本事诗》中说的"留邸状报制诰阙人",还是《全唐诗话》中说的"邸报制诰阙人",所言史事都很清楚,即制诰一职缺人需提拔某人充任。制诰是知制诰的省称,知制诰为唐代的职官名,专门负责起草"中央文件":参议表章,草拟诏敕。制与诰均指皇帝的敕命,知有主政、掌理之意,如后世所谓知县(县长)、知州(州长)等。细究起来,知制诰的正式官衔是中书舍人。中书舍人属中书省的要职。虽说当时的中书省、门下省、尚书省号称"三省",共掌军国大政,但事实上中书省的地位最高,权

---

① 周绍良:《〈柳氏述〉笺证》,见《向达先生纪念论文集》。
② 傅璇琮:《唐代诗人丛考》,466页。
③ 同上,465、454页。
④ 《全唐诗话》卷3。
⑤ 姚福申:《有关邸报几个问题的探索》,载《新闻研究资料》,第四辑,121页,北京,新华出版社,1981。

势最重。因为，它等于处在一人之下而万人之上的关键位置：皇帝的旨意必须先经由它变为正式的敕书诰命，再通过门下省的过复检验，最后交尚书省颁布执行；同时，中央各部门及地方州府的奏章，又由中书省递呈皇帝。无怪乎自唐高宗之后，中央办公厅——宰相政事堂便由门下省迁至中书省。在中书省的职位序列中，首长中书令（正职）与中书侍郎（副职）之下，便数中书舍人（共六员）；中书舍人与"门下省的散骑常侍、谏议大夫，尚书省的员外郎以上各官，都是所谓清望官，通常都由进士出身的人担任，日后的宰相和节度观察等使（武人所占有的藩镇除外）也都是从其中选拔的"[①]（瞿蜕园），可谓出将入相多由此途。对那些志欲兼济天下的文人学士来说，中书舍人不仅官高权重，而且名清望显。因为唐代开国后不久，具体说，"自永淳（682）已来，天下文章道盛，台阁髦彦，无不以文章达。故中书舍人为文士之极任，朝廷之盛选"[②]。不过，自唐玄宗置翰林学士后，中书舍人的制诏之权渐为翰林侍臣所侵蚀。中唐以后，更以中书舍人掌外制，翰林学士掌内制。倘言外制为普通文件，则内制就是重要文件，大多涉及太子册立、宰相任免及征伐招讨等要务。再后来，外制干脆也由尚书省诸司郎中等他官为之，称兼知制诰，从而使中书舍人几乎沦为闲职。这么说来，知制诰并非中书舍人的专有头衔。名义上"专掌诏诰、侍从、署敕、宣旨、劳问、授纳诉讼、敷奏文表、分判省事"[③]的中书舍人，固然可称知制诰；而后来实际执掌此职的翰林学士、诸司郎中等，也带有这一头衔。韩翃是由节度使李勉的幕僚擢升为中央尚书省的驾部郎中兼知制诰的，上面两则史料中"员外除驾部郎中知制诰"一句即指此事。对年迈困顿、仕途无望的诗人韩翃来说，此事乍闻之下自然难以相信。所以引出了后面一段御笔亲点、富有戏剧性的诗坛佳话。

这里的关键在于"邸报"一语上。我们觉得，《全唐诗话》中"邸报制诰阙人"，不能作为唐代已有邸报的根据。理由有三：一是按照前揭傅璇琮先生的说法，关于韩翃授官一事以《本事诗》所载为唯一的第一手资料，

---

① （清）黄本骥编：《历代职官表》，附"历代官制概述"（瞿蜕园），14页。
② 《通典》卷21"中书令"条。
③ 同上。

其他有关著述包括《全唐诗话》均属转述，不足为凭。①二是《全唐诗话》成书于南宋，"上距韩翃的时代已有500年"②，而"邸报这一名称，最早出现于宋朝"③，可见《全唐诗话》显然是采宋人的习语改"留邸状报"为"邸报"的。三是最重要的还在于，即使这里说的邸报，也同宋人常讲的邸报字同而意殊。宋人说的邸报已成专有名词，如苏东坡诗句"坐观邸报谈迂叟，闲说滁山忆醉翁"④，而《全唐诗话》"邸报制诰阙人"中的邸报却应分开来解，即邸（这个机构）报（告说）。否则这一句不论从语法还是从语意上都讲不顺。因为若把此句的"邸报"连起来当名词解，那么它的后面应有一个"言""谓"之类的动词作谓语，以使主语（邸报）和宾语（制诰阙人）能够贯通。而若以现有的句式论，则邸为主语，报为谓语，制诰阙人为宾语。当然在古代汉语中，谓语并非必不可少，相反谓语省略时有所见。但此种省略都有一定的条件，如承前省略（《淮南子·说林训》："为客治饭，而自[治]藜藿。"），蒙后省略（《论语·卫灵公》："躬自厚[责]而薄责于人，则远怨矣。"），或对话中常见的省略。而"邸报制诰阙人"一句则不具备任何谓语省略的条件，如果强视此句为谓语省略，那么它就不成为一个文通意顺的句子了。总之，以《全唐诗话》中的这则史料作为唐代已有邸报的佐证，看来是站不住脚的。

那么，《本事诗》中的"留邸状报"是否能站住脚呢？恐怕同样站不住脚，理由也有三。首先，字面本身便与邸报距离很大，以"留邸状报"为"邸报"的近义词（且不论同义词），显然有点牵强。这大概也是持唐代有邸报说者，大多径直采用《全唐诗话》中"邸报"一句而规避或淡化《本事诗》中"留邸状报"一句的原因吧。其次，顾炎武在《日知录》卷28中撰有"邸报"一条，追溯邸报源流，全文如下：

　　《宋史·刘奉世传》："先是，进奏院每五日具定本报状，上枢密院，然后传之四方。而邸吏辄先期报下，或矫为家书以入邮置。奉世乞革

---

① 《全唐诗话》的转述线路详见方汉奇等：《中国新闻事业通史》，第一卷，39页。
② 转引自方汉奇等：《中国新闻事业通史》，第一卷，40页。
③ 同上，73页。
④ 《苏轼诗集》，1368页，北京，中华书局，1982。

定本，去实封，但以通函腾报。从之。"《吕溱传》："侬智高寇岭南。诏奏邸毋得辄报。溱言：'一方有警，使诸道闻之，共得为备；今欲人不知，此意何也？'"《曹辅传》："政和后，帝多微行。始民间犹未知。及蔡京谢表有'轻车小辇，七赐临幸'，自是邸报闻四方。""邸报"字见于史书，盖始于此时。然唐《孙樵集》中，有《读开元杂报》一篇。则唐时已有之矣。

不难看出，顾炎武的意思是邸报之名始于宋而邸报之物源于唐，后者的依据仅为孙樵的《读开元杂报》。照理说，在历史上诗人韩翃远比文人孙樵的名气大，一句"春城无处不飞花"至今仍广布人口；在浩如烟海的文献材料中，记述韩翃由此诗除官这段轶事的文字同样要比《读开元杂报》远为抢眼。作为博学多识、学贯古今的"通儒"，顾炎武自然不会只知后者而不知前者吧。而他在考释精详、自谓"平生之志与业皆在其中"的名山之作里，论及唐代的邸报偏偏只提后者而不及前者，恐怕绝非如他所言"学之不博，见之不卓，其中疏漏，往往而有"，而只应表明在这位一代通儒的心目中，若论邸报之物，唐代可资征引的材料只有《读开元杂报》庶几可信。至于《本事诗》中"留邸状报"一语则不足为凭，尽管看上去"留邸状报"与"邸报"似乎相类。事实上，"开元杂报"不管算不算邸报，作为封建官报之雏形都与后世的正规邸报具有最直接、最亲近的血缘关系；而韩翃除官一事中提到的"留邸状报"，大抵应属新闻信的范畴（详论见第三节）。

最后，"留邸状报"不能作为唐代已有邸报之根据的最重要的理由，在于基本的词语分析与语法分析。"留邸状报"中的"留邸"，乃指进奏院，为进奏院的别称、省称或俗称。上一章中已详细谈过，唐代的进奏院初置时称上都留后院或上都邸务留后院，至大历十二年（777）始改为上都进奏院，通称进奏院，所谓"诸道先置上都邸务，名留后使，（大历十二年五月敕）宜令并改为上都进奏院官"①。"留邸状报"中的"状报"，比较复杂，非仔细辨析不足以说明问题。状，一般讲是一种上行公文②，后也泛指下级对上级的表章，如《因话录》记载的名相裴度一则轶事所言：

---

① 《唐会要》卷78"诸使杂录上"。
② 《大唐六典》卷1"尚书都省"："凡下之所以达上，其制亦有六：曰表、状、笺、启、辞、牒。"

> 裴晋公平淮西后，宪宗赐玉带一条。公临薨，却进，使门人作表，皆不如意。公令子弟执笔，口占状曰："内府之珍，先朝所赐。既不敢将归地下，又不合留向人间，谨却封进。"闻者叹其简却而不乱。①

"留邸状报"中的状，显指进奏院上呈本道的一应文牍，即常说的"进奏院状"。而报则如戈公振先生在其《中国报学史》的开篇处所做的精确解析：

> 今世用为报告之意，乃赴字之假借。《礼记·丧服小记》："报葬者报虞。"注："报读为赴，急疾之意。"此用为急报之意之始。今报纸，报馆，报界等名词，为世所习用，其源盖出于此也。（三联书店版）

报之此意，也为唐代所习用。如《资治通鉴》卷215中记载，天宝六载（747），安禄山"常令其将刘骆谷留京师讽朝廷指趣，动静皆报之；或应有笺表者，骆谷即为代作通之"。而最能表明报为急报之意的，是下面一段唐人的记述：

> 元和十五年，淮南裨将谭可则，因防边为吐蕃所掠。初到蕃中，蕃人未知宪宗弃天下，日夜惧王师复河湟，不安寝食。可则既至，械系之置地牢中，绝其饮食，考问累至。可则具告以大行升遐，蕃人尚未知之信。其傍有知书者，可则因略记遗诏示之，乃信焉。蕃法刻木为印，每有急事，则使人驰马赴赞府牙帐，日行数百里，使者上马如飞，号为马使。报得可则审宪宗崩问之状。②

状报二字连用，在唐人文献中常可见到，而且多用为名词。如《李义山文集》卷1《为濮阳公论皇太子表》中"臣得本道进奏院状报"，《刘梦得文集》卷16《慰淄王薨表》中"臣得本道进奏官杨愓状报"，《全唐文》卷541令狐楚《为人作谢赐行营将士定段并设料等物状》中"臣得行营后马使李黯状报"，《全唐文》卷644张仲素《贺捉获刘辟等表》中"臣得进奏院状报"，

---

① 《因话录》卷3，84页，上海，上海古籍出版社，1979。

② 同上。

《桂苑笔耕集》卷1《贺杀黄巢表》中"臣得武宁节度使时傅状报",《会昌一品集》卷17《论幽州事宜状》中"臣伏见报状(状报亦称报状)",《唐会要》卷78《诸使杂录上》中"委中书门下据报状磨勒闻奏",《东观奏记》卷上"杜琮通贵日久……报状至蜀",等等。然而,倘以上引句式中的"状报"套入《本事诗》中"留邸状报制诰阙人"一句,则此句又如《全唐诗话》中"邸报制诰阙人"一句一样讲不通。因为,这么一来,此句也没有谓语了。江向东先生认为,这里的"状报"应做"禀告"之意讲①,他的看法不无道理。我们说,不管从语法还是从语感上讲,"留邸状报"的"状报"都应作动词讲才更为稳妥。所以,在我们看来,这一句的准确译法为"进奏院发来状文报告说:知制诰一职缺人……"。准此,则以"留邸状报"为据证明唐代已有名实兼存的邸报,实在可谓差之毫厘,谬以千里。

通过以上对唐代说之第二条根据的辨析,使我们既有感于法国年鉴学派宗师马克·布洛赫所言"即使是看来明白无误又极有价值的文献或考古资料,也只有在经过适当分析之后才能说明问题"②,又慨叹于他所揭示的治史者难免的那种"起源偶像"崇拜意识。③按说,像《本事诗》中"留邸状报"或《全唐诗话》中"邸报"等文本(text),置于特定的历史情景中(context)并不难说清。但是,由于受这种"在所有的人类事务中,起源比其他任何东西更值得研究"(勒南)之意识的左右④,研究者的思路便不自觉地发生了有趣的偏移,进而导致了旁观者或许感觉不解的扭曲现象。比如,戈公振先生为凿实邸报的起源,便从历史上最早设邸的西汉推导出邸报源于西汉之说。尽管他的结论早被证伪,但他的这种思路依然时隐时现地流露于后来的有关探讨中,研究者的神经依然对邸对报之类字眼反应敏感,结果不自觉地将事物的"起源"与事物的"原因"常相混淆,仿佛"起源就是开始,更糟的是认为'开始'就等于完满的解释。这样,便导致了词义的混乱,

---

① 参见江向东:《对中国古代报纸产生于唐代之说的质疑》,载《福建师范大学学报(哲学社会科学版)》,1992(2)。

② [法]马克·布洛赫:《历史学家的技艺》,张和声等译,51页,上海,上海社会科学院出版社,1992。

③ 参见[英]杰弗里·巴勒克拉夫:《当代史学主要趋势》,杨豫译,20页,上海,上海译文出版社,1987。

④ 参见[法]马克·布洛赫:《历史学家的技艺》,张和声等译,25页。

进而带来危害"①。

　　当然，追溯起源乃属人的天性，原本无可厚非。问题在于应该怎样追溯，或者说以什么思路追溯。布洛赫自己也说过："着手研究历史时任何人都是有目的的，开始时肯定有一种指导思想。"②就邸报起源的研究而论，我们认为应该从单一化的思路转向整体化的思路，从孤立片面的探究转向全面联系的考察，否则形而上学的幽灵还会徘徊不散。而对整体化思路的精妙解说，莫过于丹纳在其《艺术哲学》中的一段阐述艺术家及其时代的名言：

　　　　艺术家不是孤立的人。我们隔了几世纪只听到艺术家的声音；但在传到我们耳边来的响亮的声音之下，还能辨别出群众的复杂而无穷无尽的歌声，像一大片低沉的嗡嗡声一样，在艺术家四周齐声合唱。③

　　不言而喻，早期的邸报也不是一个前不着村后不着店的孤坟野冢，一个远无遗传近无亲族的孤臣孽子。因而，我们与其费尽心力去指认最早的一份邸报，不如先辨别出邸报起源处那一大片嘈嘈切切错杂弹的"低沉的嗡嗡声"，辨别出与之连带的历史条件和文明背景，尤其需要辨别孕育它、产生它的传播氛围及其直系亲属。也就是说一旦把整个合唱队的情况弄清了，那么合唱队中的领唱便不难确认了。

# 进奏院状报

　　在支持邸报源于唐代的三条根据中，进奏院状是最有力、最重要也最引起争议的。如果说所谓"开元杂报"和"留邸状报"都属形迹可疑且查无实据的孤证，那么进奏院状不仅大量存在无可置疑，而且人们还在敦煌文书中发现了两份进奏院状的实物。既然如此，为什么还会引起一波未平

---

① [法]马克·布洛赫：《历史学家的技艺》，张和声等译，26页。

② 同上，51页。

③ [法]丹纳：《艺术哲学》，傅雷译，6页，北京，人民文学出版社，1963。

一波又起的争议呢?①因为,所争者不在进奏院状的存有,而在于其本质。换言之,大家说的是一件事,但说法截然相反。好比在一场官司中,原告被告各执一词,争辩不休,但针对的却是同一桩案子。

在这场事关唐代说能否最终成立的关键论辩中,既涉及进奏院状这一名物,又关乎进奏院这一机构,而二者又互相连带。一般来说,大家对进奏院及其职能的看法分歧不大,只是各自强调的重点不同。唐史专家张国刚先生,曾对进奏院的职能做了全面而准确的概括。他写道:

> (一)它是落脚点。藩帅入朝或奏事官进京,一般以它为栖身之所,所谓"奔走之臣,川流环运,以达教令"。(二)它是中转站。中央对方镇的有关旨令,方镇中需要朝廷裁定的一些"疑政",往往以进奏院为中介转达,所谓"闻白启导,属在留邸"。(三)它是情报站。朝廷及他镇的一动一静,皆及时地了解并详细向本镇通报。(四)它是办事处。诸如上交贡物、经营汇兑、进奉贿赂及各种杂务,悉由进奏院办理。一句话,进奏院从各个方面构成了中央与方镇之间的密切联系,所谓"藩侯所任,邸吏为先",洵为不虚。②

其中所说的情报站职能,主要便落实在进奏院状之上,即他又详加论述的:

> 向本镇及时报告朝廷及他镇各种情况,传递中央诏令、文牒,称为"报事",这是进奏院……最主要的任务。进奏院向本镇反映和传递的情报是极其广泛的,其中主要是军国政治,如官员授职、外使往还、兵马发遣、皇太子勾当军国事、宣布德音、战争进程等;其次是祥瑞奇异,

---

① 据笔者所见,自方汉奇先生1983年在《新闻学论集》第五辑发表《从不列颠图书馆藏唐归义军"进奏院状"看中国古代的报纸》一文,首倡进奏院状为邸报之始的观点后,便先后有如下几位先生撰文从不同角度进行商榷:张国刚先生的《两份敦煌"进奏院状"文书的研究——论"邸报"非古代报纸》,载《学术月刊》,1986(7);吴廷俊先生的《从归义军进奏院状的原件看唐代进奏院状的性质》,载《新闻探讨与争鸣》,1988(1);姚福申先生的《〈开元杂报〉考》,载《新闻学论集》第九辑;江向东先生的《对中国古代报纸产生于唐代之说的质疑》,载《福建师范大学学报(哲学社会科学版)》,1992(2)。其中尤以张国刚先生为代表。

② 张国刚:《唐代进奏院考略》,载《文史》,第十八辑,北京,中华书局,1983。

如老人星见、黄河水清、祈雨有应等；还有朝廷礼仪，如改年号、上尊号、群臣朝贺等；他如圣躬康泰、皇室死丧，甚至藩帅家属所获荣宠及其在京状况，也一一向本镇如实通报。进奏院反映的情况不仅极其广泛，而且十分迅速、具体、翔实。从长安"报事"到襄州，"不过四、五日"……当时有人称进奏院"能传万里之音，不坠九霄之命"。当然还有的情况系进奏官刺探而来。①

在当时的条件下，各进奏院向本道反映情况自然都得形诸文字，而这些"经由进奏官传发给各藩镇和地方诸道，用来介绍朝廷政事动态和各项消息的报告"②，就是说不尽的进奏院状。由于它是下级（进奏官）写给上级（节度使）的，所以冠以"状"字。这种上行文字的全称应为"进奏院状报"，如前文所举。据黄卓明先生统计，晚唐文人、新罗籍的崔致远在其诗文集《桂苑笔耕集》中，曾十多次地提及"进奏院状报"。③可见，这是比较正式的称谓。另外，常见的还有"状报"或"报状"。如李商隐《为荥阳公贺幽州破奚寇表》，"臣得本道进奏官某状报"（《李义山文集》卷1）。状报或报状当是进奏院状报的省称。除上引的正式称谓之外，偶尔还可见到下面一些较随意的叫法：韩翃《为田神玉谢兄神功于京兆府界择葬地表》，"臣神玉言，今月三日得上都留后报"（《全唐文》卷444）；元稹《贺圣体平复御紫宸殿受朝贺表》，"臣某言：今日得上都进奏官报"（《元氏长庆集》卷34）；再就是最常为人提及的《旧唐书·李师古传》中一段关于"邸吏状"的文字：

及德宗遗诏下，告哀使未至，义成军节度使李元素以与师古邻道，录遗诏报师古，以示无外。师古遂集将士，引元素使者谓曰："师古近得邸吏状，具承圣躬万福。李元素岂欲反，乃忽伪录遗诏以寄。师古三代受国恩，位兼将相，见贼不可以不讨。"遂杖元素使者，遽出兵以讨元素为名，冀因国丧以侵州县。俄闻顺宗即位，师古乃罢兵。

---

① 张国刚：《唐代进奏院考略》，载《文史》，第十八辑。
② 方汉奇、宁树藩、陈业劭等主编：《中国新闻事业通史》，第一卷，38页。
③ 参见黄卓明：《中国古代报纸探源》，31页。

关于唐代进奏院状报的性质，争议的焦点集中在是报纸还是文书上。而不论持何种观点，现存的两份实物资料都是各方据以立论的主要物证。为此，有必要先将它们照录于此。这两份出自敦煌文书的历史遗物，20世纪初由法国人伯希和与英国人斯坦因分别劫往巴黎与伦敦，现分藏于巴黎国立图书馆和伦敦不列颠图书馆。一者编号为P.3547，一者编号为S.1156（P为伯希和的缩写，S为斯坦因的缩写）。二件均为归义军（治沙州即敦煌）进奏院发回本镇的状报，时在乾符五年（878）和光启三年（887），前件完整，后件残缺①：

上都进奏院　状上

当道。贺正专使押衙阴信均等，押进奉表函一封、玉一团、羚羊羊角一角、犛牛尾一角，十二月二十七日晚到院，二十九日进奉讫。谨具专使上下共廿九人，到院安下，及于灵州勒住人数，分析如后：一十三人到院安下，押衙阴信均、张怀普、张怀德，衙前兵马使曹先进、罗神政、刘再升、邓加兴、阴公遂、阴宁君、翟善住，十将康文胜、长行王养养、安再晟。一十六人灵州勒住，衙前兵马使杨再晟、十将段英贤、邓海君、索赞忠、康叔达、长行十一人。一，上四相公书启各一封、信二角。王相公、卢相公不受，并却分付专使阴信均讫。郑相公就宅送受将讫。一厅阙，其书信元在阴信均处。一，奏论请赐节事，正月二十五日奉敕牒，宜令更详前后，诏敕处分者。其敕牒一封谨封进上。一，贺正专使押衙阴信均、副使张怀普等二人，正月二十五日召于三殿对设讫。并不赴对及在灵州勒住军将长行等，各赐分物锦彩银器衣等。押衙三人各十五匹，银椀各一口，熟线绫绵衣各一副。军将十三人各一十匹，银屈卮各一枚，杨绫绵衣各一副。长行十三人各五匹，绝绵衣各一副。一，恩赐答信及寄信分物等。尚书答信物七十匹，寄信物五十匹，衣一副，银盖一具，盖椀一具，敕书一封。判官一人，

---

① 关于两件的著录、考释及有关详情，可参见方汉奇：《从不列颠图书馆藏唐归义军"进奏院状"看中国古代的报纸》，载《新闻学论集》，第五辑；张国刚《两份敦煌"进奏院状"文书的研究——论"邸报"非古代报纸》，载《学术月刊》，1986（7）；方汉奇等：《中国新闻事业通史》，第一卷，53页。

都押衙一人，各物廿匹、衣一副，银椀一口。军将一十八人内，五人各一十五匹，衣一副；五人各一十匹，衣一副；八人，各七匹。已上赐物二月十六日于客省请领到院，元有皮袋盛，内记本牌子，兼有司徒重印记全。一，赐贺正专使阴信均等上下廿九人，驮马价：绢，每人各卅匹三丈三尺六寸，三月廿一日请领讫。南公佐状一封。右谨具如前。其敕书牒并寄信匹段，并专使押衙阴信均等押领。四月十一日发，离院讫。到日伏乞准此申上交纳，谨录状上。牒件状如前，谨牒。

| 年　月　日 | 署名 | 谨状① |

进奏院　状上

当道。三般专使所论旌节次第逐件具录如后：右伏自光启三年二月十七日专使押衙宋闰盈、高再盛、张文彻等三般同到兴元驾前，十八日使进奉，十九日对，廿日参见四宰相、两军容及长官，兼送状启信物。其日面见军容、长官、宰相之时，张文彻、高再盛、史文信、宋闰盈、李伯盈同行。□定宋闰盈出班，祗对叩击，具说本使一门拓边效顺，训袭义兵，朝朝战敌，为国输忠，请准旧例建节。廿余年朝廷不以指拟，今因遣闰盈等三般六十余人论节来者，如此件□□获绝商量，即恐边塞难安，专使实无归路。军容、宰相处分："缘驾回日近，专使但先发于凤翔，祗候侍銮驾到，即与指拟者。"至廿二日，夷则以专使同行发来。三月一日却到凤翔。四日驾入。五日遇寒食，至八日假开，遣参宰相、长官、军容。九日便遣李伯盈修状四纸，同入中书，见宰相论节。其日，宋闰盈恳苦再三说道理。却到驿内，其张文彻、王忠忠、段欲忠、段意意等四人，言路次危险，不用论节，且领取回诏，随韩相公兵马相逐归去，平善得达沙州，岂不是好事者。其宋闰盈、高再盛、史文信、李伯盈等不肯。言："此时不为本使恳苦论节，将去，虚破仆射心力，修文写表万遍，差人涉历沙碛，终是不了。"至十一日，又遣李伯盈修状四纸，经宰相过。至十三日，又遣李伯盈修状七纸，经四相公、两军容及长官过，兼宋闰盈说道理。言："留状商量。"中间三日不过文状。至十七日，又遣李伯盈修状五纸，

---

① 本状以张国刚先生的著录为本，参考方汉奇先生的句读，个别标点进行了"自以为是"的变动。

经四宰相过。及见长官，亦留状，不蒙处分。中间又两日停。至廿日，又遣李伯盈修状七纸，经四宰相、两军容及长官过。亦宋闰盈说道理，亦言留状。见数日不得指拟，其张文彻、王忠忠、范欺忠、段意意等，便高声唱快。又言趁韩相公兵马去者。便招召三行官健，遣一齐乱语，称："不发待甚者！"宋闰盈、高再盛、史文信、李伯盈等言："颇耐煞人！我不得旌节，死亦不去！"夷则见他三行言语纷纭，挽却遂出驿来。又遣李伯盈修状五纸，见四宰相及长官。苦着言语，痛说理害，言此件不赐旌节，三般专使誓不归还者。其宰相、长官意□似许。其宋闰盈、高再盛、史文信、李伯盈等，遂遣夷则通彻求嘱得堂头要人，一切□称以作主，检例成持与节及官告者。遂将人事数目立一文书呈过，兼设言约其日商量人事之时，三行军将官健一人不少懋言相随论节。只有张文彻、王忠忠、范欺忠、段意意等四人不肯，言："终不相随！"其张文彻就驿共宋闰盈相诤。其四人言："仆射有甚功劳，觅他旌节？二十年已前，多少搂罗人来论节不得。如今信这两三个憨屡生，惋沸万劫，不到家乡，从他宋闰盈、高再盛、史文信、李伯盈等诈祖乾圣，在后论节我则亲自下卦看卜，解圣也不得旌节。待你得节，我四人以头倒行！"夷则见张文彻等四人非常恶口秽言，苦道不要论节，亦劝谏宋闰盈、李伯盈等荣则同荣，辱则同辱，一般沙州受职，其张文彻、王忠忠、范欺忠、段意意等四人，上自不怕仆射，不肯论节，一齐挽却发去，有何不得？其宋闰盈、高再盛、史文信、李伯盈等四个以死不肯，言："身死闲事，九族何孤？节度使威严不怕，争得我四人，如不得节者，死亦不归者。"夷则见他四人言语苦切，同见堂送要人，子细商量。言："不用疑惑，但频过状、我与成持。"至廿三日，又遣李伯盈修状四纸，经宰相（下阙）。[①]

这就是现存的两份唐代进奏院的状报。原件文字是自右至左，自上而下书写的，前件47行，后件60行。据方汉奇先生查实，后件"原状是一张长97公分、宽28.5公分的横条卷，纸的外观和质量近似于白色的宣纸，比较坚韧，文字是自右至左、自上而下用毛笔书写的，纸的背面抄有大汉三年季

---

[①] 本状以张国刚先生的著录为本，参考方汉奇先生的句读，个别标点进行了"自以为是"的变动。

布骂阵词文64行"①。

有意思的是，这两份保存至今的唐代进奏院状报不仅均出自归义军节度使委派的进奏官之手，而且上报内容都是关于时任归义军节度留后的张淮深要求朝廷授予自己正式的节度使名号一事。归义军节度使设置于唐宣宗大中五年（851）。当年"正月，沙州人张义潮逐吐蕃，摄州事，奉表来报，命为沙州防御使。……（十月）张义潮略定瓜（今甘肃瓜州）、伊（哈密）、西（吐鲁番）、甘（张掖）、肃（酒泉）、兰、鄯（青海乐都）、河（甘肃和政）、岷（甘肃岷县）、廓（青海化隆）十州，遣使入献图籍，于是吐蕃（乘安史之乱）所侵河、湟之地尽复；十一月，置归义军于沙州（敦煌），以义潮为节度使、十一州观察使"。②过了十六年到咸通八年（867），张议潮入朝拜官，赐宅京师，他的侄子张淮深便以当时方镇易帅的惯例代管归义军，所谓节度留后犹如现在的代省长、代市长之属。由于没有得到朝廷的正式任命，张淮深便三番五次地派使节往长安求取旌节（《宋史·舆服志》："旌节，唐天宝中置，节度使受命日赐之，得以专制军事"），以便名正言顺地行使节度使职权。于是，便有了上面状文中所通报的求取旌节活动的诸般情况。

那么，从这两件实物来看，进奏院状报究竟算报纸，还是算文书呢？一般而言，新闻史家多持前议，唐史学者多主后说。如曾任中国社会科学院新闻所副所长的王凤超先生，在谈及编号S.1156的进奏院状时就断然写道：

> 这是现存的中国最古老的报纸，也是现存的世界上最早的报纸。……这个实物证明，唐朝藩镇派驻首都或行在的进奏官编发的报纸叫"进奏院状"，它是进奏官向藩镇传报朝廷消息的地方一级官报。③

唐史学界的观点集中体现于姜伯勤先生为《中国大百科全书》中国历史卷所撰写的"敦煌文书"条目中：

---

① 方汉奇等：《中国新闻事业通史》，第一卷，54页。
② 翦伯赞主编：《中外历史年表》，333页，北京，中华书局，1961。
③ 王凤超：《中国报刊史话》，34页，北京，商务印书馆，1991。

敦煌文献中具有珍贵史料价值的是"官私文书"。"官文书"有符、牒、状、贴、榜文、判辞、过所、公验、度牒、告身、籍账等……《沙州进奏院上本使状》及归义军节度使相关的文书，使晚唐、五代沙州的历史面貌重新明朗……①

我们认为，上述两种看法都有欠完善。就前者而论，以状报为报纸的确显得牵强，将进奏院状等同于古代报纸的结论不免突兀。不论我们怎样强调古代报纸不同于现代报纸，也不论我们怎样为古代报纸下定义，在世人的心目中实在无法将上引实物同报纸的形象联系起来，哪怕是同古代报纸、原始报纸或报纸雏形联系起来。理由诚如张国刚先生所言：

像"进奏院状"这样的公文，其作者是唯一的——上都进奏院官，所反映的内容是个别的，都是归义军使者在京师的活动情况；其"发行"的份数也是唯一的……其"发行"对象也是唯一的，那就是本道藩帅，尽管本道幕僚亦能获睹。②

不过，我们认为，如把进奏院状视为纯粹的官方公文也未免有点简单化了。首先，进奏官所处的特殊位置使他有别于节度使幕府中执掌文书的判官、掌书记、行军司马等人员。后者多由进士出身的文士充任，专职起草公牍文书。如岑参先后做过安西四镇节度使高仙芝和安西北庭节度使封常清的判官，于任上写下《白雪歌送武判官归京》《走马川行奉送封大夫出师西征》等奇峭俊丽的诗章。再如杜牧曾任淮南节度使的掌书记，在治所扬州极事风流倜傥，留下不少"二十四桥明月夜，玉人何处教吹箫"的艳词。而进奏官多为武将，其职守主要不在草拟理通辞正规范雅驯的官府文书，而在于打探各类消息、及时通风报信。他根据搜集的情报而写成的状文，形式上看固然属上行公文，但内容上却与通常的公文不同，实际上是一些新近的信息，是事关重大的"新闻"。"进奏院合法或非法地搜集的各种情报，对于藩镇制订出对付朝廷和他镇的相应措施有重要意义。"③西谚有

---

① 《中国大百科全书·中国历史卷》（缩印本），128页。
② 张国刚：《两份敦煌"进奏院状"文书的研究——论"邸报"非古代报纸》，载《学术月刊》，1986(7)。
③ 张国刚：《唐代进奏院考略》，载《文史》，第十八辑。

云，记者一半是记者，一半是侦探。与之相较，进奏官不无相似。

其次，进奏院之状与一般公文之状区别较大。一般公文之状虽然也涉及一些事情，但那多为众人皆知的事实或已为陈迹的旧闻，并且着眼点不在事情本身而在拿它去"说事"——说另外的事理，而且得说得冠冕堂皇，气度不凡。如陆贽上德宗皇帝的《奉天请罢琼林大盈二库状》，上来就是一通气贯山河佶屈聱牙的文字："臣闻作法于凉，其弊犹贪；作法于贪，弊将安救？示人以义，其患犹私；示人以私，患必难弭。……"引经据典，洋洋洒洒，好似长篇政论，令人目眩神迷。而进奏院状报则旨在通报最近的事态或动态，全是事实，不加评论，而且为了赶速度，抢时间，根本不讲什么谋篇布局，遣词用语，只图说明情况。通观两份进奏院状报的实件，不难发现其文字的粗疏浅近，犹如洋人写的中文似通不通，其中有些句子完全就像民间的大白话，而且时有疙疙瘩瘩的地方，如"专使上下共廿九人，到院安下""一十六人灵州勒住""本使一门拓边效顺，训袭义兵，朝朝战敌，为国输忠""宋闻盈恳苦再三说道理"等等。以此等文字为官文书，感觉上总仿佛圆凿方枘，格格不入似的。诚然，敦煌地处边缘，文化上或许不如中原精致，出自它的事物未必能代表全国，正像英国汉学家崔瑞德所言：

> （敦煌）物证虽然是非常宝贵和独一无二的，但在使用它们时我们必须谨慎，因为西北边缘区根本不能作为全中国的典型；根据那里的情况来概括全帝国，研究者往往会担风险。[①]

然而我们也应承认，以探听虚实侦察动静为要务的进奏官发出的一应状报，都着重于通报最新的重大信息，至于正规公文的诸多讲究则无关宏旨。换言之，只要进奏院状报及时反映了有关事态及其发展，那么它写成官文书还是其他什么东西都是形式上的问题了。甚至我们推断，在事关重大刻不容缓的情况下，状报写得越直白、越简括、越少官场的繁文缛节陈辞虚语，越能得到赞许和称赏。

综上所述，将状报视为报纸和将状报视为公文，都有失偏颇。深究

---

① [英]崔瑞德编：《剑桥中国隋唐史》，47页。

起来，双方其实在强调同一事物的两个不同侧面。一方面，状报脱胎于官文书一脉，因遗传关系而明显地带有公文的特征；另一方面，由于传递信息、报道"新闻"的关系，状报又具备"新闻纸"（newspaper）的若干内在性质，显示出某种报业萌芽的苗头。如此说来，方汉奇先生几年后写下的一段修正的论断便显得比较公允，符合实情：

> （唐代进奏院状）保留了不少官文书的痕迹，但并不等同于官文书。它具有某种报纸的性质，如广泛采集新闻，先于官文书传布消息等，但在定期、公开发行等方面，还不完全具备正规报纸的要素，因而，只能属于一种由官文书向正式官报转化过程中的原始状态的报纸。①

尽管最后还是将状报归入报纸，但紧接的一句话又说道："它很近似于作为西方近代报纸前身的，16世纪欧洲的'新闻信'。"②在晚近一次与笔者的谈话中③，他又着重提到唐代进奏院状报与新闻信的对等关系。

据此，我们主张，唐代进奏院状报在新闻传播史上的准确定位应该是新闻信。这种观点既趋近实情，又易于为各方所接受。从现存的两件实物看，把它看作进奏官写给节度使及其幕府的信件当无任何不妥之处，而这类信件从所报内容到写作形式都更具新闻性或时新性。比如，P.3547号状的开头一句——"贺正专使押衙阴信均等，押进奉表函一封、玉一团、羚羊角一角、犛牛尾一角，十二月二十七日晚到院，二十九日进奏讫"，简直就像消息的导语，将时间、地点、人物、事件等5个W几乎都交代一清。再以S.1156号状为例，其中一些段落在报告事实的准确、生动、逼真上，与现代的新闻特写如出一辙，如：

> 见数日不得指拟，其张文彻、王忠忠、范欺忠、段意意等，便高声唱快。又言趁韩相公兵马去者。便招召三行官健，遣一齐乱语，称："不发待甚者！"宋闰盈、高再盛、史文信、李伯盈等言："颇耐煞人！我不得旌节，死亦不去！"

---

① 方汉奇等：《中国新闻事业通史》，第一卷，60页。
② 同上。
③ 1997年5月5日，方汉奇先生与笔者的交谈。

进而言之，报业的一般发展历史，大抵由"新闻信（news-letter）→新闻书（news-book）→新闻纸（news-paper）"三部曲所组成。报业的早期形态总是初始的新闻信而非发达的新闻纸，西方如此，东方亦然。如果对长程的历史进行审视而不拘泥于细枝末节，那么我国自8世纪中叶诸道在安史之乱中置上都留后使即后称的进奏官①，到宋太宗太平兴国六年（981）都进奏院成立从而将各自为政的进奏院状报纳入统一的中央管辖系统，这二百来年的"邸报"可当新闻信看待，"它的读者对象除节度使外，至多也只能是些心腹幕僚，带有明显的情报性质"（姚福申）。②此后，尤其是印刷术用于邸报的刊行之后，直到1840年第一次鸦片战争，这将近千年的时间可视为新闻书的发展阶段，其范本便是清季报房出版的《京报》。至于"中国之有'官报'（笔者认为可从宋代的邸报算起），在世界上为最早，何以独不发达"③，迟迟未能跃入新闻纸阶段的原因，戈公振先生曾做过解释，可备一说：

其故盖西人之官报乃与民阅，而我国乃与官阅也。"民可使由，不可使知"，乃儒家执政之秘诀；阶级上之隔阂，不期然而养成。故"官报"从政治上言之，故可收行政统一之效；但从文化上言之，可谓毫无影响，其最佳效果，亦不过视若掌故，如黄（宗羲）顾（炎武）二氏之所为耳。进一步言之，官报之唯一目的，为遏止人民干预朝政，遂造成人民间一种"不识不知顺帝之则"之心理；于是中国之文化，不能不因此而入于黑暗状态矣。④

最后，从新闻书到新闻纸的嬗替，显然是与"近代中国社会的新陈代谢"（陈旭麓）相关联的，这与西方近代报业的发生发展的脉络基本吻合。⑤

从本章的分析论辩中，我们可得出如下的结论：虽说正式的邸报源于

---

① 进奏院的设置时间详见张国刚：《唐代进奏院考略》，载《文史》，第十八辑，84~85页。
② 参见姚福申：《〈开元杂报〉考》，载《新闻学论集》，第九辑，222页。
③ 戈公振：《中国报学史》，63页，北京，生活·读书·新知三联书店，1955。
④ 戈公振：《中国报学史》，63页。
⑤ 报业与近代之关联详见拙文《评"古有新闻"的学科公设——兼论新闻的生成及内涵》，载《中国人民大学学报》，1997（1）。

唐代说目前恐怕还难于成立，但我国古代新闻事业的创生却可以"开元杂报"为标志。无论从历史科学还是从历史哲学的角度看，它都昭示着一种从无序到有序的飞跃，彰显着一种从混沌到清朗的转折；此后不久日渐涌现的新闻信即进奏院状报，为古代新闻事业又写下了浓重的一笔，在中国新闻传播史上留下了实在的遗产。①

本章末了顺便说一下，归义军节度使张议潮入朝为官，长住首都后，族侄张淮深代理职守，所谓"权知留后"，"带领军府"，其间曾通过归义军进奏院一再请求朝廷正式下文，赐予旌节。五年后即唐懿宗咸通十三年（872），张议潮与张淮深都已去世，朝廷才任命沙州长史曹义金为归义军节度使，从而也算为新闻史上的这个故事画了个句号。②

---

① 此外，还有一些值得注意的迹象。如"新闻"一词也始于唐代，详见方汉奇先生等：《中国新闻事业通史》，第一卷，61页注①。

② 参见《资治通鉴》卷252。

# 第三章　传播方式（中）

此上主要探究的，是在唐代官方新闻传播上人们所常关注的问题；下面则要考察以往的研究所不常涉及的方面，如露布、烽燧、榜文、实物，等等。在我们看来，就官方的新闻传播而言，这些传播方式的作用与意义不在"开元杂报""进奏院状报"等名目之下。现在，就让我们来看看这些鲜为人知而同样有声有色的传播画面。

## 新闻·传播·新闻传播

在此之前，有必要梳理一个早该辨明而迄未澄清的关键术语——新闻传播。

顾名思义，新闻传播自然是事关"新闻"的"传播"。这一点看似柳宗元笔下的小石潭一般清亮，但若继续追问何谓新闻、何谓传播时，问题就不那么明彻了。从语源上讲，"新闻"这一词语组合始于唐代。据姚福申先生考证，唐人文献中使用"新闻"一词的地方有如下几处：

> 孙处玄，长安（周武则天年号，701至704）中征为左拾遗，颇善属文，尝恨天下无书以广新闻。①
> 
> 段成式《锦里新闻》三卷。②
> 
> 李咸用《冬夕喜友生至》："天涯行欲遍，此夜故人情。乡国别来久，干戈还未平。残灯偏有焰，雪甚却无声。多少新闻见，应须语到明。"③
> 
> 又《春日喜逢乡人刘松》："故人不见五春风，异地相逢岳影中。旧业久抛耕钓侣，新闻多说战争功。生民有恨将谁诉，花木无情只自红。莫把少年愁过日，一尊须对夕阳空。"④
> 
> 尉迟枢《南楚新闻》三卷。⑤

---

① 武英殿本《旧唐书》卷142。

② 《宋史·艺文志》"小说类"。

③ 《全唐诗》卷645。

④ 《全唐诗》卷646。

⑤ 《新唐书·艺文志》"小说家类"。又此数段引文转引自姚福申：《唐代孙处玄使用"新闻"一语的考辨》，载《新闻大学》，1989（2）。

以上几处提及的孙处玄、段成式、李咸用和尉迟枢诸人,以孙处玄的生平为最早,其余均属晚唐时人。其中,李咸用的诗句"多少新闻见"里的"新闻",应另当别论。因为"新闻见"虽与新闻在意思上相通,但在句读上却为"新——闻见",即"新的见闻"。另外,孙处玄一条中的"恨天下无书以广新闻",在不同的文本里也写成"新文"(中华书局标点本《旧唐书》)和"所闻"(《太平御览》"逸民部"卷560)。于是,此条作为最早的"新闻"一语的出处也受到质疑。①

如此说来,只有《锦里新闻》《南楚新闻》和"新闻多说战争功"三条较为可靠,可以作为"新闻"一词的初始出处。就三条所关系的人物而言,最早的段成式约生于唐德宗贞元十九年(803)②,最晚的尉迟枢卒于唐僖宗乾符五年(878)之后③,距唐朝灭亡的907年已相去不远。作为书名,段成式的《锦里新闻》与尉迟枢的《南楚新闻》,在使用新闻一词上都着意于稀奇古怪的奇闻异事,尚不能同今日的新闻含义完全画等号。前人将二书归入小说家言也正说明这一点。不过,诚如姚福申先生概括的,古代的"新闻"兼有"新奇的见闻"和"新近的闻见"双重含义。④而且早期的新闻大都虚实相间,真伪不分。比如西欧社会迟至18世纪上半叶,报刊还像伏尔泰描绘的,常常"把虚构故事、无稽之谈充作确切无疑的事实"⑤。最后,还需补充一点,清代学者赵翼在《陔余丛考》中论及妇女裹足的由来时,提到一个与《锦里新闻》等类似的《道山新闻》:

> 妇人弓足不知起于何时,有谓起于五代者。《道山新闻》谓李后主令宫嫔窅娘以帛绕脚,令纤小作新月状,由是人皆效之。

如果说《锦里新闻》《南楚新闻》中的"新闻",偏于"新奇的见闻"或"奇异的传闻";那么,李咸用诗句"新闻多说战争功"里的"新闻",

---

① 参见王志兴:《唐人孙处玄用过"新闻"一词吗?》,载《新闻学论集》,第八辑,北京,中国人民大学出版社,1984。
② 参见(唐)段成式:《酉阳杂俎》,方南生点校,前言,北京,中华书局,1981。
③ 参见姚福申:《唐代孙处玄使用"新闻"一语的考辨》,载《新闻大学》,1989(2)。
④ 同上。
⑤ [法]伏尔泰:《路易十四时代》,吴模信等译,269页,北京,商务印书馆,1982。

则重在"新近的闻见",从而与现代的理解相近,亦即与今人的常识相近。随举一例,"对于历史来说,这些事件只是喧哗一时的新闻","我们通常读的历史书很像一些已经成为故事的新闻"[1]。不过无论从李咸用写诗填词的小语境看,还是从他身处其中的社会大语境看,新闻一词都还是属于组合随意、语意恍惚的罕见用法。不宜将它同现在的新闻作过多的比附,正像不宜将《会昌解颐录》中的"二十年不知信息"[2]与"三论"中的信息相认同一样。这里,横亘着一条千年的代沟。

总之,关于"新闻"一词见于唐代的几则史料,仅从语源学上讲,除初始意义外并不说明太多的问题。而且由于稀有罕见,其在有唐一代星汉灿烂的文献中犹如几颗稍纵即逝的流星,对唐代文明这一巨大天体也不构成任何有影响的张力。

然而,如果换个视角,比如从斯宾格勒的历史形态学或布罗代尔的总体史上审视,那么这些似乎微不足道的东西便显出卓尔不凡的意义。上文已经说过,古代的新闻事业以盛唐的"开元杂报"开其端绪,至中晚唐的进奏院状报而渐呈活跃态势。这一文明的律动,总会有意无意地在历史的沙滩上留下或深或浅的痕迹,而晚唐之际那若有若无、似现似隐的"新闻"一词,不过是此类痕迹中较为抢眼者而已。它与此时此际渐由"状报"演来,并渐演变为成熟语的"报状"一词交相映衬,表露着新闻事业从原始的传播活动中转换生成着的可以把握的脉搏。关于报状,五代时人孙光宪在其记述晚唐五代世事的传世之作《北梦琐言》中多有提及,如:

> (陈会郎中)大和元年(827)登第,李相固言览报状,处分厢界,收下酒筛,阖其户,家人犹拒之。(卷3)

> 唐军容使田令孜擅权,有回天之力。尝致书于许昌,为其兄陈敬瑄求兵马使职,节将崔侍中安潜不允。尔后崔公移镇西川,敬瑄与杨师立、牛勖、罗元杲以打毬争三川,敬瑄获头筹,制授右蜀节旄以代

---

[1] 赵汀阳:《形与势》,载《中华读书报》,1997-01-15。
[2] 《太平广记》卷35"韦丹"条。

崔公,中外惊骇。报状云,陈仆射之命,莫知谁何。①(卷4)

始,蒋伸相登庸,李景逊尚书西川览报状而叹曰:"不能伏事斯人也。"遽托疾离镇,有诗曰:"成都十万户,抛若一鸿毛。"

这些报状虽然都是进奏院状报,但意味已不相同。细加揣摩不难感到,状报之意落在状上,报状之意落在报上。前者词性介乎动词与名词之间,犹如英文的动名词,而报状则纯属名词了。将上述这些看似不经意的发展变化联系起来,其所昭示的历史意义便颇堪寻味、非比寻常了。

以上所谈其实尚未进入正题,当然也并未跑题。正题是何谓新闻?正像美这一概念在美学中处于核心地位而迄无定论一样,新闻这一概念作为新闻学的王冠,多年来也是引无数英雄竞折腰。对此我们不拟做过多过细的考究,只想从常识入手删繁就简,结合公认的观点给出一种适用的解说,以界定我们的论题。根据成美和童兵先生的论述,新闻的主要构成因素有事实、新意和时效三项。②宁树藩先生从信息论的角度探讨了新闻的本质,指出新闻是经过报道的新近发生的信息。③这些认识实际上都源于现实的语境,都属于当代学术的话语谱系。严格说当然不宜直接套用在一千年前的古人头上,但对我们观照唐代的新闻传播却也提供了理论视角。事实上,在唐人乃至整个古人的新闻观念中,除了现在所说的"新闻"含义外,还有另外一层意思,其中看重的是事情而不是事实,讲究的是新奇而不是新意,着意的是时过境迁仍堪把玩的传世韵味而不是越快越好、稍纵即逝的"易碎"品质。据此,我们可将本文中的新闻定义为经过传播的新近之事和新奇之事。其事有大有小,有轻有重,有真有假,有实有虚,但只要关乎新近与新奇,并经过传通,播于人口者即成新闻。④

这是新闻。那么,何谓传播呢?对此,我们同样不能照搬今人的现成定义,而需实事求是地从历史的原生态中予以考察、辨析与界定。

---

① 《资治通鉴》卷253:"西川节度使陈敬瑄素微贱,报至蜀,蜀人皆惊,莫知为谁。"
② 参见成美、童兵:《新闻理论教程》,31~37页,北京,中国人民大学出版社,1993。
③ 参见宁树藩:《新闻定义新探》,载《复旦学报(社会科学版)》,1987(5)。
④ 走笔至此,翻出《新闻与传播研究》1995年第1期上赵心树的文章《从词源、语义论"宣传"、"传播"和"新闻"的异同》,发现我们的看法与他的不谋而合。他从考释古汉语的"新闻"中得出结论:"没有事实材料自然不产生新闻,有而不传,或传而不通,同样不产生新闻。"

据方汉奇先生的说法，传播一语，最早出于《北史·突厥传》，所谓"宜传播天下，咸使知闻"。不过，在古代汉语中，传与播并非固定的组合，它们各具独立的词义，常需分开来讲。黄金贵先生曾对传及其相关词语进行了系统的考辨。他首先指出："在使用中凡一个义位相同者，即构成同义词，同义词是词汇的横向组合系统；一组同义词的每个成员都有自己的特点，即各有不同的'义象'。而其中使用频率最高，相关引申义较多者是核心词，它是该组同义词的代表。"据此，他继而写道：

> 古代汉语中，在传播义（义位）上，除了"传"，还有"播""布""流""宣""扬"诸词。它们是一组同义词，由辨析而知，在传播义上各有不同的"义象"。"播"示广泛地传播，"布"示伸展地传播，"流"示连续地传播，"宣"示庄重地传播，"扬"示宏大地传播，而"传"则通指纵、横（时间、空间）地传播。……"传"常与以上诸词同义连用，构成"传播""传布""流传""传扬"等复词，表示传播义，一直用于今。①

众所周知，传是傳的简写。据《说文解字》，"傳，遽也。从人，專声"。其左边原义为人，右边为"六寸簿也"，而"專"的上半部在周代金文中，"如叀马之鼻"从而"与'牵'同义"。所以，"'传'字与'人'有关，与'六寸簿'有关，与'牵马'有关"。②合在一起，乃指周代置邮传命制度之核心的传（即后世驿传之始）。而掌管此事的"行夫"，正是"以车驾马"，手持六寸竹简，周流天下传递信息的。③这是传字的本义，由此引申的一系列转义自然多与信息传通有关，如传道、传经、传檄、传闻、传抄、传单、传唤、传教、传令、传奇、传情、传授、传说、传诵、传言、传真、传呼，等等。举唐代的用法为例：

> （史）思明本不识文字，忽然好吟诗，每就一章，必驿宣示，皆

---

① 黄金贵：《从"传"探索古代中国传播的类别与特征》，见《从零开始——首届海峡两岸中国传统文化中传的探索座谈会论文集》，厦门，厦门大学出版社，1994。

② 同上。

③ 同上。

可绝倒。……题《石榴诗》曰:"三月四月红花里,五月六月瓶子里。作刀割破(黄袍衣),六七千个赤男女。"郡国传写,置之邮亭。①

陆长源以旧德为宣武军行军司马,韩愈为巡官,同在使幕,或讥其年辈相辽。愈闻而答曰:"大虫老鼠,俱为十二相属,何怪之有?"旬日传布于长安。②

传字今有两读,一为chuán,源自《广韵·平仙》之直挛切;一为zhuàn,源自《广韵·去线》之直恋切。这是为区别传的诸多用义而产生的音变,上古实为一词。如作为注解阐释《春秋》一经的《左传》《公羊传》《穀梁传》三传(zhuàn),即为对《春秋》这一经典的传播。唐代史学家刘知几,在我国古代杰出的史学理论著作《史通》一书中就曾如是写道:"昔《诗》《书》既成而毛、孔立传。传之时义,以训诂为主,亦犹《春秋》之传,配经而行也。降及中古,始名传曰注。盖传者转也,转授于无穷;注者流也,流通而靡绝。惟此二名,其归一揆。"(卷5补注第十七)对传的本义及各引申义间的关系,黄金贵先生曾列表说明如下③:

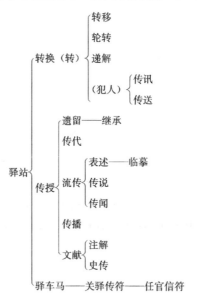

---

① (唐)姚汝能:《安禄山事迹》,卷下。
② (唐)李肇:《唐国史补》,卷上。
③ 参见黄金贵:《从"传"探索古代中国传播的类别与特征》,见《从零开始——首届海峡两岸中国传统文化中传的探索座谈会论文集》,厦门,厦门大学出版社,1994。

传播的播字，在金文中意为播种，右边的"攴"是一种手的动作，象征人手把种子撒到田里。赵心树先生据此写道："谷种的'播'是在广大的田地上进行的，信息的'播'自然也应在大范围内实施了。凡'播'与信息流通有关时，常含有'大规模'传递的意义，如'播扬''播敷'，等等。后来'传播'一词含有'大范围信息流通'的意思，也与此有关。"①

概而言之，古代汉语里的传字指信息的传递，播字指信息的扩散，合起来指信息的广为传扬。所谓"传播中外，咸使知闻"（《北史·突厥传》），实与"布告天下，咸使知圣朝有拘逼之难"（陈琳《为袁绍檄豫州》）、"布告遐迩，咸使闻知"（《旧唐书》卷7）等同义。

另据高名凯与刘正埮先生研究，现代汉语中的传播一词，来自日语的汉字"传播"（音den pa），后者又源于英语的propaganda（宣传）。②传播学兴起后，传播一般便用于对译英语的communication。从词源上讲，英语的communicate出自拉丁语的communicare，意为分享（to share）；而后者又出自拉丁语的communis，意为公共的、共有的（common）。③所以，传播学中的传播，通谓信息经交流而使人共享，既指信息的广泛扩散，更指信息的平等分享。而后面这层含义，在古代汉语的传播一词中尚不具备。

借鉴古义与今义，参酌常识与学理，我们把传播界定为信息的传递和流通。它可以是大规模的，也可以是小范围的；可以是双向的，也可是单向的；可以是横向的、空间的，如传之天下，也可以是纵向的、时间的，如传之子孙。一句话，但凡信息的传递和流通均属传播。

当然，我们的研究是有限定的，它仅涉及传播这个大项中的一个小项——新闻传播，仅仅探讨新近之事和新奇之事在唐代文明的背景中如何传递和流通，以及此类传播的历史意义。

---

① 赵心树：《从词源、语义论"宣传"、"传播"和"新闻"的异同》，载《新闻与传播研究》，1995(1)。
② 参见高名凯、刘正埮：《现代汉语外来词研究》，北京，文字改革出版社，1958。
③ 参见陆谷孙主编：《英汉大词典（缩印本）》，上海，上海译文出版社，1993。

# 露布及其妙用

在梳理并界定了新闻传播的概念之后，下面我们就在进奏院状报等主要的官方新闻传播方式已缕清的基础上，逐项考察唐代官方之新闻传播活动的其他方式。

先谈露布。简单地说，露布就是报捷的文书，最早起源于魏晋时期。据《资治通鉴》晋纪六记载，晋惠帝永宁元年（301）：

> 张泓等进据阳翟，与齐王（司马）同战，屡破之。……会（张）泓破同露布至，（司马）伦乃复遣之。

这说明露布至少在公元3世纪已出现了。当时，露布也称露版，如宋文帝元嘉二十八年（451）宋将臧质助盱眙太守沈璞守城，挫败了魏兵的百般围攻。战后，"臧质以（沈）璞城主，使之上露版"（《资治通鉴》卷126）。胡三省就此写道："露版者，书获捷之状，露版上闻，使天下悉知之也。"再如，梁武帝天监三年（504），魏将元英大破梁军，于是：

> （元）英使司马陆希道为露版，嫌其不精，命（统军）傅永改之，（傅）永不增文彩，直为之陈列军事处置形要而已，（元）英深赏之，曰："观此经算，虽有金城汤池，不能守矣。"①

另外，据《隋书·礼仪志》：

> 后魏每攻战克捷，欲天下知闻，乃书帛，建于竿上，名为露布，其后相因施行。

如此说来，露布的字面意思似为"显露于外的布帛"，其实，露者诚指显露，而布者则主要是宣布、传布、布告之意。如玄宗朝进士封演，在其《封氏闻见记》卷4中写道：

> 露布，捷书之别名也。诸军破贼，则以帛书建诸竿上，兵部谓之

---

① 《资治通鉴》卷145。

"露布"。盖自汉以来有其名。所以名露布者,谓不封检,露而宣布,欲四方速知。亦谓之"露版"。魏武奏事云:"有警急,辄露版插羽"是也。

露布此意乃从文书不加封检、公开宣布之意承继而来。如《后汉书·李云传》有一句"(李)云素刚,忧国将危,心不能忍,乃露布上书"。对此,李贤加注云:"露布,谓不封之也。"

上节辨析词语时讲到,在传播的义位上,布与传、播、宣等属同义词。如《国语·晋语三》:"夫人美于中,必播于外。"韦昭注曰:"播,布也。"这是以布释播。而《文心雕龙·檄移》:"张仪檄楚,书以尺二,明白之文,或称露布,播诸视听也。"①又以播释布。再如《楚辞·九辩》:"愿沈滞而不见兮,尚欲布名乎天下",也是传播之意。至于《新唐书·高适传》:"年五十始为诗……每一篇已,好事者辄传布。"就更明白显赫了。可见从字面上讲,露布是指公开传布。后梁乾化三年(913),晋王李存勖攻破幽州,俘获割据一方的刘仁恭父子。取胜后,晋王命掌书记王缄起草露布。王缄不知露布为何物,于是便想当然地"书之于布,遣人曳之"。在这段载于《资治通鉴》卷269中的史实之后,胡三省批注道:

　　魏、晋以来,每战胜则书捷状,建之漆竿,使天下皆知之,谓之露布。露布者,暴白其事而布告天下,未尝书之于布而使人曳之也。《文心雕龙》曰:"露布者,盖露板不封。布诸观听也。"

这里说得很清楚,露布是"暴白其事而布告天下",并非把捷报写在布上,让人牵拉着的东西,就像现在的标语横幅。

作为报捷文书,想来露布起初比较粗略简单,犹如传单或简讯,旨在传递途中让军民知晓某处大捷、某处克敌。详情当须另文细报。隋文帝登基后,登车揽辔有澄清天下之意,在励精图治创设一系列为唐代崛起奠定基础的制度时,也将露布一事纳入王朝的传播系统,使之规范化、礼仪化、精致化,从而使露布成为隋唐时代官方新闻传播网络中的重要一环。

---

① 姜书阁:《文心雕龙绎旨》,76页,济南,齐鲁书社,1984。

孔子说："礼失而求诸野"。从礼崩乐坏天下大乱的南北朝走向统一昌盛之际的隋王朝对露布的革新，等于将这一起于行伍的传播形式纳入正统的庙堂。从此，露布便由朴野转向典雅，从粗陋渐趋精致，从随意变为正规。这一转折出现在隋初的开皇年间：

> 开皇中，（文帝）乃诏太常卿牛弘、太子庶子裴政撰宣露布礼。及九年平陈，元帅晋王（杨广），以驿上露布。兵部奏，请依新礼宣行。承诏集百官、四方客使等，并赴广阳门外，服朝衣，各依其列。内史令（宰相）称有诏，在位者皆拜。宣讫，拜，蹈舞者三，又拜。郡县亦同。①

唐因隋制，也照此办理：

> 大唐每平荡贼寇，宣露布。其日，守宫量设群官次。露布至，兵部侍郎奉以奏闻。仍集文武群官、客使于东朝堂，中书令（即隋代内史令）宣（露）布，具如开元礼。②

中书令宣读露布还有一套考究而烦琐的礼仪：

> 群官客使至，俱就次各服其服。奉礼设群官版位于东朝堂之前，近南，文东武西，重行北向，相对为首。又设客使位如常议。设中书令位于群官之北，南面。
>
> 量时刻，吏部、兵部赞群官客使出次，谒者、赞引（各引）就位。立定，中书令受露布置于案，令史二人绛公服对举之。典谒者引中书令，举案者从之，出就南面位，持案者立于中书令西南，东面。立定，持案者进，中书令取露布，持案者退复位。中书令称："有制。"群官客使皆再拜。中书令宣露布讫，群官客使又再拜，皆舞蹈讫，又再拜。谒者引兵部尚书进中书令前，受露布，退复位，兵部侍郎受之。典谒引中书令入，谒者引群官客使各还次。③

---

① 《隋书》卷8。又见《通典》卷76。
② 《通典》卷76。
③ 《通典》卷132。

轩昂的殿堂、群集的百官、鲜艳的朝服、庄严的礼仪，好一派威风堂堂盛大隆重的场面。在这种气氛中，由宰相亲自宣读露布，便更显出中央朝廷的赫赫声势和皇皇国威。此类传播礼仪也让人不由想起当代传播研究中注重"仪式"而非"信息"的理论流派。

与壮观的场面和严整的仪式相应，早先文字朴质简约的露布便演为奥博雅驯的正式公文，列入中枢的六大上行文书之列：

> 凡下之通上，其制有六：一曰奏抄，二曰奏弹，三曰露布，四曰议，五曰表，六曰状；皆由（门下省侍中）审署申覆而施行焉。①

至此，露布已不仅仅是由前方将帅发回朝廷，它还需经最高权力机构审核，乃至改写润饰，然后正式颁布天下。换言之，露布在正式"发表"之前，要经过最高当局的新闻检查。下面我们不妨著录一篇唐代的露布，以使人们对此新闻传播的形式与文体有一具体印象。这篇露布报道的是武则天万岁通天年间，中原军队在河北大败契丹的战事，起草露布的作者是时任军中掌书记的张说。张说是初盛唐之际的文坛领袖，掌文学之任凡三十年，朝廷重要文诰多出其手，时人将他与苏颋并称为"燕许大手笔"（因张说曾封燕国公，苏颋受封许国公）。张说为文精壮，注重风骨，他的这篇露布写得汪洋恣肆，轰轰烈烈，不愧为大手笔：

为河内郡王武懿宗平冀州贼契丹等露布
张说

大总管右金吾卫大将军兼检校洛州长史河内郡王臣某、前军总管行左卫翊府中郎将上柱国定阳郡开国公臣杨玄基、行军长史朝奉大夫守给事中护军臣唐奉一、行军司马通议大夫行天官郎中臣郑杲等言：

> 臣闻氛祲薄霄，戎狄谋夏，则武库兵动，中国有弧矢之威；文昌将飞，边城用金革之事。盖以式遏奸暴，大庇黎人，震蛮荡夷，明罚耀武者也。伏惟天策金轮圣神皇帝陛下，仁覆有截，化被无外。皇图未臣之党，先帝不庭之俗，罔不依被声教，浸润邕熙，望云向风，密迩遐裔。

---

① 《旧唐书》卷43。

而契丹凶丑，奴隶余苗，非冒顿之雄族，异单于之贵种。徒以错居远郡，渐化平时。田牧混于四氓，贸迁通于三市。戍人解甲，边马垂辔。禽兽饱而忘恩，蜂虿养而恣毒。敢孤亭育，自绝生成，乃狼心干纪，鸱张窃发。虐我边吏，覆我镇军。大棘残于夷落，孤竹沦于荒虚。

陛下震赫斯之怒，授决胜之符。天地合谋，鬼神助顺。六狄举国，百蛮整众。运檋枪而扫除，纵列缺而焚荡。臣饮冰受斧，指日扬麾。虽谢河间之学，窃慕任城之勇。誓将首冒锋刃，躬先士卒。上假神兵之威，下定鬼方之罪。

凶丑狂悖，素无大志。因乘便利，煽动奸邪。去岁尝师，疑一军之尽化；今春轻敌，见三帅之不归。蚁聚实繁，豺牙益厉。结山戎而西寇，连岛夷而东入。

臣乃广开形势，大振军威。移告郡邑，金汤固守。传檄诸军，掎角相应。清边道大总管建安郡王（武）攸宜，仗钺蓟门，作镇幽国。当要害之地，挫犬羊之群。高垒深沟，卧旧营而不动；山蛇云鸟，阵死地而无疑。

总管沙吒忠义、王伯礼、安道买等，兵临易水，使接桑河。犀渠冲将士之冠，雕骑落将军之箭。四面当敌，九拒乘城。御史大夫娄师德、总管高再年、薛思行等捍敌中山，折冲外侮。训厉鹰扬之士，辑穆震惊之师。其余部散校分，离网别绪。

兵车星布，巡太行而缀碣石；介马云罗，抉衡漳而连海浦。山川积雨，尽消胡骑之尘；草木长风，咸有王师之气。清边士马，稍南趋而拥麾；神兵甲卒，渐北逐以威临。但合围而持重，未轻佻而即战。

重以蕃臣默啜，统率毡裘，控弦逾于万骑，带甲弥于千里，长驱松漠，掩夺柳城。巢空是穴，胎卵皆覆。于是贼众兵马，屯逼幽州，闻其塞外之败，惧有舟中之敌。势力外窘，心腹内乖。

建安郡王（武）攸宜，蓄锐渊停，乘机电发。援桴作气，则山岳可摇；书箭一飞，则酋渠相灭。兵才接刃，元凶授首。春喉蔽野，京观起于中州；积甲成山，组练收于外府。虽本根斯拔，已荡涤于一隅，而余蔓所滋，尚联延于数刻。

贼帅何阿小等，顽凶是极，屠脍为资。受其署置，肆行劫掠。幽陵之下，不知首恶之已擒；两河之间，仍谓游魂之可恃。士女遭其迫胁，军城被其屠陷。以杀戮为事，户积虔刘之悲；以劫夺为心，家盈剥割之痛。

鹿城县令李怀璧，衣冠贵胄，令长崇班。背我朝恩，归诚狄寇。潜修甲杖，输以利器之资；见委兵权，当其上将之任。蠢兹狂乱，暂同燎火。言事翦除，方申沃雪。

臣乃盛兵邢赵，塞井陉之隘；命虎贲之将，遏其冲突之锋。长史唐奉一驰使洛魏，据河曹之津。纵羽林之雄，挫其侵轶之势。臣又遣前军总管忠武将军行左卫翊府中郎将上柱国定杨郡开国公杨玄基……等略其西南。或折冲其前，或乘蹑其后。整貔貅之佐，奋猛毅之伦。长戟林回，高旗云挠。

贼党謍穷漏急，命窄途殚，执无全之心，投必死之计。以今月一日，何阿小等帅不悛之旅，拥胁从之众，结聚数万，抗拒官军。自寅及午，前后九阵。玄基等并锋镝争先，弋铤递跃。抗足而跐，鲜卑之血涂地；攘臂而扔，乌丸之首积野。摧同冰陷，裂若山焚。穷其孑遗，无复噍类。斩获逆贼冀州三品大总管何阿小……等魁首巨蠹三百余人。所有戎羯凭陵残毁之处，臣皆宣布制旨抚集。其人感怀圣恩，俱得复业。群凶既定，冀方砥平。二载逋诛，一朝泯灭。数州怨毒，俄然清弭。舞溢河冀，歌达塞垣。截风浪以息沧溟，廓氛埃而睹白日。

郤縠何力，敢推群帅之劳；叔向有言，实在明君之德。臣凭借睿略，忝当戎政。神机密运，不待横草之功；天赞冥符，恭承破竹之势。伏惟庙胜，远奉朝欢，抃跃之情，倍万恒品。不胜庆快之至！

谨遣傔人天官常选李佑、别奏左卫长上校尉张德俊奉露布以闻，其军资械器，别簿条上。谨言。①

这篇露布虽出自张说之手，但用的却是大军主帅武懿宗的口气。此人是武周时代一酷虐成性之徒，曾兴大狱，构陷朝臣，"时人以为周兴、来俊臣之亚也"（《旧唐书》本传）。在此番讨伐契丹的战事中，他的表现与露布所彰显的英雄气概正好相反。当时他统帅三十万大军，却畏敌如虎，闻敌而退，致使安济桥所在的赵州惨遭屠掠。最令人发指的是，当契丹撤走后，他

---

① 《文苑英华》，转引自常林瑞、张金涛纂辑：《中国历代文书》，北京，中国城市出版社，1996。

竟将许多被敌方裹胁的平民百姓治以谋反，而且是"生刳取其胆，临行刑，流血盈前，（武懿宗）言笑自若"。此前，露布中几次提到的敌酋何阿小，也曾大肆屠杀士民。于是，时人将他俩相提并论，称"唯此两何，杀人最多"。

在整个隋唐五代时期，露布与烽燧、榜文一样都属官方新闻传播体系中的基本构成，尤其在通报胜利的消息时始终显示着无可比拟的功能。因而其声迹代为不绝：

> 大业中，隋将张须陀在章丘大败贼帅王薄，"获其家累辎重不可胜计，露布以闻"。①
>
> （贞观四年）李靖破突厥颉利可汗于阴山。……（李）世勣虏五万余口而还。斥地自阴山北至大漠，露布以闻。②
>
> （762年，官军败史朝义于洛阳，三天后）"露布至京师"。③
>
> （宪宗朝的令狐通）每与贼战，必虚张虏获，得贼数人，即为露布上之，宰相武元衡笑而不奏。④
>
> 杨复光露布云："今月八日，杨守宗等随（李）克用自光泰门先入京师。"又云："贼（指黄巢）尚未坚阵，来抗官军，自卯至申，群凶大溃，即时奔遁，南入商山。"⑤
>
> …………

在这些层出不穷的露布中，李晟收复京师的露布一向为人称赏。李晟是那位雪夜袭蔡州的名将李愬之父。建中四年（782），朱泚反于长安，德宗仓皇出奔。李晟闻讯率军赴援，几经浴血奋战，终于在784年6月收复长安，于是：

> 李晟遣掌书记吴人于公异作露布上行在，曰："臣已肃清宫禁，祗谒寝园，钟簴不移，庙貌如故。"上泣下曰："天生李晟，以为社稷，

---

① 《隋书》卷71。
② 《资治通鉴》卷293。
③ 《资治通鉴》卷222。
④ 《旧唐书》卷124。
⑤ 《资治通鉴》卷255。

非为朕也。"①

六月四日,晟破贼露布至梁州,上览之感泣,群臣无不陨涕,因上寿称万岁,奏曰:"李晟虔奉圣谟,荡涤凶丑,然古之树勋,力复都邑者,往往有之;至于不惊宗庙,不易市肆,长安人不识旗鼓,安堵如初,自三代以来,未之有也。"②

德宗览李令收城露布,至"臣已肃清宫禁,祗谒寝园。钟簴不移,庙貌如故",感泣失声,左右六军皆呜咽。露布,于公异之词也。议者以为国朝捷书露布无如此者。公异后为陆贽所忌。诬以家行不至,赐《孝经》一卷,坎壈而终,朝野惜之。③

这篇由李晟传报实则出于公异手笔的露布,显然收到了明显的传播效果,竟使德宗皇帝及其左右群臣和随行六军全都感泣呜咽。而它的魅力与其说在于所报之事的感天地泣鬼神,不如说在于文辞本身的古色古香庄严典雅,从而赋予此事以一种神圣而蕴藉的意味。

按照上述情形,露布不是随便什么人都能写的,也不是随便什么人都能懂的。由于文重于实、辞重于意,露布几乎成为文人学士显露才华挥洒文思的擅场之地。随举一例。北周建德四年(575),大将李穆攻拔轵关、柏崖二镇(今河南济源一带),命卢恺作露布,北周武帝宇文邕读到后不说别的,而只是赞叹道"卢恺文章大进"④。仿佛露布仅为美文,而非战地报道。隋代诗人、开七言歌行之先声的卢思道,还曾因露布写得漂亮而捡回一条性命:

> (卢思道)以母疾还乡,遇同郡祖英伯及从兄昌期、宋护等举兵作乱,思道预焉。周遣柱国宇文神举讨平之,(卢思道)罪当法,已在死中。(宇文)神举素闻其名,引出之,令作露布。思道援笔立成,文无加点,神举嘉而宥之。⑤

---

① 《资治通鉴》卷231。
② 《旧唐书》卷133。
③ 《国史补》卷上。
④ 《隋书》卷56。
⑤ 《隋书》卷57。

除了官方的露布之外，一些反叛者也发表自己的露布。如肃宗至德二年（757），两京收复，安庆绪逃往安阳。不料，已是穷途末路的安史叛军又作困兽斗，居然设奇计大破官军。河东节度使李光弼溃走，泽潞节度使王思礼闻讯也仓皇败退。于是：

> （安）庆绪遂分八道，曳露布称：破光弼、思礼两军，收斩万计，营幕俨然，天假使便，无所欠少，况（协助唐朝平叛的）回鹘已走，立功不难。其先溃（安史）将士于相州（安阳）屯集，限此月二十六日前到取，来月八日再收洛阳。①

安庆绪的露布既传告得胜消息，又为濒临绝境的叛军士卒打气。果然，"诸贼知河东（李光弼）丧师，逆心又固，受其招诱，以十月悉到相州"②。再如，唐末徐州叛卒首领庞勋也曾如法炮制自己的露布，"在叛乱地区的乡村和寨堡中传播，曾获得巨大成功"③。对此，就连正史都无法回避，即使淡化处理仍能感到其咄咄逼人之势：

> 庞勋自谓无敌于天下，作露布，散于诸寨及乡村，于是淮南士民震恐，往往避地江左。④

另外，还有一篇民间露布则颇具喜剧色彩。与玄宗朝的那位"口有蜜，腹有剑"的奸相李林甫一样，高宗朝的权臣李义府也被时人称为笑里藏刀的"李猫"。所以，龙朔三年（663），当李义府因罪流放时，朝野称庆。于是，有人便依照露布格式作了一篇《河间道行军元帅刘祥道破铜山大贼李义府露布》，"榜之通衢"，对他极尽戏谑嘲讽。刘祥道是按问李义府一案的刑部尚书，属河北道人士，故称"河间道行军元帅"；而李义府故园距当时的铜山不远，故有"铜山大贼"之谓。这篇民间露布有一句最是巧妙，连史家都禁不住将它著录下来：

---

① （唐）李肇：《唐国史补》，卷上，39页。
② 同上。
③ [英]崔瑞德编：《剑桥中国隋唐史》，739页。
④ 《资治通鉴》卷251。

义府多取人奴婢,及败,各散归其家,故其露布云:"混奴婢而乱放,各识家而竞入。"①

这两句说得俏皮而生动,如果再知道它的出处就更会忍俊不禁,击掌称奇。当年刘邦当上皇帝后,把老爷子接到京城安享荣华富贵,谁知当惯农夫的太上皇偏偏思乡成疾,为解父忧,刘邦在长安附近依照老家的格局弄出个新丰县,其中连鸡巢狗窝都一如旧里,后人记述其事,写下这么两句:"混鸡犬而乱放,各识家而竞入。"②而这正是"混奴婢而乱放,各识家而竞入"之所本。将老家的鸡犬运到新丰自然得混在一起乱放。等到了目的地它们不辨真伪还只当又回到原籍,于是便争先恐后地各投家门。"破铜山大贼"露布,巧妙地化用此典,讽刺李义府仗势将许多人的奴婢据为己有,等他身败名裂后人家又各回各家了。

## 一纸檄文敌千军

论及露布,不能不连带地说到檄书。因为,在许多方面,露布与檄书同属一类,多有相似。从体裁上看,它们均为军旅文书,只不过檄文是在战前发,露布是在战后发。就新闻传播的功能而言,一者可谓新闻报道,一者可谓新闻评论;露布以报道战事为务,檄文以评论局势为旨。不过说到底,露布与檄文都在于长自己的志气、灭对方的威风。故而,在人们的心目中,二者实为一体,互为连带。如:

唐薛收在秦府(秦王李世民府),檄书露布,多出于(薛)收。占辞敏速,皆同宿构,马上即成,曾无点窜。③

薛收即大诗人薛道衡之子,英年早逝。

再如:

---

① 《资治通鉴》卷201。
② 《资治通鉴》卷201。
③ 《太平广记》卷174"薛收"条。

（李）习吉，右相（李）林甫之后，应举不第。黄巢后，游于河东，摄榆次令，李公（河东节度使李克用）辟为掌记，笺檄之捷，无出其右。梁祖（后梁太祖朱温）每读河东书檄，嘉叹其才，顾敬翔曰："李公计绝一隅，何幸有此人？如鄙人之智算，得习吉之才笔，如虎之傅翼也。"①

其中提到的"笺檄""书檄"，便是对檄书、露布等军旅文书的概称。当然说到传受双方的关系，露布是一种上行公文，檄书则是君主或统帅发布的一种下行文告。这或许是二者的根本区别，因为传播关系往往决定着传播内容。

檄书，又称檄文或檄。隋文帝开皇八年（588），杨坚在大举发兵伐陈之前，曾向江南地区散发了三十万纸的诏书，"暴帝（陈后主）二十恶"，而这份诏书实开隋唐檄书之先声，其中写道：

> 陈叔宝据手掌之地，恣溪壑之欲，劫夺闾阎，资产俱竭，驱逼内外，劳役弗已；穷奢极侈，俾昼作夜；斩直言之客，灭无罪之家；欺天造恶，祭鬼求恩；盛粉黛而执干戈，曳罗绮而呼警跸；自古昏乱，罕或能比。君子潜逃，小人得志。天灾地孽，物怪人妖。衣冠钳口，道路以目。重以背德违言，摇荡疆场；昼伏夜游，鼠窃狗盗。天之所覆，无非朕臣，每关听览，有怀伤恻。可出师授律，应机诛殄；在斯一举，永清吴越。②

读到这样的檄文，恐怕没有人不觉得陈后主恶贯满盈、十恶不赦，应被千刀万剐、天诛地灭了。有趣的是，时隔约三十年，隋末义军首领李密以其人之道还治其人之子，效法杨坚平陈诏书发布了一篇历数其子隋炀帝十大罪的檄文。该文以"罄南山之竹，书罪无穷；决东海之波，流恶难尽"一句而声震遐迩，名传千古，并由此形成成语"罄竹难书"。

这篇檄文是617年李密兵逼洛阳，号魏公、称元年后发布的，它写得义正词严、声势恢宏、有理有据、回肠荡气。一开篇，作者先阐明自己的观点，即自古至今从来没有"暴虐临人"而能够"克终天位"的帝王。接着，

---

① （宋）孙光宪：《北梦琐言》，林艾园校点，122页，上海，上海古籍出版社，1981。
② 《资治通鉴》卷176。

便以人所共知的事实,暴露了隋炀帝如何"暴虐临人"的十大罪恶。当泪血之笔一一历数这些触目惊心的罪恶后,作者与读者都会愤然发出"罄南山之竹,书罪无穷;决东海之波,流恶难尽"的心声,都会自然得出"无小无大,愚夫愚妇,共识殷亡,咸知夏灭"的结论。不过,檄文若至此结束,便只说了半句话,因为它不仅要灭敌方的威风,还需长自己的志气。于是,作者在说了炀帝之不义与将亡的上半句话,笔锋一转开始说自己之正义与将兴的下半句话:"轰轰隐隐,如霆如雷,彪虎啸而谷风生,应龙骧而景云起。我魏公聪明神武,齐圣广渊,总七德而在躬,包九功而挺出。……呼吸则河、渭绝流,叱咤则嵩、华自拔。以此攻城,何城不陷;以此击阵,何阵不摧。譬犹泻沧海而灌残荧,举昆仑而压小卵。……海内英雄,咸来响应。……牛酒献于军前,壶浆盈于道路。……"真是气壮山河,好不振奋人心!最后,作者以恩威并施、软硬兼备的口吻晓谕敌方人员,干脆利索地结束全文:

> 若隋代官人,同吠尧之犬,尚荷王莽之恩,仍怀蒯聩之禄。审配死于袁氏,不如张郃归曹;范增困于项王,未若陈平从汉。魏公推以赤心,当加好爵,择木而处,令不自疑。……高官上赏,即以相授。如暗于成事,守迷不返,昆山纵火,玉石俱焚,尔等噬脐,悔将何及!黄河带地,明余旦旦之言;皎日丽天,知我殷殷之意。布告海内,咸使闻知。①

恐怕谁也想不到,这篇大气磅礴的檄文竟然出自一个"容貌短小,言辞讷涩"的书生——祖君彦。据《隋书·祖君彦传》:"大业末,官至东平郡书佐。郡陷于翟让,因为李密所得。(李)密甚礼之,署为记室,军书羽檄,皆成于其手。及(李)密败,为王世充所杀。"祖君彦有才学,早年曾为隋代大诗人薛道衡所称赏。这篇传世檄文,既表明了祖君彦之才,也证实了薛道衡之识。

就整体的知名度而言,祖君彦的这篇《为李密檄洛州文》(617)显然不如骆宾王的那篇《代李敬业传檄天下文》(684)。但从文理章法上讲,后者无非是对前者的仿效,当然是青出于蓝而胜于蓝的高明仿效。这篇被后

---

① 《旧唐书》卷53。

世视为范文的檄书，也由三节构成：即痛诋对方之无道，所谓"神人之所共疾，天地之所不容"；颂扬己方之神威，所谓"喑呜则山岳崩颓，叱咤则风云变色"；以及用胡萝卜加大棒的策略"招降纳叛"。其中的"以此制敌，何敌不摧；以此攻城，何城不克"一句，显系出自祖君彦的"以此攻城，何城不陷；以此击阵，阵不摧"。不过，由于骆宾王也是文坛高手，与王勃、杨炯、卢照邻一起被誉为"初唐四杰"；加之他的檄书才藻纵横、词理典赡，虽用四六骈体，但俊逸清新、气势雄健，极尽檄文铺张扬厉摧枯拉朽的宣传鼓动之致，因而，当时（空间）与后世（时间）都产生了极富冲击力的传播效果。据时人记载，当武则天读到檄文前面的"入门见嫉，蛾眉不肯让人；掩袖工谗，狐媚偏能惑主"一句，竟会心地微笑起来，当她读到篇末的"一抔之土未干，六尺之孤何托"（高宗尸骨未寒，太子已丢帝位），更在击节叹服之余责怪宰相未能发现骆宾王这样的英才："宰相何得失如此人。"①连被檄文声讨的对象本人都禁不住赞赏此作，可见其威力之大与效果之著。另外，从篇幅上看，骆宾王文只相当于祖君彦文的约八分之一，显得短小精悍，这不能不说是它流传广远乃至成为范文的一大原因。今之传者对此当予深思。下面便是这篇古今第一檄书的全文：

> 伪临朝武氏者，人非温顺，地实寒微。昔充太宗下陈，尝以更衣入侍。洎乎晚节，秽乱春宫。密隐先帝之私，阴图后庭之嬖。入门见嫉，蛾眉不肯让人；掩袖工谗，狐媚偏能惑主。践元后于翚翟，陷吾君于聚麀。加以虺蜴为心，豺狼成性，近狎邪僻，残害忠良，杀姊屠兄，弑君鸩母。神人之所同疾，天地之所不容。犹复包藏祸心，窥窃神器。君之爱子，幽之于别宫；贼之宗盟，委之以重任。呜呼！霍子孟之不作，朱虚侯之已亡。燕啄皇孙，知汉祚之将尽；龙漦帝后，识夏庭之遽衰。
>
> 敬业皇唐旧臣，公侯冢子。奉先君之遗训，荷本朝之厚恩。宋微子之兴悲，良有以也，桓君山之流涕，岂徒然哉！是用气愤风云，志安社稷。因天下之失望，顺宇内之推心，爰举义旗，誓清妖孽。南连百越，北尽三河，铁骑成群，玉轴相接。海陵红粟，仓储之积靡穷；

---

① 《酉阳杂俎》前集卷1。

江浦黄旗，匡复之功何远。班声动而北风起，剑气冲而南斗平。暗呜则山岳崩颓，叱咤则风云变色。以此制敌，何敌不摧；以此攻城，何城不克！

公等或家传汉爵，或地协周亲，或膺重寄于爪牙，或受顾命于宣室。言犹在耳，忠岂忘心？一抔之土未干，六尺之孤何托？倘能转祸为福，送往事居，共立勤王之勋，无废旧君之命，凡诸爵赏，同指山河。若其眷恋穷城，徘徊歧路，坐昧先几之兆，必贻后至之诛。请看今日之域中，竟是谁家之天下！移檄州郡，咸使知闻。①

不待多言，上论几则檄书多有夸大虚妄、捕风捉影之辞，与现代新闻评论摆事实、讲道理尚不可同日而语。揆情度理，檄书更近于宣传而不是新闻。

在唐代的檄书传播中，元万顷的《檄高丽文》特别引起我们的注意。这倒并非由于檄文本身写得如何气势夺人，而是由于它关涉信息保密、新闻检查、情报泄露等问题。高宗乾封二年（667），唐朝又对高丽大举用兵，主帅为李勣，元万顷以通事舍人从军，任掌书记之职。李勣是隋唐之际的名将，多谋善战，军功显赫，此次出征不用一年便获全胜，攻拔平壤，擒获其王，取得连英武的太宗皇帝都未能取得以致耿耿于怀赍志而没的辉煌战绩。李勣原名徐世勣，降唐后赐予国姓成为李世勣，后又因避李世民讳而改李勣，史书中时见三名混用，其实乃属一人。他在高宗废王皇后立武则天的行动中，起了关键作用，以一句"此陛下家事，何预外人"而一锤定音。谁料，后来他的孙子李敬业起兵讨伐武则天，以一纸凌厉的檄书传谕天下，弄得他又惨遭开棺戮尸的报复。

大军未动，檄书先行。正当李勣兵逼高丽、大战将临之际，不料元万顷草拟的一份《檄高丽文》惹出了麻烦。当时，不知为什么高丽未在鸭绿江设防，按说这为唐军的进攻提供了难得的良机。但让人哭笑不得的是，檄文有一句竟指斥对方主帅"不知守鸭绿之险"。于是，人家颇有风度地回报了一句："谨闻命矣！"说完便"移兵固守鸭绿，官军不得入"②。等于给敌

---

① 《骆临海集》。

② 《旧唐书》卷190。

人出谋划策帮了个忙。怨不得,"上(高宗)闻之,流(元)万顷于岭南"。①对此始料未及的失误,掌管书檄的元万顷自当负责,因为他的职位既相当于新闻发布官,又相当于新闻检察官,事关重大怎能掉以轻心。也许由于他的这一疏忽,唐军又要多付出许多血的代价。近代的新闻记者常常抱怨军方封锁消息,不肯积极配合战地报道,但从《檄高丽文》事故中不难看到,事关军事行动的新闻传播稍一不慎即酿成灾难,难怪军方往往索性采取守口如瓶的态度。不过元万顷虽属咎由自取,但身为主帅的李勣似也难辞其责。不管怎么说,这一次元万顷随李勣出征不仅没有得到军功章,反倒落个流放岭南的下场,而当李勣的孙子起兵时,他又因与徐敬业(李敬业举事后又被还姓徐)兄弟友善,再次被发配岭南,并死于贬所,这真有点宿命的味道了。

关于露布与檄书,我们先谈这么多。总括而言,露布与檄书是官方新闻传播的主要方式之一,在向天下四方通报军国大事上作用显著。在印刷技术尚未进入普及应用的条件下,露布与檄书是传播最为广泛、受众最为众多、影响最为巨大的新闻扩散之手段,就传播的普遍性与时效性而言,它们都不亚于现代的大众媒介。如隋文帝的三十万纸平陈诏书,在偏安一隅,版图仅有"州三十,郡一百,县四百"的小小陈国②,平均合每县七百五十份,覆盖率已经相当惊人。隋朝能以破竹之势横扫江南,出师才两个月便一鼓攻取建康,生擒陈主,除去政治、经济、军事等方面的优势外,与檄书的攻心作用也大有直接关系。作家林语堂曾论及骆宾王讨武曌檄的巨大功效,他说:

> 檄文传至京都,轰动一时,而徐敬业起兵一事,反倒显得冷落,不甚惹人重视,有些名句,深入人心,人人争相传诵。除去文章的声调铿锵,掷地有声之外,其内容正道出国内百姓的真正心思,表达出儒生、官员平日只敢在家窃窃私话的话。意思表达得痛快淋漓,文字秀拔刚劲,历述武后人神共愤之罪过,对武后名誉之损害,远胜过

---

① 《资治通鉴》卷201。
② 陈之郡县数见《隋书》卷2、《通鉴》卷177。

十万大军。①

一纸檄文胜过十万大军的话，无疑是套用那句据说是出于拿破仑的名言——记者一支笔胜过十万毛瑟枪。若这么换算，则杨广统领的平陈部队就不是五十万，而是六十万了。

当然，露布与檄书虽然发挥了相当突出的新闻传播及宣传鼓动作用，但从新闻传播演进的历史上看，它们都还处于原始的自然状态，还未从文章或文学中脱离出来，与"开元杂报"以后以进奏院状报为代表的那种"醒觉"的新闻事业尚不可同日而语。比如，它们的语言不仅古奥诘屈，频繁用典，而且充满浮言虚词，夸张矫饰。以之鼓舞士气是一回事，以之传布消息则是另一回事。有时我们不能不怀疑，像张说的《为河内郡王武懿宗平冀州贼契丹等露布》和祖君彦《为李密檄洛州文》之类的文字，究竟有多少百姓能懂，又有多少民众能信——不是说大家不信，而是说其中实在没有说出多少可让人信的事情；即便有点实事也被美文华章卷得扶摇直上，搅得云天雾地，使人难得其要领。或许是有鉴于此，隋初还发生过一桩企图以行政手段改变文风的事件，旨在求得"公私文翰，并宜实录"（《隋书·李谔传》）。关于此举，我们将在传播思想一章中详述。这里仅以隋末李密的一篇露布结束本章，因为它已颇具新闻报道的感觉与匠心了②：

（王）世充以今月十一日平旦屯兵洛北，偷入月城，其月十五日，世充及王辩才等又于仓城北偷渡水南，敢逼城堞。③

用现代新闻学的眼光看，这篇露布可谓五W俱全，而且简洁流畅，犹如一则快讯。

---

① 《林语堂文集》，第六卷，439页，北京，作家出版社，1995。
② "报导"一词已见于唐人文献，但它与《旧唐书·张行成传》中"古今用人，必因媒介"的"媒介"一样，与现代用法相去甚远。当时，"报导"乃指一种从事特殊营生的人，每年新进士放榜后他们专门替新科进士游冶开路引道。大概是这类人既需吆喝，又需导引，故而被称为"报导"。王定保《唐摭言》卷3中有这么一则故事："薛监（会昌元年进士薛逢，官终秘书监）晚年厄于官途，尝策羸赴朝，值新进士榜下，缀行而出。时进士团所由辈数十人，见（薛）逢行李萧条，前导曰：'回避新郎君'逢辄然，即遣一介语之曰：'报导莫贫相！阿婆三五少年时，也曾东涂西抹来。'"
③ 《资治通鉴》卷185高祖武德元年正月胡三省注。

， # 第四章　传播方式（下）

本章延续上一章的话题，继续探讨官方系统中的常规及非常规的新闻传播方式。所谓传播方式，实即传播手段。不论传播手段如何千变万化，花样繁多，总不出经由中介的间接一路和通过交往的直接一途这么两大类型。现在常说的大众传播和人际传播，无非是对自古及今这两大传播脉络的承继与拓展。至于当下的网络、手机等新媒体，则又似将二者交融为一体了。从传播的视角看，信息不管是经由中介系统还是通过人际网络，都在于使原本孤立的各方发生联系，产生互动。不言而喻，天然的人际交流总不免受时空的制约，为了突破这一限制，使信息得以尽快尽广地流传开来，人类便在文明的进化历程中，不断地发明和完善各种中介手段。从远古的结绳记事到西周的置邮传命，从文字的书写到书籍的印刷，从古代的邸报到现代的报刊，从广播到电视，进而到如今被称为继报刊、广播、电视之后的"第四媒体"——互联网等，都是这一努力的结晶，这一跋涉的足印。而我们这里所探讨的一系列传播方式——烽燧、榜文及其他，也都不妨被视为这一文明长河中波涌浪翻的一个个浪头，一股股潮流。

## 白日登山望烽火

如同露布一样，烽燧也是通报军情的常用方式。一般来说，烽燧常同边关、征戍、大漠、沙场等形象联系在一起，就像唐诗里反复吟咏的：

涂山烽候惊，弭节度龙城。

魏征《从军行》

烽火照西京，心中自不平。牙璋辞凤阙，铁骑绕龙城。

杨炯《从军行》

烽火然不息，征战无已时。

李白《战城南》

鼓鼙悲绝漠，烽戍隔长河。

郎士元《送李将军赴邓州》

白日登山望烽火，黄昏饮马傍交河。

李颀《古从军行》

> 烽火城西百尺楼，黄昏独坐海风秋。
>
> 王昌龄《从军行》
>
> 沙场烽火侵胡月，海畔云山拥蓟城。
>
> 祖咏《望蓟门》

烽燧报警究竟源于何时，现在无法确知，至少西周时这种传播手段已见使用，最著名的莫过于幽王烽火戏诸侯之事。据《史记·周本纪》记载：

> 褒姒不好笑，幽王欲其笑万方，故不笑。幽王为烽燧大鼓，有寇至则举烽火。诸侯悉至，至而无寇，褒姒乃大笑。幽王说（悦）之，为数举烽火。其后不信，诸侯益亦不至。

最初，"烽"与"燧"各有所指，是两个独立平行的名物，后来二者逐渐固定成一个专用词语，用来指一般所说的烽火。关于烽与燧的能指与所指，前人早做过详备的考辨[1]，公认的看法是："夜里点的火叫烽，白天烧的烟叫燧。"[2]细则正如《后汉书·光武帝纪下》李贤的一条注里所言：

> 边方备警急，作高土台，台上作桔槔（一种可以上下牵引的机具），桔槔头有兜零（笼），以薪草置其中，常低之，有寇即燃火，举之以相告，曰烽。又多积薪，寇至即墦（焚烧）之，望其烟，曰燧。昼则墦燧，夜乃举烽。

简言之，烽指火，燧指烟；白天燃烟，夜晚点火。因此之故，烽燧又称烽烟、烽火。如姚合《送李廓侍御赴西川行营》诗："从今嶲州路，无复有烽烟。"另外，边地荒凉，柴薪难觅，所谓"大漠穷秋塞草衰，孤城落日斗兵稀"（高适），"北风卷地百草折，胡天八月即飞雪"（岑参）等名句，都是这一荒寒景象的生动写照。于是，白昼墦燧燃烟，便不得不常以狼粪代薪，就像边地牧民至今仍有以牛粪为燃料者一样。之所以使用狼粪，一是此物当时在边关可能遍地皆是，收集起来容易；二是狼粪烧出的烟又高

---

[1] 李敬一先生在其近著《中国传播史》（先秦两汉卷）中，对此进行了较系统的综述。详见该书第53页，武汉，武汉大学出版社，1996。

[2] 《古汉语常用字字典》，71页，北京，商务印书馆，1979。

又直，容易看到。唐人段成式，在其"所涉既广，遂多珍异"（鲁迅）的名作《酉阳杂俎》中曾写道："狼粪烟直上，烽火用之。"①如此一来，烽燧便又有了另一常见的别称——狼烟，而狼烟四起便同烽火连天一样，都成为乱世的写照。

从传播的时效上讲，烽燧在古代诸多传播形式中无疑属佼佼者。蔡邕《与弟书》里就讲道："军中耳目，当用烽鼓，烽可遥见，鼓可遥闻，形声相传，须臾百里。"如此迅捷，在电信技术用于传播前实可谓"神速"。所以，烽燧自然始终与十万火急的军情通报联为一体，而"孤山几处看烽火，壮士连营候鼓鼙"（赵叚《水调歌》第一）便成为历史上的一个常见画面。作为最迅捷的传播手段，烽燧报警降至唐代已形成一整套完备的制度、设施与运作规则。当时，每三十里左右设烽候一座，制同三十里设驿站。候又作堠，指瞭望敌情的土堡、哨所。烽候连用即指燃放烽烟的烽火台，如陈子昂《感遇诗》云："亭堠何摧兀"，徐悱《古意酬到长史溉登琅琊城》云："甘泉警烽候，上谷拒楼兰"等。临近边塞的烽候为加强防卫能力，还筑有驿站似的城池，并置烽帅一人、烽副一人掌管。即《旧唐书·职官》所言：

> 凡烽堠所置，大率相去三十里。其逼边境者，筑城置之。每烽置帅一人，副一人。②

对此，成书于唐玄宗时代的《唐六典》记述得更详尽：

> 凡烽候所置，大率相去三十里。若有山冈隔绝，须逐便安置，得相望见，不必要阻三十里。其逼边境者，筑城以置之。每烽置帅一人、副一人。其放烽有一炬、二炬、三炬、四炬者，随贼多少而为差焉。③

烽帅手下负责守卫烽火台并监视动静燃烟放火的士卒，称为"烽子"。戎昱《塞上曲》中有一句："山头烽子声声叫，知是将军夜猎还。"据杜牧的

---

① （唐）段成式：《酉阳杂俎》，方南生点校，160页。
② 《旧唐书》，1836页，北京，中华书局，1975。
③ [日]广池千九郎等校注：《大唐六典》，126页，西安，三秦出版社，1991。

祖父,不仅出将入相还留下一部史学巨著《通典》的杜佑说:"一烽六人,五人为烽子。"①几与杜牧同时出生,且同为"英雄割据虽已矣,文采风流今尚存"的段成式,则在《酉阳杂俎》中以怪诞的笔墨记述了这么一则故事。

> 永泰初,丰州(今内蒙古五原)烽子暮出,为党项缚入西蕃养马。蕃将令穴肩骨,贯以皮索,以马数百蹄配之。经半岁,马息一倍,蕃将赏以羊革数百,因转近牙帐。赞普(吐蕃君主)子爱其了事,遂令执纛左右,有剩肉、余酪与之。又居半年,因与酪肉,悲泣不食。赞普问之,云有老母频夜梦见。赞普颇仁,闻之怅然,夜召帐中语云:"蕃法严,无放还例。我与尔马有力者两匹,于其道纵尔归,无言我也。"烽子得马极骋,俱乏死,遂昼潜夜走,数日后为刺伤足,倒碛(沙漠)中。忽风吹物窸窣过其前,因揽之裹足。有顷,不复痛,试起步走如故。经宿(两夜),方及丰州界。归家,其母尚存,悲喜曰:"自尔失,我唯念《金刚经》,寝食不废,以祈见尔,今果其誓。"②

这个被卖到吐蕃当奴隶的烽子,凭着自己的聪明能干一步一步由下人升至近侍,最后竟然死里逃生回到家里,确实让人称奇。怨不得被《四库全书总目》誉为"小说之翘楚"的《酉阳杂俎》,专门将此事记载下来,后又被《太平广记》著录其中(见105卷)。从这则故事里我们知道,烽子同驿卒一样属社会底层,且由土生土长的本地人充任。

唐代的烽燧系统统归中央尚书省的兵部。兵部分为四司,即兵部、职方、驾部和库部。从具体的隶属关系讲,馆驿系统的顶头上司是驾部郎中,而烽燧系统的行政主管就是职方郎中。据《通典·职官五》,职方郎中"掌地图、城隍、镇戍、烽候"。另据《新唐书·百官志一》:"职方郎中、员外郎各一人,掌地图、城隍、烽候、防人道路之远近及四夷归化之事。"虽说烽候串联起来差不多等于一条边防线,但事实上在后方、在内地也都设有成套的烽燧警报系统。尤其在唐朝防御的核心地带,如陕西、山西、河北等地,更是像前线一样处在烽燧雷达的警戒之下。据《唐六典》记载:

---

① 《资治通鉴》,7740页,北京,中华书局,1986。
② (唐)段成式:《酉阳杂俎》,方南生点校,272页。

旧关内（陕西北部）、京畿（西安）、河东（山西）、河北皆置烽。开元二十五年（737），（玄宗）敕以边隅无事，寰宇又安。内地置烽诚为非要。量停近甸（临近首都）烽（堠）二百六十所，计烽帅等一千三百八十八人。①

依照此处量停的烽候与人员，我们不难算出每烽的平均人数为五人，这与前引杜佑的说法相近。不过，开元二十五年的这纸罢停内地烽候的敕书恐怕仅仅是停留在书面上，并未付诸实施。晁公武在评论"六典"时尽管强调"诸司遵行，殆将过半"，但还是承认这部成书于开元二十六年的《唐六典》未能"悉行于世"②。法国学者戴何都在《唐六典正确地描述了唐朝的制度吗？》③一文中说得更明确："《唐六典》中所描述的制度并没有得到严格的贯彻执行，甚至在玄宗临朝年间也是如此，到了后来几代君主间则越来越松懈了。"证明停罢内地烽候之敕令未能贯彻的根据，还在于当渔阳鼙鼓动地来之际，这些烽火台依然照样发挥作用。如唐人姚汝能在其保留了安史之乱大量第一手资料的《安禄山事迹》中就提到，潼关失守之夕，"平安火不至，玄宗惧焉"④。当此时，不知玄宗是否忆及十八年前在歌舞升平中下的那道"内地置烽诚为非要"的诏书，但他翘首急盼烽燧送来平安消息的心情却是可想而知的。

"安史之乱"后，藩镇势力崛起，形成与朝廷武力抗衡的局面，从此中央王朝强求统一与地方军阀力图分裂的冲突便持续不断。在这种背景下，各大藩镇也都设置了自己的烽燧报警系统。如李愬冒雪奔袭蔡州之夜，"至张柴村，尽杀其戍卒及烽子"⑤，切断了吴元济的"电话线"，结果"（李）愬至（蔡州）城下，无一人知者"⑥。再如，唐宪宗元和十四年（819），淄青节度使李师道的部将刘悟倒戈归唐，擒杀李师道，传首京师。此前，刘悟曾驻军阳谷（今山东阳谷），当他准备回师直捣李师道老巢时，

---

① [日]广池千九郎等校注：《大唐六典》，126页。
② 语见《郡斋读书志》，转引自吴枫：《隋唐历史文献集释》，94页，郑州，中州古籍出版社，1987。
③ 载《中国史研究动态》，1982（10）。
④ （唐）姚汝能：《安禄山事迹》，曾贻芬点校，卷下。
⑤ 《资治通鉴》卷241。
⑥ 《资治通鉴》卷240。

潜使人以其谋告田弘正（围剿李师道的官军统帅之一）："事成，当举烽相白；万一城中有备不能入，愿公引兵为助。……"且使（田）弘正进据己营。弘正见烽，知得城，遣使往贺。（刘）悟函（李）师道父子三首遣使送弘正营，弘正大喜，露布以闻。淄青等十二州皆平。①

正是这个李师道在官军讨伐吴元济的815年，派刺客潜匿于上都进奏院，刺杀了力主削藩的宰相武元衡，又派兵埋伏在东都进奏院谋乱，以牵制唐军，从而制造了两起震惊天下的特大新闻。

除了上述这些常设的烽候之外，还有一种大军出征时随处临时布置的烽火报警网络。这种网络就像现代战争中前线指挥部架起的电话线，战斗结束了或指挥部转移了，它也就随之撤除。对此临时烽火的功用与操作，文武双全的杜佑曾做过详尽的叙述：

> 诸军马拟停三五日，即须去军一二百里以来，安置爟烽（即烽火），如有动静，举烽相报。其烽并于贼路左侧逐要置，每二十里置一烽应接，令遣到军。……如觉十骑以上、五十骑以下（之敌），即放一炬火，前烽应讫即灭火；若一百骑以上、二百骑以下，即放两炬火，准前应灭；贼若五百骑以上、五千骑以下同，即放三炬火，准前应灭。前烽应讫，（点燃上一程烽火的士卒）即赴军（大本营），若虑走不到军，即且投山谷，逐空方可赴军。如以次烽候视不觉，其举火之烽即须差人，急走告知。贼路就置爟烽，军内即须应接，又置一都烽，应接四山诸烽。其都烽如见烟火，急报大总管（元帅），云"某道烟火起"。大总管当须严备，收拾畜生，遣人远探，每烽令别奏一人押（掌管），一道（诸）烽令折冲、果毅一人都押。②

这样周密细致，可谓万无一失。由此也可知唐代烽燧制度之完善了。需要说明的是，以来敌数量决定烽火之数，在隋代已成定制。如隋文帝开皇十九年（599），突厥内讧，已为皇家女婿的突利可汗大败，其部落散

---

① 《资治通鉴》卷241。

② 《通典》卷157。

亡，而他本人则与出使突厥的隋朝大将长孙晟，"以五骑南走，比旦，行百余里，收得数百骑"。其时，突利不免又生犹豫，觉得"兵败入朝，一降人耳，大隋天子岂礼我乎"，不若回去与对手和好。欲使突利入朝的长孙晟得知此情后，"密遣使者入伏远镇，令速举烽"。突利见城中连举四烽，便问长孙晟，长孙晟回答说："城高地迥，必遥见贼来。我国家法，若贼少，举二烽；来多，举三烽；大逼，举四烽。彼见贼多而又近耳。"突利一听大惧，忙入伏远镇以避兵锋，而入城后便由不得自己了，"（长孙）晟留其达官执室领其众，自将突利驰驿入朝"①。再如，《太宗实录》中也记载了一段不无相似的故事：

> 初，罗士信（即旧小说中罗成的原型）取千金堡（洛阳北），太宗（李世民）令屈突通守之。王（世）充自来攻堡，（屈突）通惧，举烽请救。太宗度通力堪自守，且缓救以骄（王）世充。通举三烽以告急，太宗方出援之。②

## 校尉羽书飞瀚海

如同露布与檄书形同一体，烽燧与羽檄也可谓形影相随。说起露布不能不提檄书，同样，讲到烽燧也不能不谈羽檄。

羽檄，又称羽书，严格说是征调军队、通报军情的火急文书，通俗说就是现代的鸡毛信之属。《汉书·高帝纪下》有一句："吾以羽檄征天下兵。"对此颜师古注曰："檄者，以木简为书，长尺二寸，用征召也。其有急事，则加以鸟羽插之，示速疾也。"就是说，称羽檄者是因为插有鸟的羽毛。而插上鸟羽则表示像鸟一般飞速传递。这种刻不容缓、急如流火的情形，在唐代诗人的笔下常可见到：

---

① 《资治通鉴》卷178。
② 《资治通鉴》卷188武德四年春胡三省注。

> 青槐夹两道,白马如流星。闻道羽书急,单于寇井陉。
>
> 王昌龄《少年行》
>
> 羽书如流星,飞入甘泉宫。
>
> 刘湾《出塞曲》
>
> 贺兰山下阵如云,羽檄交驰日夕闻。
>
> 王维《老将行》
>
> 校尉羽书飞瀚海,单于猎火照狼山。
>
> 高适《燕歌行》

一旦敌寇压境,兵临城下,边关守军须做的第一件事无疑是举烽火,第二件事自然就是发羽书。如把烽火比作一篇战地消息的导语,那么羽书便是消息的主体了。故而,人们常将二者相提并论,如"烽火遍照于川原,羽书交驰于道路"(《高力士外传》)。前面提到安史之乱中潼关失守当晚,玄宗遥望平安火的事情。唐制,"每日初夜,放烟一炬,谓之平安火"①。当时,玄宗先见平安火不至,已知大事不妙。第二天又看到驿骑飞送的羽书,才得知事态的详情。②决计离京奔蜀前夕,玄宗最后一次登上往日与兄弟们欢歌畅饮的花萼相辉楼,演出了一幕心酸的历史悲歌:

> 禄山犯顺,乘舆以闻,议欲迁幸,置酒楼上,(四顾凄怆)命作乐,有进《永调歌》者曰:"山川满目泪沾衣,富贵荣华能几时?不见只今汾水上,唯有年年秋雁飞。"上(闻之潸然泪下)问谁为此词,曰:"李峤。"上曰:"真才子也。"遂不终饮而去。③

我们感到,这首悲词不仅是大唐盛世的挽歌,同时仿佛也为烽燧传播留下一缕苍远浩茫的历史心音,以致后世之人每登临古烽火台,总会生出同样的感喟,体味同样的酸辛:"城郭为墟人代改,但见西园明月在。……试上铜台歌舞处,唯有秋风愁杀人。"(张说《邺都引》)

---

① 《资治通鉴》卷218至德元载六月胡三省注。
② 姚汝能:《安禄山事迹》,卷下:"辛卯之夕,平安火不至,玄宗惧焉。十五日壬辰,闻于朝廷。"
③ 郑处海:《明皇杂录补遗》,见丁如明辑校:《开元天宝遗事十种》,41页,上海,上海古籍出版社,1985。另见同书所收李德裕:《次柳氏旧闻》,7页。

# 榜文与告示

当话题由上节的烽燧过渡到本节的榜文时，我们的感觉就像从狼烟滚滚的疆场步入其乐融融的田园，从高江急峡雷霆斗的喧腾转向唯见长江天际流的从容。

传播方式的演变同生物世界的进化非常相似。在进化过程中，有的生物完全灭绝了，如恐龙，有的被更高级的物种取代了，如从猿到人。相对于烽燧的恐龙式命运，榜文则沿用至今，与各种现代化的媒介一同发挥着信息传播的功能。

榜文，古代径直称榜，并多写作"牓"。它其实就是现在仍很常见的告示。我们认为，在唐代诸多的新闻传播形式中，榜文应该说是真正具有大众传播特质的。首先，它是面向公众的，它的目的就在于广而告之，不像状报、羽书等有特定的传播对象。其次，它是经常发布的，不像露布、烽燧等只在特定时刻使用。最后，它的内容包罗广泛，从军国要闻到日常须知都在其传布范围，具有十足的新闻性。总之，我们想象不出当时有比榜文更近于新闻媒介的传播方式。或许，正由于榜文在唐代新闻传播活动中的普适性、广泛性和常规性，使得人们像对待无处不在的空气一样对其习以为常不以为意，因而反倒没有留下多少可供一阅的"文字说明"。

傅璇琮先生在论及唐代的进士放榜时说过，"唐代的进士榜，大致有两种，一种是张榜，用大字书写贴于礼部固定的地点，一种是所谓榜贴，也称'金花帖子'，可以传通到各处"[①]。其实，不独进士榜，任何榜文都可分为张榜与传榜（榜贴）两种。前者如"天门日射黄金榜，春殿晴曛赤羽旗"（杜甫《宣政殿退朝晚出左掖》），后者如"昨日里胥方到门，手持尺牒榜乡村"（白居易《杜陵叟》）。杜诗中说的"黄金榜"，即常言金榜题名之金榜，唐人多称之。如李旭《及第后呈朝中知己》："金榜高悬当玉阙，锦衣即著到家林。"再如广宣《贺王侍郎典贡放榜》："再辟文场无枉路，两开金榜绝冤人。"登科榜之所以称金榜，"可能当时榜书系用黄纸，黄纸金色，故称金榜；同时金榜也有吉祥喜庆的意思"（傅璇琮）。

---

① 傅璇琮：《唐代的进士放榜与宴集》，载《文史》，第二十三辑，北京，中华书局，1984。

用传播学的眼光看，榜文实为联系传者——发榜部门与受众——读榜公众的一个中介。传者经此中介将有关信息公之于众，而受众通过榜文获知各种信息。换言之，榜文无异于在官方与民间之间建立起一条沟通渠道，使二者得以发生联系。从榜文的规格上看，唐代几乎每一级官方机构都有发榜的权力，都有以此晓谕公众的需要。下面试举若干事例说明。

天宝五载（746），玄宗命郡县长官从他所撰的《广济方》中，"选其切要者，录于大板上，就村坊要路榜示"①。

乾符六年（879），西川节度使崔安潜到任后，为了整治当地盗贼成群的治安秩序，拿出官库里的一千五百缗铜钱，分别放在成都的三个闹市区，然后发榜说："有能告捕一盗，赏钱五百缗。盗不能独为，必有侣，侣者告捕，释其罪，赏同平人。"榜文一出，便产生这样的效果：

> 未几，有捕盗而至者，盗不服，曰："汝与我同为盗十七年，赃皆平分，汝安能捕我？我与汝同死耳。"（崔）安潜曰："汝既知吾有榜，何不捕彼以来！则彼应死，汝受赏矣。汝既为（别人）所先，死复何辞！"立命给捕者钱，使盗视之，然后杀盗于市，并灭其家。于是诸盗与其侣互相疑，无地容足，夜不及旦，散逃出境，境内遂无一人之盗。②

看来这位节度大员很懂得人的心理，善于抓住关键，分化瓦解。而同样是想令行禁止。另外一位地方长官可就行事笨拙，丢人现眼了。咸通八年（867），"怀州（河南焦作一带）民诉旱，刺史刘仁规揭榜禁之，民怒，相与作乱，逐（刘）仁规，仁规逃匿村舍。民入州宅，掠其家赀，登楼击鼓，久之乃定"③。

中和二年（882），西川节度使陈敬瑄镇压了阡能领导的起义军，事后在阡能起事的邛州（四川邛崃）张榜，"凡阡能等亲党皆不问"。可是，

> 未几，邛州刺史申捕获阡能叔父行全家三十五人系狱，请准法（处

---

① 据《唐会要》，转引自[美]谢弗著，吴玉贵译：《唐代的外来文明》，12页，北京，中国社会科学出版社，1995。
② 《资治通鉴》卷253。
③ 《资治通鉴》卷250。

决）。（陈）敬瑄以问孔目官唐溪，对曰："公已有榜，令（阡能亲党）勿问，而刺史复捕之，此必有故。今若杀之，岂惟使明公失大信，窃恐阡能之党纷纷复起矣！"敬瑄从之，遣押牙牛晕往，集众于（邛）州门，（将系狱的三十五人）破械而释之，因询（问）其所以然，果（然是因为）行全有良田，（邛州）刺史欲买之，不与，故恨之。①

陈敬瑄的这一纸榜文不仅关系着一个地区的局势稳定，还决定着三十五人的身家性命，作用非同一般。

光启三年（887），张全义任河南尹，当时他的辖区经过频繁的战乱，城邑残破，田地荒芜，居民不满百户，一派白骨露于野千里无鸡鸣的景象。这时，张全义便从麾下所余百号人中，"选十八人材器可任者，人给一旗一榜，谓之屯将，使诣（洛阳城外）十八县故墟落中，植旗张榜，招怀流散，劝之树艺"。这样数年下来，"都城坊曲，渐复旧制，诸县户口，率皆归复，桑麻蔚然，野无旷土"②。

以上所述都属张榜，至于传榜无非是将同样内容的榜文传往各地，然后或张贴或宣读而已。比如檄书，也可说是传榜之一种：论及内容称檄文，论及传播称榜文。在下面一例中，很难说传檄不是传榜：

> （郑）畋传檄天下藩镇，合兵讨贼（黄巢）。时天子在蜀，诏令不通，天下谓朝廷不能复振，及得（郑）畋檄，争发兵应之。③

另外，天佑三年（906），王建立行台于蜀，"以榜贴告谕所部藩镇州县"④。显然，他既在治所张榜，又在全境传榜。

在唐代各类官方告示中，一年一度的进士榜无疑最牵扯上下人心，最耸动天下视听。所谓"每岁得第之人，不浃辰而周闻天下"⑤，即不出十二天便举国皆知（古代以干支纪日，称从子至亥循环一周十二日为"浃辰"）。

---

① 《资治通鉴》卷255。
② 《资治通鉴》卷257。
③ 《资治通鉴》卷254。
④ 《资治通鉴》卷265。
⑤ 《通典》卷15"选举"三引沈既济语。

"尤其是中唐以来,宰相和朝廷内外要职,主要由进士出身者担任,进士科成为高级官僚的主要来源。这样,进士放榜也成为举国瞩目的大事,因为这不仅决定应试举子个人的升沉得失,也影响以后的政局将由哪些人来掌握。穆宗长庆时,王起知贡举,放榜后,诗人张籍有句云"'车马争来满禁城','千里万里尽传名',可以概见其盛况。"①此种情形类似于今天的大选揭晓,而报告这一头条新闻的进士榜,自然也就成为全社会关注的焦点,那种巴望、焦虑、兴致勃勃、又兴奋又紧张甚至有点唯恐天下不乱的心态,以今推昔当不难想象。对此,正史记载既详,野史传闻也多。以下便是几个颇有戏剧性的故事:

> 贞观初,放榜日,太宗私幸端门,见进士于榜下缀行而出,喜谓侍臣曰:"天下英雄入吾彀中矣!"进士榜头,竖黏黄纸四张,以毡笔淡墨衮转书曰:"礼部贡院"四字。或曰文皇(李世民)顷以飞帛书之,或象阴注阳受之状。进士旧例,于都省考试,(礼部)南院放榜。张榜墙,乃南院东墙也。别筑起一堵高丈余(的张榜墙),(墙)外有堨垣。(清晨天尚)未辨色,即自北院将榜就南院张挂之。元和六年,为监生郭东里决破(墙下的)棘篱,坼裂文榜,因之后来多以虚榜自(尚书省的)省门而出,正榜张亦稍晚。②
>
> 赵琮妻父为钟陵大将。(赵)琮以久随计不第,穷悴甚,妻族益相薄,虽妻父母不能不然也。一日,军中高会,州郡谓之春设者。大将家相率列棚以观之,其妻虽贫,不能无往。然所服故弊,众以帷隔绝之。(春)设方酣,廉使忽驰吏呼将,将惊且惧。既至,廉使临轩,手持一书笑曰:"赵琮得非君子(之)婿乎?"曰:"然。"(廉使)乃告之:"适报至,(赵琮)已及第矣。"即授所持书,乃榜也。将遽以榜奔归,呼曰:"赵郎及第矣!"妻之族即撤去帷障,(与之)相与同席,竞以簪服而庆遗焉。③
>
> 大中岁,韦颢举进士,词学优赡而贫寒滋甚。岁暮饥寒,无以自给,

---

① 傅璇琮:《唐代的进士放榜与宴集》,载《文史》,第二十三辑。
② 《唐摭言》卷15"杂记"。
③ 《太平广记》卷182。

有韦光者待以宗党,辄所居外舍馆之。放榜之夕,风雪凝冱,报(韦)光(及第)成事者络绎而至,(韦)颛略无登第之耗。(韦)光延之于堂际小阁,备设肴馔慰安之。……(韦)颛夜分归所止,拥炉愁叹而坐。……俄而禁鼓忽鸣,榜放,颛已登第,(韦)光服用车马悉将遗焉。[1]

如同前述露布、烽燧等,榜文既为统治者所看重,也为叛逆者所采用。当年安禄山起兵叛乱,"既出范阳,遂为长榜以毁国家,兼妄云累奏不听"[2];此外,"诡言奉密诏讨杨国忠,腾(传)榜郡县。"[3]建中四年(783),泾原节度使的五千兵马奉命东征,路过长安时因食劣无赏而哗变,回师京城,德宗仓皇出奔,叛兵便拥戴软禁在京的原地方军阀朱泚为主。朱泚夜半入宫,平明出榜,声称:"泾原将士久处边陲,不闲朝礼,辄入宫阙,致惊(皇帝)乘舆,西出巡幸。太尉(朱泚时加太尉、中书令)已权临六军,应神策军士及文武百官凡有禄食者,悉诣行在(德宗出奔的奉天);不能往者,即诣本司。若出三日,检勘彼此无名者,皆斩!"[4]这类榜文听起来冠冕堂皇,义正词严,而实际上无非是叛军发布的政变新闻或文告。

前面谈露布时,我们曾引了一条出自民间的讽刺性露布《河间道行军元帅刘祥道破铜山大贼李义府露布》。巧的是,这里又有一则同样出于民间、同样意在讽刺,而且同样以两句与"混奴婢而乱放,各识家而竞入"句式相仿的妙语播于人口载入史籍的榜文:

> (崔湜的)妻美,与二女并进储闱(即东宫太子李隆基),(因此而升)为中书侍郎、平章事(即宰相)。或有榜之曰:"托庸才于主第,进艳妇于春宫。"[5]

这个崔湜早负才名,弱冠及第,不到三十岁便官至兵部侍郎。有一次,他暮出端门,马上自吟:"春游上林苑,花满洛阳城。"当时任工部侍

---

[1] 《太平广记》卷462。
[2] 《安禄山事迹》卷中。
[3] 《新唐书·安禄山传》。
[4] 《资治通鉴》卷228。
[5] 《朝野佥载》卷5。

郎的张说,望之杳然而叹曰:"此句可效,此位可得,其年不可及也。"①然而,这位所谓容止端雅文词清丽的才子,却是个德行阙如、见风使舵的奸佞之徒。他先是依附于武三思,后又托庇于安乐公主,接着又成为太平公主政治集团的核心人物,并做了太平公主的情夫之一。即使在与太平公主策划毒死李隆基或发动政变干掉皇帝的情况下,他也照玩脚踩两只船的惯技,将自己的妻子女儿供奉给政敌、后来的玄宗皇帝当时的东宫太子。所以,这份民间无名氏的榜文讽刺他"托庸才于(太平公)主第,进艳妇于(东宫太子)春宫"。有道是机关算尽太聪明,反误了卿卿性命,当唐玄宗粉碎太平公主的阴谋后,崔湜也就难逃一死了。而这一民间榜文则以辛辣的文词,记录下一条宫廷新闻。

在唐代的各色民间榜文中,有一则因同复仇传奇相关而在历史的缤纷图景中留下一角身影,这就是李公佐在《谢小娥传》中讲到的奇闻。李公佐是唐代著名传奇《南柯太守传》的作者,成语南柯一梦即源出此处。《谢小娥传》是他的又一传世之作,讲述了一位弱女子几经曲折终于为父为夫杀贼报仇的故事。这事本身可以说就是当时的一条社会新闻。②加之其中又涉及一则民间榜文,所以不妨将它摘录如下:

> 小娥,姓谢氏,豫章人,估客女也。生八岁,丧母;嫁历阳侠士段居贞。居贞负气重义,交游豪俊。小娥父畜巨产,隐名商贾间,常与段婿同舟货,往来江湖。时小娥年十四,始及笄。父与夫俱为盗所杀,尽掠金帛。段之弟兄,谢之生侄,与僮仆辈数十,悉沉于江。小娥亦伤胸折足,漂流水中,为他船所获,经夕而活。因流转乞食至上元县,依妙果寺尼净悟之室。初,父之死也,小娥梦父谓曰:"杀我者,车中猴,门东草。"又数日,复梦其夫谓曰:"杀我者,禾中走,一日夫。"小娥不自解悟,常书此语,广求智者辨之,历年不能得。

---

① 《太平广记》卷494。
② 《新唐书》据此而将谢小娥列入《列女传》。这也为甘惜分先生的下述观点提供了又一佐证:"历史是已经过去了的新闻,新闻是正在发展着的历史。"见其《再论新闻学与历史学》一文,见《中国大陆新闻传播研究——"一九九三年中文传播研究暨教学研讨会"论文汇编》,35页,台北,三民书局,1995。

至元和八年春，余罢江西从事，扁舟东下，淹泊建业，登瓦官寺阁。有僧齐物者，重贤好学，与余善。因告余曰："有孀妇名小娥者，每来寺中，示我十二字谜语，某不能辨。"余遂请齐公书于纸，乃凭槛书空，凝思默虑。坐客未倦，了悟其文。令寺童疾召小娥前至，询访其由。小娥呜咽良久，乃曰："我父及夫，皆为贼所杀。迩后尝梦父告曰……又梦夫告曰……岁久无人悟之。"余曰："若然者，吾审详矣。杀汝父是申蘭（兰），杀汝夫是申春。且车中猴，车字去上下各一画，是申字；又申属猴，故曰车中猴。草下有门，门中有东，乃蘭字也。又，禾中走是穿田过，亦是申字也。一日夫者，夫上更一画，下有日，是春字也。杀汝父是申兰，杀汝夫是申春，足可明矣。"小娥恸哭再拜，书申兰申春四字于衣中，誓将访杀二贼，以复其冤。……

　　尔后小娥便为男子服，佣保于江湖间。岁余，至浔阳郡，见竹户上有纸榜子，云"召佣者"。小娥乃应召诣门，问其主，乃申兰也。兰引归，娥心愤貌顺，在兰左右，甚见亲爱。金帛出入之数，无不委娥。已二岁余，竟不知娥之女人也。先是谢氏之金宝锦绣、衣物器具，悉掠在兰家，小娥每执旧物，未尝不暗泣移时。兰与春，宗昆弟也。时春一家住大江北独树浦，与兰往来密洽。……或一日，春携文鲤兼酒诣兰，娥私叹曰："李君精悟云鉴，皆符梦言。此乃天启其心，志将就矣。"是夕，兰与春会群贼，毕全酣饮。暨诸凶既去，春沉醉，卧于内室，兰亦露寝于庭。小娥潜锁春于内，抽佩刀先断兰首，呼号邻人并至，春擒于内，兰死于外，获赃收货，数至千万。初，兰春有党数十，暗记其号，悉擒就戮。时浔阳太守张公，善娥节行，为具其事上旌表，乃得免死。时元和十二年夏岁也（817）。……（余）作（谢小娥）传以旌美之。①

　　谢小娥的复仇成功，除了她个人的坚忍果敢之外，还借助于两个不可或缺的环节，一个是解谜的作者，一个是招佣的纸榜。因着前者，小娥得以知道仇人；因着后者，她又得以遇上他们。两个环节前后相扣，才能将冤死与复仇两事贯通起来。这里，一纸平常看来或许无关紧要的榜文，竟

---

① 《太平广记》卷491。

成为破案的一个关键。对杀人凶手申兰申春来说,他们万万想不到自己张贴的榜文,最后居然差不多成了自己的死刑判决书。

## 左史记言,右史记事

最后,我们要来谈一种似乎无关而实则切要的新闻传播形式——起居注。起居注,是皇帝言行举止的记录,体裁上大都归入编年史范畴。王仲荦先生在其《隋唐五代史》中写道:"唐朝当代的历史记录,有起居注,有时政记或日历。起居注、日历,是实录的长编,实录又是后来官修正史的长编。"①不过,在我们看来,这一历史记录实际上也可算作新闻传播。首先,新闻与历史尤其是当代史实为一体之两面,用甘惜分先生的话来说,"历史是已经过去了的新闻,新闻是正在发展着的历史"②。用蔡元培先生的话来说:"新闻者,史之流裔耳。古之人君,左史记言,右史记事,非犹今新闻中记某某之谈话若行动乎?"③其次,以皇帝为中心的起居注,实际上广泛记录了当时的军国大事,内容十分丰富,举凡政治举措、军事行动、经济政策乃至自然灾害、行政区划、官吏任免、社会动态等,均有翔实记载,既具有珍贵的史料价值,又具有鲜明的新闻特征。最后,起居注的记事之制是"以事系日,以日系月,以月系时,以时系年"④,即以年、月、日为序载言录事,加之内容林林总总涉及甚广,与当今定期刊行的政府公报几无二致。我们甚至推测,"开元杂报"的内容就出自起居注,是起居注的摘要报道。总之,起居注是唐代官方新闻传播中不容忽略的一种手段。借用《旧唐书》中的话:

> 凡天地日月之祥,山川封域之分,昭穆继代之序,礼乐师旅之事,

---

① 王仲荦:《隋唐五代史》,下册,944页,上海,上海人民出版社,1990。
② 甘惜分:《再论新闻学与历史学》,见《中国大陆新闻传播研究——"一九九三年中文传播研究暨教学研讨会"论文汇编》,35页。
③ 蔡尚思:《蔡元培学术思想传记》,北京,棠棣出版社,1950。转引自注①。
④ 《旧唐书》卷43。

诛赏废兴之政，皆本于起居注、时政记，以为实录，然后立编年之体，为褒贬焉。既终藏之于府。①

当然，应该指出的是，第一，这种新闻传播难免流于"以朝廷为中心的记录"（崔瑞德）②，即梁启超所说的帝王将相之家谱；第二，起居注是内敛的，而非开放的，即所谓"既终藏之于府"；第三，它着意时间上的流传（不朽），而不追求空间上的扩散（易碎）。这是有别于新闻传播之特性的。

以记载皇帝行止为主的"注记"制度源远流长。《春秋》有"君举必书"之义，《周官》《礼记》有大史、小史、内史、外史、左史、右史之名，其间区别诚如刘知几所言："大史掌国之六典，小史掌邦国之志，内史掌书王命，外史掌书使乎四方，左史记言，右史记事。"③汉代以后，开始出现专记皇帝言行的著述，世称起居注。④魏晋时期，多以修史的著作郎掌起居注。⑤至北魏又设专职的"起居令史"，侍从皇帝，"每行幸宴会，则在御左右，纪录帝言及宾客酬对"⑥。降及隋唐，随着官方修史制度的确立与完善，起居注更发展为包括起居注、时政记、日历、实录等在内的一整套机制，不仅专人执掌，而且蔚为大观。如《开元起居注》就多达3682卷。⑦据唐代史学巨子刘知几所言：

> （起居注）至隋，以吏部散官及校书、正字闲于述注者修之，纳言兼领其事。炀帝以为古有内史、外史，今既有著作，宜立起居。遂置起居舍人二员，职隶中书省。……皇家（指唐）因之，又（于门下省）加置起居郎二员，职与（起居）舍人同。每天子临轩，侍立于玉阶之下，（起居）郎居其左，（起居）舍人居其右。人主有命，则逼阶延首而听之，

---

① 《旧唐书》卷43。
② [英]崔瑞德编：《剑桥中国隋唐史》，40页。
③ 《史通》卷11。
④ 据载，汉武帝时即有《禁中起居注》，后汉明德马后撰有《明帝起居注》，"然皆零落，不可复知"。
⑤ 《史通》卷11："当魏太和中，始置著作郎，职隶中书，其官即周之左史也。……又按《晋令》，著作郎掌起居集注，撰录诸言行勋伐旧载史籍者。"
⑥ 《史通》卷11。
⑦ 参见《新唐书》卷58。

退而编录，以为起居注。龙朔中，改名左史（起居郎）、右史（起居舍人）。今上（中宗）即位（705），仍从国初之号焉。……夫起居注者，编次甲子之书，至于策命、章奏、封拜、蠲免，莫不随事记录、言惟详审。凡欲撰帝纪者，皆称之以成功。①

唐代的起居注，除温大雅的《大唐创业起居注》外，其余均已散佚，而它又是现存最早的一部起居注。温大雅曾随李渊父子在晋阳起兵，署大将军府记室参军，掌军中文翰，后又参与制定唐朝的开国典仪，迁黄门侍郎（门下省次官），其弟温彦博为中书侍郎（中书省次官），另外一弟温大有后来也任中书侍郎，故为时人所称羡。唐高祖曾开玩笑说："我起义晋阳，为卿一门耳。"②——我起兵造反，原来是为了你一家啊。温大雅所撰《大唐创业起居注》凡三卷，"上卷记李渊起兵太原至出兵太原四十八日之事，中卷记自太原至长安一百二十六日之事，下卷记李渊摄（隋）政至受隋禅一百八十三日之事，首尾完具，无所佚阙"③。这差不多整整一年的时间，在一个改朝换代的大变动时期，演出了多少跌宕起伏扣人心弦的故事，换言之发生了多少搅天动地激荡人心的新闻。而所有这一切都被温大雅一一载入《大唐创业起居注》中。后人自然视之为历史，但在温大雅的笔下它们却都是活生生的军国要闻。如：

隋主（炀帝）遣司直姓名驰驿系帝（李渊）而斩（马邑太守王）仁恭。帝自以姓名著于图箓，太原王气所在，恐被猜忌，因而祸及，颇有所悔。时皇太子（李建成）在河东，独有秦王（李世民）侍侧，耳语谓王曰："隋历将尽，吾家继膺符命，不早起兵者，顾尔兄弟未集耳。今遭羑里之厄，尔昆季须会孟津之师，不可从吾同受拏戮，家破身亡，为英雄笑。"王泣而启帝曰："芒砀山泽，是处容人，请同汉祖，以观时变。"帝曰："今遇时来，逢兹钳系，虽睹机变，何能为也！然天命有在，吾应会昌，未必不以此相启，今吾激励，谨当敬天之诚以卜兴亡，自天佑吾，彼

---

① 《史通》卷11。
② 周勋初主编：《唐人轶事汇编》，上册，228页，上海，上海古籍出版社，1995。
③ 王仲荦：《隋唐五代史》，下册，944页。

焉能害，天必亡我，何所逃刑。"乃后数日，果有诏使驰驿而至。释（李）渊而免（王）仁恭，各依旧检校所部。①

再如，李渊南下进兵长安途中，一度陷入阴雨连绵、军粮不继的困境，后方又传来突厥与刘武周将乘虚袭取太原的消息，一时间军心浮动，物议汹汹，是进是退李渊不免犹豫起来，此时温大雅记述道：

> 帝集文武官人及大郎（李建成）、二郎（李世民）等而谓之曰："以天赞我而言，应无此势，以人事见机而发，无有不为。借遣吾当突厥、（刘）武周之地，何有不来之理。诸公谓云何？"议者以"（宋）老生、屈突通（皆隋将）相去不远；李密谲诳，奸谋难测；突厥见利而行；（刘）武周，事胡者也：太原一都之会，义兵家属在焉。愚夫所虑，伏听教旨"。唐公顾谓大郎、二郎曰："尔辈何如？"对曰："（刘）武周位极而志满，突厥少信而贪利，外虽相附，内实相猜。突厥必欲求利太原，宁肯近忘马邑！武周悉其此势，未必同谋同志。（宋）老生、突厥奔竞来拒，进阙图南，退穷自北，还无所入，往无所之，畏溺先沉，近于斯矣。今禾菽被野，人马无忧，坐即有粮，行即得众。李密恋于仓粟，未遑远略。老生轻躁，破之不疑。定业取威，在兹一决。诸人保家爱命，言不可听。雨罢进军，若不杀老生而取霍邑，儿等敢以死谢！"唐公喜曰："尔谋得之，吾其决矣。三占从二，何藉舆言。懦夫之徒，几败乃公事耳。"②

温大雅的起居注并非都是秉笔直书的实录，其中也羼杂了一些虚妄之事与溢美之词，报道了一些"生则厚诬当时，死则致惑来代"（刘知几）的伪新闻。比如，在攻取河东郡的一次战斗中，明明是"骁勇千余人已登其南城，高祖在东原，不之见，会暴雨，高祖鸣角收众"③，结果将得手的胜利又拱手相让。但在温大雅笔下却演化为如下故事：

---

① 《资治通鉴》卷183胡三省注引。
② 《资治通鉴》卷184胡三省注引。
③ 同上。

> 唐公亲率诸军围河东郡，（守将）屈突通不敢出，闭门自守。城甚高峻，不易可攻，唐公观义士等志，试遣登之，南面千余人应时而上。时值雨甚，公命旋师。军人时速上城，不时速下。公曰："屈突（通）宿卫旧人，解安阵队，野战非其所长，婴城善为捍御。我师常胜，入必轻之，骁锐先登，恐无还路。今且示威而已，未是攻城之时；杀人得城，知何所用！"乃命还。①

这番悲怀慈语善则善矣，但想当然的成分恐占多数。

起居注的内容虽然都是事关重大的要闻，但其旨归却在于藏之秘府传之其人，而非传播中外咸使知闻，甚至就连起居注的主角皇帝本人都不得披览。如文宗开成四年（839）：

> 上（文宗）就起居舍人魏謩取记注观之，（魏）謩不可，曰："记注兼书善恶，所以儆戒人君。陛下但力为善，不必观史！"上曰："曩（过去）尝观之。"对曰："此曩日史官之罪也。若陛下自观史，则史官必有所避讳，何以取信于后。"上乃止。②

在朕即国家皇权至高无上的时代，起居注这一封闭式的传播样式有时对人君倒也能产生一定的儆戒作用。一个为所欲为的君王可以不在乎当世舆论的千夫所指，但他不能不常常顾忌到后世舆论的众口铄金。从这个意义上讲，封闭的旨在传之后世的起居注反倒对当世之人构成舆论监督之势。就像孙伏伽在上高祖的建言书中所写到的："陛下贵为天子，富有天下，动则左史书之，言则右史书之。既为竹帛所拘，何可恣情不慎。"③在下面这段涉及起居注的君臣对话中，就包括了更丰富而明确的意味：

> （贞观十五年），迁（褚遂良）谏议大夫，兼知起居事。太宗尝问曰："卿知起居，记录何事，大抵人君得观之否？"遂良对曰："今之起居，古左右史，书人君言事，且记善恶，以为鉴诫，庶几人主不

---

① 《资治通鉴》卷184，胡三省注引。

② 《资治通鉴》卷246。

③ 《旧唐书》卷75。

为非法。不闻帝王躬自观史。"太宗曰:"朕有不善,卿必记之耶?"(褚)遂良曰:"守道不如守官,臣职当载笔,君举必记。"黄门侍郎刘洎曰:"设令遂良不记,天下亦记之矣。"太宗以为然。①

与起居注关系密切的时政记,为唐代的"专利品"。"这是由知印宰相每日撰写的一种纪事,但要由其他宰相副署。"②它最早是由武则天时代的宰相姚璹,于693年奏请实施的制度,据《旧唐书·姚璹传》记载:

> 自永徽以后,左、右史虽得对仗承旨,仗下后谋议,皆不预闻。(姚)璹以为帝王谟训,不可暂无纪述,若不宣自宰相,史官无从得书。乃表请仗下所言军国政要,宰相一人专知撰录,号为时政记,每月封送史馆。宰相之撰时政记,自(姚)璹始也。③

《新唐书·艺文志》中,著录有姚璹的《修时政记》40卷。作为"宰相记天子之事以授史馆之实录"(《旧唐书·李吉甫传》),时政记可以说是对起居注的一种补充性记载;但从新闻传播上看,它又未始不是一种出于最高当局的新闻把关或舆论导向。由于掌管起居注的是普通官员,品秩不高,仅为从六品,不参与高层决策,难从整体与全局的高度把握事态,因而他们通常只是就事论事的记下一笔新闻事件的流水账,而无法由此及彼、由表及里地在宏观层面上驾驭众多的事实。李德裕任宰相时,干脆要求将起居注交宰相审查,以免"军国大政,传闻疑误"④。或许正是针对起居注这一见木不见林的问题,朝廷觉得有必要在此之上增加一种综述性的时政记,以便对官方的"宣传报道"进行指导或引导。其作用恰似当今报刊上的综述与社论,将孤立的事件提炼为综合的事态。关于起居注与时政记的由来、兴废及功用,胡三省曾做过如下一段总括式解说:

> 贞观初,以给事中、谏议大夫兼知起居注,或知起居事。每仗下

---

① 《旧唐书》卷80。
② [英]崔瑞德编:《剑桥中国隋唐史》,669页。
③ 《旧唐书》卷89。
④ [英]崔瑞德编:《剑桥中国隋唐史》,669页。

议记事，起居郎一人执笔记录于前，史官随之。其后复置起居舍人，分侍左右秉笔，随宰相入殿。若仗在紫宸（东内大明宫的内朝正殿）内阁，则夹香案，分立殿下，直第二螭首，和墨濡笔，皆即坳处，时号"螭头"。高宗临朝不决事，有所奏，惟辞见而已。许敬宗、李义府为相，奏请多畏人之知也，命起居郎、（起居）舍人对仗承旨，仗下与百官皆出，不敢闻机务矣。长寿中（693），宰相姚璹建议：仗下后，宰相一人录军国政要，为《时政记》，月送史馆。然率推美让善，事非其实，未及亦罢。而起居郎因制敕稍稍笔削，以广国史之阙。起居舍人本记言之职，惟编诏书，不及他事。开元初，复诏修史官非供奉者，皆随仗而入，位于起居郎、舍人之次。及李林甫专权，又废。太和九年（835）诏起居郎、舍人，凡入阁日，具纸笔，立螭头下，复贞观故事。①

最后，需要强调的是，起居注、时政记、实录的目的虽在修史，但也给当时的新闻传播提供了材料。新闻理论家甘惜分先生甚至直截了当地说："它们是历史，也是新闻，是实实在在的新闻，是当代已经发生，正在发生的新闻。那些史官也正是当时的新闻记者，尽管那时没有新闻记者这个名称，它们却是真正的新闻记者，它们那时所记载的新闻也就成了不可改变的历史记录。"②另外，由于起居郎等职如同国务秘书或机要秘书，他们想来当会自觉不自觉地起到信息传布的作用，时常难免会有意无意地将朝廷信息透露出来，流传开去。

以上我们用三章篇幅分别探讨了唐代官方新闻传播的常规形式，即报状、露布、檄书、烽燧、榜文、注记等。除了这些常规形式外，在唐代多姿多彩的新闻传播活动中，还有不少随机应变花样翻新的"反常"形式。它们犹如夏夜星空中可遇不可期的流星，虽然往往是一次性的，但却以其亮丽夺目的光彩在群星闪烁的历史长河中留下灿烂的一瞬。这里我们不妨简要谈谈三种此类形式，以窥那个充满活力的时代在新闻传播领域内的创新于一斑。

---

① 《资治通鉴》卷246文宗开成四年十月。
② 《甘惜分自选集》，451页，北京，中国人民大学出版社，2007。

（隋文帝开皇十年即590年）总管史万岁帅众二千，自婺州（浙江金华）别道逾岭越海，攻破溪洞，不可胜数。前后七百余战，转斗千余里，寂无声问者十旬，远近（之人）皆以（史）万岁为没。万岁置书竹筒中，浮之于水，汲者得之，言于（史万岁的上司杨）素。（杨）素上其事，上嗟叹，赐万岁家钱十万。①

这是一例颇具冒险色彩的竹筒传书。它令人不禁联想起凡尔纳科幻小说中的有关情节。

（隋）大业之末，盗贼蜂起，人多流亡，（隋将尧）君素所部独全。后从骁卫大将军屈突通拒（李渊）义兵于河东。俄而（屈突）通引兵南遁，以（尧）君素有胆略，署领河东通守。义师遣将吕绍宗、韦义节等攻之，不克。……时围甚急，行李断绝，（尧）君素乃为木鹅，置表于（木鹅之）颈，具论事势，浮之黄河，沿流而下。河阳守者得之，达于东都（洛阳）。（隋东都留守）越王（杨）侗见而叹息，于是承制拜（尧）君素为金紫光禄大夫（正三品散官），密遣行人劳苦之。②

这是一例不无喜剧色彩的木鹅载表。

（玄宗朝宰相）张九龄少年时，家养群鸽，每与亲知书信往来，只以书系鸽足上，依所教之处，飞往投之。九龄目为飞奴，时人无不爱讶。③

这一例信鸽传信尤其值得重视。因为它不仅是古代的一种高效而稳妥的传播形式，更因为在世界各文明国度中都或迟或早地采用过这种形式，为此使用信鸽的早晚仿佛也就成为文明发达的一个标志。另外，路透社的创始人路透早年经营电讯业务时，也曾使用过信鸽，在路透社历史上留下一段佳话。关于张九龄与信鸽之事，美国学者谢弗在其享誉学界的名著《撒马尔罕的金桃》（吴玉贵的中译本名为《唐代的外来文明》）中这么写道：

---

① 《资治通鉴》卷177。
② 《隋书》卷71。
③ （五代）王仁裕：《开元天宝遗事》卷上。

中村久四郎列举的证据说明，宰相张九龄曾经用一只叫作"飞奴"的信鸽为他送信。张九龄很可能是从广州的波斯商人或者僧伽罗商人那里学到信鸽传书的知识的。……据此，我们可以将使用信鸽的知识传入中国的时间定在公元七世纪后期。①

说张九龄的信鸽传书知识来自广州的波斯商人乃属谢弗的推断，其依据无非是两条。

第一，张九龄生于曲江（今广东韶关），距广州不远；第二，段成式在《酉阳杂俎·羽篇》"鸽"条中写过："大理丞郑复礼言，波斯舶上多养鸽，鸽能飞数千里，辄放一只至家，以为平安信。"②在未有直接根据证明张九龄的确受教于外人之前，只能说中国见诸史册的信鸽传信始于张九龄的少年时代，即七世纪末。

探究官方新闻传播诸方式的初衷，自然在于揭示新闻是如何传布的，是经由何种渠道扩散的。然而，当我们追踪新闻传播的一般路径时，不期然而然地也发现另外一种轨迹，即在官方的新闻传播网络中，信息有时往往不是由上而下、由点及面的扩张，而是相反——从下而上、由面及点的聚敛。包括状报、露布、烽燧、羽书、注记等在内的几乎所有官方新闻传播手段，或偶然或必然地都会不时呈现此一共性。这与金字塔的权力体系、大一统的政治格局以及民可使由不可使知的一些理念表面看似乎具有一定同构关系，但内在的逻辑线索还有待进一步研究。

---

① [美]谢弗：《唐代的外来文明》，吴玉贵译，72页。
② （唐）段成式：《酉阳杂俎》，方南生点校，154页。

# 第五章　新闻传播思想

青年学者赵汀阳,曾将文化与思想区分为"实体性的存在"与"书面性的存在"。①这里,我们无意于讨论他的观点,而只是想借用其富有涵盖性的这对概念。如果说,唐人在新闻传播领域进行的一整套尝试、创新与实践属于实体性的存在;那么,相对于此,他们形成的一系列意识、观念与思想便是书面性的存在。二者之间,说白了也就是实践与认识的关系。

前面我们粗略勾画了唐人从事新闻传播活动的实践图景(主要是官方传播),下面我们再来追寻一下与此并行的思想轨迹。因为,正如方汉奇先生所言:"由于一个时期的新闻思想产生和发展,总是和一个时期的新闻实践有着紧密的联系。源于实践,反过来又在一定程度上影响和指导实践。因此研究一个时期的新闻思想及其发展的轨迹,将有助于我们更好地探讨和研究一个时期新闻事业发展的历史,加深对它的理解。"②

唐人的新闻实践自然并不限于官方一隅,但探究唐人的新闻思想与传播观念,却不能不着眼于官方的理路。马克思说得好:"统治阶级的思想在每一时代都是占统治地位的思想。这就是说,一个阶级是社会上占统治地位的物质力量,同时也是社会上占统治地位的精神力量。"③从这个意义上讲,将清尊显的官方意识,不仅便于全面把握唐代官方的传播架构,而且对后文将要论及的士人传播与民间传播也具有通用意义。

## 闳放的盛唐气象

正如勾画唐人的传播实践不能不涉及更为广泛的社会生活,同样,追寻唐人的传播理念也不能不展示更为宏阔的精神背景。说到底,一切传播行为无不与当时的社会生活丝丝相扣,而一切传播思想也无不与时代的精神背景息息相通。那么,唐人的精神世界是怎样一番风貌呢?唐人的观念形态在中国思想史上又居于何等地位呢?这里,只需以黄仁宇所谓"大历

---

① 参见赵汀阳:《文化实力》,载《中华读书报》,1997-04-02。
② 转引自胡太春:《中国近代新闻思想史》,序二,太原,山西教育出版社,1987。
③ 《马克思恩格斯选集》,2版,第1卷,98页,北京,人民出版社,1995。

史"(macro-history)的视角做一鸟瞰,便足以为下文的论述展示精神的背景,提供思想的脉络,营造时代的氛围。

不管是不是"唐初的壮丽繁华经过夸张的铺陈"①,大唐盛世在中国乃至世界文明史上的显赫地位都是公认的,那种一览众山小的壮伟胸襟与长风几万里的雄阔气度,更是令后世之人高山仰止神往心驰。从汉末以来长期凝滞的历史,至此骤然坚冰开裂,仿佛所有的时代因素都恰到好处并完美和谐地汇聚在一起,形成大河奔流一泻千里之势,形成鲁迅先生所称的"多少闳放"之势。就像葛兆光先生富有诗意的概括:

> 初、盛唐是中国古代从未有过的一个风流、浪漫与自信的时代,从贞观四年(630)三月"诸蕃君长诣阙,请太宗为'天可汗'"起,中国长达几个世纪的分裂、战争、民族危机、社会混乱给人们带来的彷徨、失望、颓废心理便真正地烟消云散了。四夷臣服、物阜民安、政治开明的盛世现实,引起了文化心理氛围的变化,人们仿佛从憋气的小黑屋里走了出来,猛然看见大千世界的阳光明媚,草木葱茏,不免手舞足蹈,又不免有些眼花缭乱,对于人生充满了自信、坦然和兴奋,也许还稍稍有些儿迷狂。……的确,整个大唐帝国都洋溢着一团欢乐、热情、浪漫的气氛……它使整个社会心理变得开朗、闳放起来,使整个社会文化变得繁荣、热闹起来。②

大唐时代的这一闳放之势,不仅体现于彪炳千古的盛世景观上,更展现在生机勃发的精神世界中。对唐人的心灵来说,自由、解放、超越犹如与生俱来的天性,"他们想方设法,几乎是寻找一切机会谋求欢娱、快乐和自由,他们渴盼肉体的解放和精神的超越"③。如果我们把汉、唐视为中国历史上雄视天下的两座高峰,那么汉之气象好比是音乐中的贝多芬,气韵沉雄,悲壮豪迈;而唐之风度恰似莫扎特,开朗洒脱,舒卷自如。可以说,在唐人的精神世界中,处处都洋溢着"白日放歌须纵酒,青春作伴好还乡"

---

① 黄仁宇:《中国大历史》,123页,北京,生活·读书·新知三联书店,1997。
② 葛兆光:《道教与中国文化》,169页,上海,上海人民出版社,1987。
③ 程蔷、董乃斌:《唐帝国的精神文明》,67页。

的洒脱之气，时时都显现出"忽如一夜春风来，千树万树梨花开"的清朗之象。面临着这么一个强盛而自信的时代，氤氲着这样一种开朗而超迈的精神，唐代的思想文化便自然呈现出开放吐纳兼收并蓄的态势。这一点，身处异域文化之中的人感受尤为强烈。以下是英、美、法三位大家的由衷感叹：

> 在整个7、8、9世纪中，中国是世界上最安定最文明的国家……当西方的心灵为神学所缠迷而处于蒙昧黑暗之中，中国人的思想却是开放的、兼收并蓄而好探求的。
>
> [英]韦尔斯：《世界史纲》
>
> 在六朝和唐代前期，中国充满了文化宽容的精神。
>
> [美]费正清等：《中国：传统与变革》
>
> 这个时代的中国文明是世界性的。
>
> [法]谢和耐：《中国社会史》

关于唐代思想文化的开放吐纳，早已不是新鲜的话题，诸如儒释道三教的同被尊崇，祆教、景教、摩尼教的自由传播，中外文明的交流融汇等，人们都耳熟能详。不过，这里我们还是想征引一段与此有关的论述，原因当然不仅在于它富有新意，更是由于它与本文的论题直接相涉。这段论述出自章培恒、骆玉明主编的《中国文学史》：

> 唐作为一个强大的统一王朝，始终没有建立起强有力的单一的思想统治，这在中国历史上也有些特别。一般地说，儒家思想在唐代是公认的正统思想，儒家经典是士人必读的书籍，在进士科和明经科的科举考试中，也都要考经书。而且，自唐立国以后，一些文人要求重兴儒学的呼声时起时伏，从未停止。这些都证明，儒学的地位在唐代较之魏晋和南朝有所提高。但是，儒学却并没有获得统治性的地位。道教和佛教，无论在统治集团还是在整个社会中，受重视的程度都不低于它。在某些年代，由于最高统治者的偏爱，道或佛甚至被列于儒学之上。……
>
> 这种情况，也反映了唐代社会的特征。一方面，魏晋南北朝数百

年中儒学衰弱，多种思想并存，这种局面不是短时期可以改变的；另一方面，唐代社会的民族、文化等总体上都不是单一的，政治上也存在着地主阶级内部的各种利益集团，要建立单一的思想统治那就缺乏必要的基础了。所以，唐代的思想界，就显得较为自由活泼。①

这种思想领域的自由活泼、精神世界的吞吐开合，不能不波及新闻传播的观念领域。换言之，唐代新闻传播的书面性存在，必然要在这时代的整个话语谱系中展开。显然，这里主要是就盛唐气象而言的，至于后来的面貌则有点像吴经熊先生讨论晚唐诗歌时所言：

> 我们看到的已经不再是一个现实的世界。我们已置身于梦境之中，灵魂像蜡烛之光，在梦境中微微闪烁。自然景致变成了一种"内在的特征"。世界淹没在了无边无际、朦胧的海洋之中，留下来的只是"一缕香魂"。②

# 隋初的文体改革

隋唐之际，传播领域坚冰开裂、"思想解放"的第一个征候，出自"一桩企图以行政手段改变文风的事件"③。此事虽未获得多大的实绩，但在传播史尤其是传播思想史上的地位却不容忽略。

众所周知，隋唐之前的六朝文风向以绮丽纤巧、浮华繁缛著称于史。尽管这对深化文字的表达能力，使之在传情达意上更趋精致细腻不无积极意义，但走火入魔也难免因辞害义，变成形式化的游戏，弄得最后似乎只剩下传播形式的"幽灵"在苍白无力地作祟，而鲜能看见传播内容的"生命"去奋发蹈厉地张扬了。事实上，积弱不振的齐梁之人于醉生梦死、精神空虚的小天地中，在传播上除去玩玩形式的花样儿，也的确没有多少实

---

① 章培恒、骆玉明主编：《中国文学史》（中），8页，上海，复旦大学出版社，1996。
② 转引自[美]谢弗：《唐代的外来文明》，吴玉贵译，59页。
③ 章培恒、骆玉明主编：《中国文学史》（中），21页。

际的内容可"言"的了。西魏时期，宇文泰欲革除此弊，一度曾提倡苏绰的质朴文体：

> 晋氏以来，文章竞为浮华，魏丞相（宇文）泰欲革其弊。六月，丁巳，魏主飨太庙。泰命大行台度支尚书、领著作苏绰作《大诰》，宣示群臣，戒以政事，仍命"自今文章皆依此体"。①

尽管此举收效甚微，但毕竟如空谷足音，醒人耳目。隋朝平定南方，一统天下后，革故鼎新，返璞归真，南朝的淫靡文风又提到变革的日程上来。其实，开皇四年（584），隋文帝已普诏天下，要求"公私文翰，并宜实录"（《隋书·李谔传》），着眼点在于要求公文去除华艳的藻饰，讲求实用的表达。从传播学的视角看，此举意在提高传播效率，增加信息含量。所谓实录，无非就是实事求是，一是一、二是二。文帝此诏甫下，当年九月泗州刺史司马幼之便因文表华艳"顶风作案"而被交付有司治罪。

不久，大臣李谔又在《上隋高祖革文华书》中，进一步申诉了改革文体的重要性与迫切性，打响了讨伐齐梁文风的第一枪，并在历史的时空中留下绵远的回响。他首先痛诋曹魏以降的竞巧逐奇与雕虫小技，其中一段几成名言：

> 魏之三祖（曹操父子），更尚文词，忽君人之大道，好雕虫之小艺。下之从上，有同影响，竞骋文华，遂成风俗。江左齐、梁，其弊弥甚，贵贱贤愚，唯务吟咏。遂复遗理存异，寻虚逐微，竞一韵之奇，争一字之巧。连篇累牍，不出月露之形，积案盈箱，唯是风云之状。②

本来，李谔的初衷并不错，即"屏黜轻浮，遏止华伪"，但他的建议未免苛刻。他主张，对华而不实者绳之以法："请勒有司，普加搜访，有如此者，具状送台。"隋文帝对此也表赞成，将其文"颁示天下"。无怪乎有论者认为，这"是企图用文字狱的手段，把文学完全纳入有助于皇权统治的

---

① 《资治通鉴》卷159。

② 《隋书》卷66《李谔传》。

轨道"①。

不过，齐梁遗风遍流华壤，其势已积重难返，即使胁以文字狱，一时也难以扭转这一"递相师祖，久而愈扇"的风气。别看史书上盛称李谔奏表一经颁布，"四海靡然向风，深革其弊"（《隋书·李谔传》），"帝纳李谔之策。……于是风俗改励，政化大行"（《旧唐书·薛登传》），但事实上情形远非如此。别的不说，即以近在眼前的隋文帝二子杨勇与杨广为例，便"笃嗜'淫丽'而不少悛者"②。据《隋书·魏澹传》："废太子（杨）勇……令（魏澹）注庾信集"，又据《杨晋传》："初（晋）王（杨）广属文，效庾信体。"为此，钱钟书先生在《管锥编》中不无嘲谑地评说隋文帝此举："欲平天下而未齐家，普诏州县而不严庭训……睫在眼前固不见欤。"③讽刺隋文帝是不是像睫毛近在眼前反倒视而不见呢。

不仅如此，"'文体'未正，即唐与隋代兴，齐梁遗风，绳继不改"④。以《与权侍郎（德舆）书》一文而开韩愈文论之先声的盛唐史官柳冕，在其《谢杜相公论房杜二相书》中便提到，"国家承文弊之后，房（玄龄）杜（如晦）为相（二人皆太宗朝良相，政声卓然），不能反之于质。"⑤就是说，以房杜之贤，犹不能使文风返归质朴凿实，"房杜虽明，不能变齐梁之弊"⑥。后世欧阳修也曾纳闷，而他的困惑更是表达了人们的共同心思："唐太宗致治几乎三王之盛，而文章不能革五代之余习。"⑦岂止是不能革除余习，太宗干脆心向往之，甚至追慕仿效。如《续通鉴长编》熙宁九年五月癸酉神宗曰："唐太宗亦英主也，乃学徐（陵）、庾（信）为文"；王应麟《困学纪闻》卷14载郑獬语："唐太宗功业雄卓，然所为文章，纤靡浮丽，嫣然妇人小儿嘻笑之声，不与其功业称。甚矣淫词之溺人也！"

当然，对这一"齐梁遗风，绳继不改"的现象，也存在不同的认识。

---

① 章培恒、骆玉明主编：《中国文学史》（中），21页。
② 钱钟书：《管锥编》，第四册，1551页，北京，中华书局，1979。
③ 同上。
④ 同上书，1552页。
⑤ 《全唐文》卷527。
⑥ 同上。
⑦ 《居士集》卷41。

比如前引《中国文学史》一书就认为，这是"唐初统治者对文艺采取了比较宽容的政策"，唐太宗"虽然也主张文学为政教所用，对前代帝王如梁武帝父子、陈后主、隋炀帝虽有文才却不懂得管理国家大为不满，但作为一个具有雄才大略的皇帝，他却懂得文艺同政治并无直接因果关系，他也不相信所谓'亡国之音'的陈词滥调"①。不管怎样，事实应如钱钟书先生所指出的："盖周、隋至唐，知五代余习之须革，初非一人亦非一朝一夕矣。"②

　　隋文帝、李谔强行推展的文体改革，虽因不逢其时而未获实绩，但对崛起于中唐的古文运动却可谓拥彗清道，开其先声了。而唐代的古文运动又是中国历史上一个流光溢彩的文化景观，其声其势若大海波涛层层叠叠，在后世的思想文化领域涌动不息。其中解放文体一项即摒弃骈文的程式束缚，恢复古文的自由抒写，对当时及以后的新闻传播具有不言自明的功效。虽然我们不能直接断言中唐时开始萌生的新闻事业乃由古文运动所催发，但句式参差交错、结构舒卷自如的散体文大量涌现，为最早的新闻传播文体——新闻信提供了适时而便捷的表达形式则属不争之事实。因为，在此之前，骈文几乎垄断了一切书面表达形式，抒情写景一类文字完全骈偶化自不待言，就连奏议、论说、公文、信札等各种实用文的领域也几乎为四六文一统天下。我们不妨设想一下，一篇讲究用典、声律、对偶，通篇充斥着精雕细刻、华而不实、半死不活、不痛不痒之陈词滥调的"新闻稿"会是什么样子。可见，文体改革涉及的不仅仅是文章体裁问题，也不仅仅是文以载道问题，从传播观念的角度审视，它也关乎信息流通的畅达迅捷。从这个意义上讲，李谔的《上隋高祖革文华书》堪称隋唐传播思想的第一块奠基石。

## 李世民与《贞观政要》

　　诚如黄仁宇在《中国大历史》一书中所言："在中国帝王之中，李世民

---

① 章培恒、骆玉明主编：《中国文学史》（中），22页。
② 钱钟书：《管锥编》，第四册，1553页。

可算是最具有人身上的吸引力。"①这位千古一帝以其天纵之才、英武之姿，将一身鲜明的个性淋漓尽致地挥洒于大唐时代，为一段绚烂的历史涂抹了一层耀眼夺目的神采，贯注了一脉摇曳流转的灵气，充实了一股翁郁蓬勃的生机，以致后人往往将他的个人形象同整个大唐合为一体，好像他就是大唐，大唐就是李世民。这使人不由想起英国思想家卡莱尔在其名著《英雄与英雄崇拜》中所论及的帝王英雄：以有声有色的一生铸就一个时代。大唐若无李世民，就像古希腊缺了亚历山大，古罗马少了恺撒一样，将显得多么平淡乏味，黯然失色。

李世民的个人身影不仅鲜明地印在"文皇帝""天可汗"一类的文治武功上，同时也渗透到有唐一代的思想观念中，一部《贞观政要》简直成为唐人修齐治平的百科全书。里面一些有关传播的议论不仅为唐人的传播思想调了音、定了调，也将古人的传播观念推向新的高度。《贞观政要》的主旨，在于居安思危以求长治久安。因而，全书自始至终都弥漫着战战兢兢日慎一日的忧患情绪，其中涉及传播的内容也不例外。这方面的内容概括起来主要是兼听与纳谏两项，而二者都可化约为传播过程中的"接受"。

先说纳谏。对封建时代的君臣而言，纳谏是个老生常谈的话题。就是在这个老掉牙的事情上，李世民也别开生面创下不少泽被百代的思想话语，从而显示了他的非凡与过人。纳谏说白了是个能否以及如何听取不同意见的问题。对此，他首先鼓励大家畅所欲言，然后自己择善而从。他意识到"人之意见，每或不同，有所是非，本为公事"②。存在不同意见不是坏事而是好事，只有如此才能"集众思，广众益"。（诸葛亮）。他深知，"若无忠谏者为说，何由行得好事"③。于是，他想方设法地鼓励大家进谏。贞观五年（631），他曾下令，命有关部门"采访大业（隋炀帝年号）中直谏被诛者子孙闻奏"④。贞观十七年（643），一位大臣上疏论政，太宗特赐他药石一剂，说："卿进药石之言，故以药石相报。"⑤在他看来，"众人之唯唯，

---

① 黄仁宇：《中国大历史》，110页。
② 《贞观政要》卷1政体第二章。
③ 《贞观政要》卷4教戒太子诸王第一章。
④ 《贞观政要》卷5忠义第四章。
⑤ 《贞观政要》卷2纳谏第八章。

不如一士之谔谔"①。有一次,他甚至对侍臣们恳切说道:"每思臣下有谠言直谏,可以施于政教者,当拭目以师友待之。"②如此拳拳之忱,简直不亚于魏武当年那番"青青子衿,悠悠我心,但为君故,沉吟至今"的求贤若渴之情。

美国政治学家、传播研究的先驱哈罗德·拉斯韦尔在《社会传播的结构与功能》(1948)一文中曾将传播活动的功能归结为三项,即监视环境、联系社会与传递遗产。其中第一项尤为重要,它"是指准确地、客观地反映现实社会的真实情景及其变化,再现周围世界的实际面貌及其动向"③。此项功能被传播学者威尔伯·施拉姆形象地概括为"社会雷达"(social radar)。所谓社会雷达,在当代中国无非是"耳目喉舌"的同义语,而在封建时代,便不能不系于广开言路求谏纳谏,而李世民可谓深谙此理。贞观五年(631),他曾对侍臣说道:"天下安危,系之于朕,故日慎一日,虽休勿休。然耳目股肱,寄于卿辈,既义均一体,宜协力同心,事有不安,可极言无隐。"④第二年,他又说:"看古之帝王,有兴有衰,犹朝之有暮,皆为敝其耳目,不知时政得失,忠正者不言,邪谄者日进,既不见过,所以至于灭亡。朕既在九重,不能尽见天下事,故布之卿等,以为朕之耳目。莫以天下无事,四海安宁,便不存意。"⑤这里,他实际上是把谏诤之途当成自己耳目的延伸,既然自己身居九重,所知有限,便只有借助于各方股肱之臣、耿直之士,以广视听,舍此别无他途。不论人们怎样指摘这种做法的弊病与缺点,都不能不承认这实在是特定历史条件下的最佳选择。李世民能够认识这一点并积极地予以实施,自然就使他显得卓荦超群了。

不管李世民在纳谏上如何特立独行,毕竟还只是蹈袭前人的路径,他及其侍臣在传播观念上不同前人的闪光点还在于兼听一项。兼听的思想,最初是由魏征提出来的:

---

① 《贞观政要》卷2纳谏第二章。
② 《贞观政要》卷1政体第十四章。
③ 李彬:《传播学引论》(第三版),160页,北京,高等教育出版社,2013。
④ 《贞观政要》卷1政体第六章。
⑤ 《贞观政要》卷1政体第七章。

贞观二年，太宗问魏征曰："何谓为明君暗君？"（魏）征曰："君之所以明者，兼听也；其所以暗者，偏信也。《诗》云：'先民有言，询于刍荛。'（古人说，即使微贱如樵采之徒，也应当向他征求意见）昔唐（尧）、虞（舜）之理，辟四门，明四目，达四聪。是以圣无不照，故共（工）、鲧之徒，不能塞也；靖言庸回，不能惑也。秦二世则隐藏其身，捐隔疏贱而偏信赵高，及天下溃叛，不得闻也。梁武帝偏信朱异，而侯景举兵向阙，竟不得知也。隋炀帝偏信虞世基，而诸贼攻城剽邑，亦不得知也。是故人君兼听纳下，则贵臣不得雍蔽，而下情必得上通也。"太宗甚善其言。①

此段议论先讲兼听之利，所谓"圣无不照"；继谈偏信之弊，所谓"天下溃叛""竟不得知"；最后归结为只有兼听纳下，才能下情上通。兼听的关键，在于打破贵臣独霸传播的局面，使之"不得雍蔽"下情上通的渠道。诚如王涤武先生所言："明君之所以能明，便在于他不仅能听贵臣的意见，还能听取疏贱之臣的意见，这就是'兼听'。"②太宗对此深为赞同，因为这与他求谏纳谏的一贯主张正相吻合，可以说，魏征说的正是他心中想说而未能说出的话。难怪魏征去世后，李世民曾不胜感伤地说了如下一段名言："夫以铜为镜，可以正衣冠；以古为镜，可以知兴替；以人为镜，可以明得失。朕常保此三镜，以防己过。今魏征殂逝，遂亡一镜矣！"③

除了为政之利，兼听主张的价值还在于提出了一种放之四海而皆准的传播理念——兼听则明，偏信则暗。只有听取各方观点，才能明辨是非；而只信一方意见，势必懵懂昏昧。这既适用于居万乘之尊的君王，用范祖禹的话说"圣人以天下为耳目，故聪明；庸君以近习为耳目，故暗蔽"④，同样也适用于三教九流形形色色之人。问题是，兼听之难并不在事理——谁人不懂集思广益，而在实行。以唐太宗之明，有一次都对魏征的廷争"聒噪"忍无可忍，在后宫对皇后忿忿地说道："会杀此田舍翁！"（迟早要杀了

---

① 《贞观政要》卷1政体第二章。
② 王涤武：《武则天时代》，23页，厦门，厦门大学出版社，1991。
③ 《贞观政要》卷2任贤第三章。
④ 《贞观政要》元戈直集论本卷1，君道第二章集论。

这个乡巴佬）①尽管太宗君臣只是提出兼听之理，尚未凿实兼听之道，但兼听精神依然像根主线似的若明若暗地贯穿于唐代的传播活动里，时隐时现地弥漫在唐人的思想观念中。下面一段出自太宗儿子高宗之口的议论，如不特意说明则完全可以混同于李世民本人所言："朕闻为君上者，以天下之目而视，以天下之耳而听，盖欲广闻见也。且天降灾异，所以警悟人君。其变苟实，言之者何罪？其事必虚，闻之者足以自戒。舜立谤木，良有以也。欲钳天下之口，其可得乎？"②

总之，我们认为，李世民的观念集中体现了唐代官方的传播思想，其境界是开放的如纳谏，其精神是宽容的如兼听，而其宗旨则在一个"通"字。"商旅野次，无复盗贼，囹圄常空，马牛布野，外户不闭"③，如此通明的时代怎能没有一种通畅的传播体系与通达的传播理念与之相匹配呢？如此说来也可谓时代使然而不得不然了。

# 陆贽的去蔽求通说

李世民的求通意识固然为唐代的传播思想奠定了基石，但将这种思想真正繁衍成较系统较完整的理论，还得等到贞观之治后约一个半世纪的德宗朝，即唐明皇的曾孙在位的时期。也就是说，太宗的原创思路经过一百多年的吸收、沉淀、化合、咀嚼，才由德宗朝的名相陆贽缕析得头头是道、一脉贯通。这里，思想史又一回显示出千里伏线至此结穴的演化线索，再一次表露出十月怀胎一朝分娩的生成轨迹。

终唐一代，名相辈出。如追随太宗开贞观之治的房玄龄、杜如晦，辅佐玄宗创开元之治的姚崇、宋璟，中唐时期推行两税法的杨炎，平定淮西叛乱的裴度，晚唐政坛牛李党争的领袖牛僧孺、李德裕等。而里面称得上政治家的却为数不多，陆贽无疑是其中之一。所谓政治家，不仅具备精明

---

① 《隋唐嘉话》卷上。
② 《旧唐书》卷84《郝处俊传》。
③ 《贞观政要》卷1政体第十四章。

干练的施政能力，更需禀有洞察古今涵化万物的真知卓识。借用苏轼的名句来说，就是"匹夫而为百世师，一言而为天下法"。陆贽正是如此。史书上曾将他与汉代的青年政治家贾谊相提并论①，不愧为画龙点睛之笔。陆贽与贾谊都属少年得志，而且都在十八岁成名。贾谊以其奏疏集《治安策》及《过秦论》而著称，被鲁迅先生誉为"西汉鸿文，沾溉后人，其泽甚远"。同样，陆贽也是以其五十四篇《陆宣公奏议》（又名《翰苑集》）而闻名，当时名相权德舆就曾盛赞道："榷古扬今，雄文藻思……其关于时政，昭昭然与金石不朽者，惟制诏奏议乎？"（《翰苑集序》）。欧阳修也称其"论谏数十百篇，讥陈时病，皆本仁义，可为后世法，炳炳如丹"。（《新唐书·陆贽传》）清季鸿儒纪晓岚为《四库全书总目》所写的此集断语是："其文虽多出于一时匡救规切之语，而于古今来政治得失之故，无不深切著明，有足为世龟鉴者，故历代宝重焉。"

在陆贽这些匡救规切、炳炳如丹的论谏奏疏中，有一篇专门论及传播的文字。它回还往复，洋洋洒洒，思路绵密，步步为营，堪称中国传播思想史上一篇系统的专论。唐德宗建中四年（783）十月，京师突然祸起萧墙，一队哗变士兵出其不意地回师长安，情急之下皇帝仓皇出奔，逃往京兆府所属的奉天（今陕西乾县）。这就是史称的泾原兵变（因哗变士兵属泾原节度使）。兵变发生后，时任翰林学士的陆贽随驾扈从，前往行在。一次，"道途艰险，扈从不及，（陆贽）与帝相失，一夕不至，上喻军士曰：'得（陆）贽者赏千金。'翌日（陆）贽谒见，上喜形颜色，其宠待如此"②。在奉天，"虽外有宰相主大议，而（陆）贽常居中参裁可否，时号'内相'"③。当时局势严峻，万分危机，几乎相当于安史之乱的潼关失守。正是在此多事之秋危难之际，当德宗问计陆贽什么是当下最要紧最急切的事情时，陆贽上了这篇出人意料的、不论其他而专论传播的奏疏。

以其理论与实践而大大推进了中国近代报业的梁启超，曾在戊戌变法中提出过一个著名的办报思想——"去塞求通"："觇国之强弱，则于

---

① 参见《旧唐书》本传赞论。
② 《旧唐书》卷139。
③ 《新唐书》卷157。

其通塞而已。……去塞求通，厥道非一，而报馆其导端也。无耳目，无喉舌，是曰废疾。……其有助耳目喉舌之用而起天下之废疾者，则报馆之为也。"①梁任公此论不仅已成"经典"，而且往往被看作"独创"。其实，从思想史的角度考察，它也是渊源有自，而其源头至少可追溯到陆贽的这篇奉天奏疏。尽管陆贽不可能谈及报馆，但其所论主旨正是去壅塞，求贯通，而他讲到的"通"与梁启超所说的"通"也是一脉相通："主要涵义是指事物达到上下内外之间的沟通、联系、和谐和统一。"②

面对四郊多垒，陆贽的奏疏自然首先从当下的危局谈起。在他看来，泾原兵变以及此前的诸镇叛乱，皆由上下之情不通所致。他说：

> 四方则患于中外意乖，百辟又患于君臣道隔。郡国之志不达于朝廷，朝廷之诚不升于轩陛。上泽阏于下布，下情壅于上闻。实事不必知，知事不必实，上下否隔于其际，真伪杂糅于其间，聚怨嚣嚣，腾谤籍籍，欲无疑阻，其可得乎！③

所以，当务之急就是疏通内外上下的传播渠道，使上情下布，下情上闻，而尤为关紧的是让舆议群情上达天听。为此，首先不能不审察群情，看看大家想要什么不想要什么，"若群情之所甚欲者，陛下先行之；所甚恶者，陛下先去之"④。这也是孟子所说的"所欲与之聚之，所恶勿施"之意。如此一来，陆贽认为，"欲恶与天下同而天下不归者，自古及今，未之有也"⑤。特别是"当变故动摇之时，在危疑向背之际，人之所归则植，人之所去则倾"，此时此刻怎能不"审察群情，同其欲恶，使亿兆归趣，以靖邦家"呢？"此诚当今之所急也"⑥。

不过，这篇犹如词牌中之上中下三阕的奏疏，其上阕还只是泛泛而论，在阐述求通的思想时仅仅原则性地谈道："总天下之智以助聪明，顺天

---

① 梁启超：《论报馆有益于国事》，载《时务报》创刊号，1896-08-09。
② 胡太春：《中国近代新闻思想史》，95页，太原，山西人民出版社，1987。
③ 《资治通鉴》卷229。
④ 同上。
⑤ 同上。
⑥ 同上。

下之心以施教令，则君臣同志，何有不从！远迩归心，孰与为乱！"这类"大话"显然无济于事，只能是泥牛入海无消息了。史书载，"疏奏旬日，上无所施行，亦不诘问"①，差一点不了了之。于是，陆贽又上一疏。在此"中阙"篇中，他开宗明义地说道：

> 臣闻立国之本，在乎得众，得众之要，在乎见情。故仲尼以谓人情者圣王之田，言理道所生也。②

再一次申述了洞察人情、民情、舆情、群情对安邦治国的首要意义。接着，他又借《易经》的乾（天）下而坤（地）上曰泰（通顺）、坤下而乾上曰否（不通顺），说明上下沟通的道理。按说，"天在下而地处上，于位乖（违背自然）矣，而（《易经》）反谓之泰者，（是因为）上下交（通的缘）故也"③。同样，"君在上而臣处下，于义顺矣，而反谓之否者，上下不交故也"。此番议论不无神秘主义的味道，但其要义仍在于通上下之情。就当时的情形而言，由于"君臣意乖，上下情隔"，致使"（上面的）睿诚不布于群物，（下面的）物情不达于睿聪"④。这里有个例子，足以说明当时信息壅塞、上下意乖的局面与危害。有一次，德宗打猎路过一农家，他问户主："百姓乐乎？"回答是"不乐"。他觉得奇怪，今年不是大丰收么，为什么不乐呢？农人答道："诏令不信。前云两税之外悉无他徭，今非税而诛求者殆过于税。后又云和籴，而实强取之，曾不识一钱。始云所籴粟麦纳于道次，今则遣致京西行宫，动数百里，车摧马毙，破产不能支。愁苦如此，何乐之有！每有诏书优恤，徒空文耳！恐圣主深居九重，皆未知之也！"⑤一边是小民百姓的愁苦哀怨，另一边是皇上老子的太平幻觉，如此天差地别的根源正在于上下情隔，用司马光的话说：

> 自古所患者，人君之泽壅而不下达，小民之情郁而不上通：故

---

① 《资治通鉴》卷229。

② 同上。

③ 同上。

④ 同上。

⑤ 《资治通鉴》卷233。

君勤恤于上而民不怀，民愁怨于下而君不知，以至于离叛危亡，凡以此也。①

不要说草民不得人人自言于天子，就是当年身为监察御史的陆贽欲见德宗，也是苦等半年而不获召见。为此，他在"中阕"篇中感叹道："轩陛之间，且未相谕，宇宙之广，何由自通！"②针对德宗起初的无动于衷，陆贽最后禁不住驰笔牵出内心的愤激之辞：

变乱将起，亿兆同忧，独陛下恬然不知，方谓太平可致。陛下以今日之所睹验往时之所闻，孰真孰虚，何得何失，则事之通塞备详之矣！③

陆贽此处的观点与前文所述的兼听思想，不是遥遥相应、暗暗相合么？

这一次，德宗对陆贽的奏疏不能再置若罔闻了。他派宦官去对陆贽强词夺理道，我本好推诚布公，也能采纳谏官的意见，但结果偏偏被奸人所欺，如今的种种祸患起因无他，全在推诚，云云。许是有了对手，许是有了"上阕""中阕"的铺垫，陆贽在"下阕"奏疏中才思泉涌，层层推进，发挥得酣畅淋漓，直把去蔽求通的思想说得义正词严，无懈可击。你不是说"推诚不疑，多被奸人卖弄"么？那么，我认为，"天子之道，与天同方，天不以地有恶木而废发生，天子不以时有小人而废听纳。"你不是说"即位以来，见奏对论事者甚多，大抵皆是雷同，道听途说，试加质问，遽即辞穷"么？那么好吧，即使进谏者"辞情鄙拙，亦当从容以开言路，若震之以威，折之以辩，则臣下何敢尽言"（司马光转述语）？而且你"若纳谏不违，则传之适足增美"，你"若违谏不纳，又安能禁之勿传！"经过一番辩驳，陆贽又回归主题：

为下者莫不愿忠，为上者莫不求理（治）。然而下每苦上之不理，

---

① 《资治通鉴》卷233。
② 《资治通鉴》卷229。
③ 同上。

上每苦下之不忠。若是者何？两情不通故也。①

还是因为上下阻隔两情不通的缘故。既然，

> 下之情莫不愿达于上，上之情莫不求知于下，然而下恒苦上之难达，上恒苦下之难知。若是者何？②

这又是什么原因呢？至此，陆贽才终于蓄势而发地甩出了他的撒手锏——"九弊不去故也"。原来所有的问题最后都归结到九种弊端未铲除之上！哪九种弊端呢？陆贽于是从容道出：

> 所谓九弊者，上有其六而下有其三：好胜人，耻闻过，骋辩给，眩聪明，厉威严，恣强愎，此六者，君上之弊也；谄谀，顾望，畏愞（nuò 怯懦），此三者，臣下之弊也。③

陆贽说的九弊固然是就德宗朝的具体情况而言的，如骋辩给、眩聪明就是唐德宗的公认特征，史书说他"好以辩给取人，不得敦实之士"（《资治通鉴》卷234）。但陆贽所言又不仅仅只适用于一朝一事，而是具有更广泛更普遍的意义。用纪晓岚的话来说，"其文虽多出于一时匡救规切之语，而于古今来政治得失之故，无不深切著时。"即以其九弊之说而论，古往今来但凡信息传播发生壅塞与失真之际，无不可见"上有其六而下有其三"的憧憧鬼影。明确了九弊及其危害——如"上好胜必甘于佞辞，上耻过必忌于直谏，如是则下之谄谀者顺指而忠实之语不闻矣"，则如下结论便已不言自明了：

> 夫以区域之广大，生灵之众多，宫阙之重深，高卑之限隔，自黎献而上，获睹至尊之光景者，逾亿兆而无一焉；就获睹之中得接言议者，又千万不一；幸而得接者，犹有九弊居其间，则上下之情所通鲜矣。上情不通于下则人惑，下情不通于上则君疑；疑则不纳其诚，惑则不

---

① 《资治通鉴》卷229。

② 同上。

③ 同上。

从其令；诚而不见纳则应之以悖，令而不见从则加之以刑；下悖上刑，不败何待！是使乱多理少，从古以然。①

这番议论紧锣密鼓顺势而下，直逼得人不遑喘息，而定神之际又禁不住拍案称绝！他把去弊求通的思想置于古今治乱的大背景中，抽丝剥茧，层层推进，最后使人不得不相信传而求通这个似乎不起眼的问题竟是天下兴亡赖以维系的命脉，是关系国计民生的辐辏关节。怨不得德宗在风雨飘摇中问以当今切务时，陆贽不谈调兵遣将、发展生产、举贤任能等，居然连上三道这样的奏疏。

陆贽的奉天三疏显然发生了作用。不出一月，到第二年即兴元元年（784）元旦，德宗在改元的制书中就大量吸收了陆贽的上述思想，承认"泽靡（没有）下究，情未上通，事既拥隔，人怀疑阻"，反躬自责"天谴于上而朕不悟，人怨于下而朕不知"②。这篇情真意切、感人至深的罪己诏，好似英国王室那位不爱江山的爱德华八世宣读的逊位诏书，产生了天下耸动的反响。建中之乱平息后，昭义军节度使李抱真入朝参谒时还专门说道："山东（非今日之山东，而是泛指陕西以东）宣布赦书，士卒皆感泣，臣见人情如此，知贼不足平也！"③看来陆贽的认识的确参透了民情、触及了人心，他不愧如他所言的"兼天下之智，以为聪明"④。关于陆贽传播思想的影响，我们不妨参看一段刊于晚清《万国公报》的文字：

> 迨世衰道微，上下之情隔绝，谤言日兴，于是有用严刑以止谤者，究之民心骚然，道路以目，君壅蔽于上，臣泄沓于下，吾恐如川之崩决，而有不可止之势也。苟得一危言悚论，寓讽谏之意，以通上下之情者，岂非国家之幸，万民之福哉？⑤

---

① 《资治通鉴》卷229。
② 同上。
③ 同上。
④ 《新唐书》卷157。
⑤ 转引自徐培汀、裘正义：《中国新闻传播学说史》，117页，重庆，重庆出版社，1994。

# 刘知几的才学识理论

梳理唐人的新闻传播观念时，有一部思想储量异常丰厚的史学理论著作值得深入开掘，这就是刘知几的名著《史通》。

李泽厚先生在《中国古代思想史论》一书中，将中国传统思想在自身性格上所具有的特色精练地概括为实用理性。他说：

> 先秦名家为寻求当时社会大变动的前景出路而授徒立说，使得从商周巫史文化中解放出来的理性，没有走向闲暇从容的抽象思辨之路（如希腊），也没有沉入厌弃人世的追求解脱之途（如印度），而是执着人间世道的实用探求。①

而其中，"历史意识的发达是中国实用理性的重要内容和特征"（着重号为原文所有）②。此论与梁启超先生在《中国历史研究法》一书中所说的"中国古代史外无学，举凡人类知识的记录，无不丛纳于史"，可谓殊途同归，都精确把握到中国古人精神生命的脉搏。既然如此，既然中国的实用理性"特别执着于历史"（李泽厚）③，对中国思想史的任何探讨便自然而然地必定涉及史学，特别是史学理论。

不仅如此，对新闻传播来说，史学及史学理论又具有更直接更密切的关联。蔡元培先生早就指出，"新闻者，史之流裔耳"④。甘惜分先生说得更为明确："自古以来，新闻与历史就是不可分的……二者实为一家。"⑤他甚至断言："（古代的）史官也正是当时的新闻记者，尽管那时没有新闻记者这个名称，他们却是真正的新闻记者，他们那时所记载下来的新闻就成了不可改变的历史记录。"⑥甘先生的上述观点，是1985年他在兰州大学新闻系

---

① 李泽厚：《中国古代思想史论》，301页，合肥，安徽文艺出版社，1994。

② 同上，303页。

③ 同上。

④ 蔡尚思：《蔡元培学术思想传记》，转引自甘惜分：《再论新闻学与历史学》，见陈世敏主编：《中国大陆新闻传播研究》，34页。

⑤ 甘惜分：《新闻论争三十年》，294~295页，北京，新华出版社，1988。

⑥ 同上，294页。

所做的一次题为"新闻学与历史学"的演讲中首次提出的。后来他嫌意犹未尽，时隔十年又发表了《再论新闻学与历史学》一文，对新闻与历史的同构关系进行了更深入的解剖。他写道：

> 大体而言，历史可以分为古代史和当代史，古代史在其发生的当时也是新闻，当代史就是眼前正在发展变化的一切新事物，这更是新闻。所以历史与新闻是不可截然划分的。①

因此，"对历史学家的要求也同样适合于对新闻工作者的要求，新闻工作者应是当代的历史学家"②。

总之，无论是史学之于中国思想传统的意义，抑或是历史与新闻"剪不断，理还乱"的亲缘，都使我们在追索唐人的传播理念时，不得不把内容丰赡、才思横溢、泽披万方、惠及百代的《史通》作为考量的重点。假如说史学理论好比古代的新闻理论，那么《史通》便是唐代"新闻界"（当代史学家）的教科书了。

《史通》"是我国第一部有系统的史学批评和史学理论的著作"③，也"是世界文献史中出现的第一部这类著作，标志着在史学和历史编纂学问题上一种考证研究的开始，它后来在11世纪时得以发扬光大，稍后在章学诚（1738—1801）时代便发展成类似于维科和黑格尔的一种历史哲学"④。《史通》的作者刘知几，字子玄，生于高宗龙朔元年（661），卒于玄宗开元九年（721），不仅是唐代杰出的史学家，也是古代首屈一指的史学理论家。据《史通·自叙篇》，他十二岁贯通《左传》，十七岁即将汉代以来的各种史书"窥览略周"，二十岁进士及第，遂将洛阳、长安两地的公私藏书"姿情披阅"。后因长于史学而被荐往史馆。他从武则天时代预修国史，"三为史臣，再入东观"，前后做了近三十年的史官。《史通》可以说是他一生研习历史的思想结晶，成书于中宗景龙四年（710）。全书二十卷，计内篇十卷三十六篇，外篇十卷十三篇，"内篇皆论史家体例，辨别是非；外篇则

---

① 陈世敏主编：《中国大陆新闻传播研究》，34页。
② 同上，39页。
③ 翦伯赞：《中国史纲要》，第二册，232页，北京，人民出版社，1965。
④ [法]谢和耐：《中国社会史》，耿昇译，233页。

述史籍源流，及杂评古人得失。……其缕析条分，如别黑白，一经抉摘，虽（司）马迁、班固几无词以自解免，亦可谓载笔之法家，著书之监史矣"（《四库全书总目》）。作为"一位独立的思想家"（谢和耐），刘知几在书中既"上穷王道，下胗人伦"，又"多讥往哲，喜述前非"，于是他时常担心"致惊愚俗""获罪于时"，甚至"将恐此书与粪土同捐，烟烬俱灭，后之识者，无得而观"。所以，每每"抚卷涟洳，泪尽而继之以血也"。此情此景直如司马迁在《报任安书》中发出的那一声声泣血的悲鸣。然而，天道毕竟是公正的。司马迁终因其《史记》而成为伟大的历史记录者，刘知几也以其《史通》而成为杰出的历史思想者。记者，记录；通者，会通。

刘知几的史学理论最为人所熟知的，当属史才（灵气）、史学（学问）、史识（思想）之论。据《旧唐书·刘子玄传》记载，礼部尚书郑惟忠曾问他为什么自古以来文士多而史才少，他回答道：

> 史才须有三长，世无其人，故史才少也。三长：谓才也，学也，识也。夫有学而无才，亦犹有良田百顷，黄金满籝，而使愚者营生，终不能致于货殖者矣。如有才而无学，亦犹思兼匠石，巧若公输，而家无楩楠斧斤，终不果成其宫室者矣。犹须好是正直，善恶必书，使骄主贼臣，所以知惧，此则为虎傅翼，善无可加，所向无敌者矣。

他认为才、学、识三者必须兼备，缺一不可，尤重史识。他说，"假有学穷千载，书总五车，见良直而不觉其善，逢抵牾而不知其失……虽多亦安用为"（《史通·杂说下》）。他借孔子说的"女为君子儒，无为小人儒"，而将史家也分为君子之史与小人之史，前者如司马迁，后者如北齐时攀附权贵、所撰之史人称"秽史"的魏收。这里其实已隐含着史德的要义。于是，到了清季，史学巨擘章学诚便在才学识三者外又明确地提出了史德一维，并强调说："才、识、学、德四者之中，以史德为要。"（《文史通义》）这四者不独针对史家，同样也适用于记者。对此甘惜分先生做过这样的阐发：

> 史学——即具有丰富的学问。掌握丰富的材料，学有根底，笔下左右逢源，才能写出坚实的文章。今天中国新闻工作者具有坚实基础

的并不多，不少人是奉命采访，奉命报导，引不起读者注意，文章无一日之生命，才能被埋没，深为可惜。

史才——即表达见解的才能。胸中纵有千山万壑，而写出来的文章却平淡无奇；缺跌宕起伏之势，无汹涌澎湃之潮。这类史学著作，并非良史；这类新闻报导和新闻评论，更非佳品。

史识——即治学的胆识。有鉴别是非的眼力，有评价功过的勇气。独具慧眼，阐发自己的独立的见解。指点江山，激扬文字，中外大局全在我胸中翻腾，以真理为尺度衡量天下事，评点天下事。这才是真正的胆识，史学家和新闻工作者（当代史学家）都应具备这种胆识。

史德——即史学家的道德品质。史学家必须是正直无私的人，不为权势所慑，不为金钱所诱，写出一部公正不曲的历史著作，这一著作经得起时间的考验，经得起后人挑剔。如果下笔时左顾右盼，怕这怕那，曲意逢迎，毫无原则，则此人非良史，书非好书，必将被历史所淘汰，为后人所非议。历史学家的这种品德修养也与新闻工作者相同。新闻工作者每天写正在发生发展的当代史，必须坚持真理，坚持为人民服务的宗旨，向人民报告最新的真实的事实，报告真相……如果中国新闻工作者不能成为当代正直的史学家，攀附权贵，一心捞钱，造谣泄密，趋福避祸，那么他们新闻生命就完结了。[①]

一句话，才、学、识、德归结起来实际上就是李大钊先生曾抄录的名联"铁肩担道义，妙手著文章"。当年刘知几的知交徐坚说过史官"宜置此书（指《史通》）于座右"，而如今的记者则不妨将此联奉为座右铭。

## 《史通》与"直笔"

刘知几的才学识之论，可视为其史学理论的木兰围场，圈出了一片广袤而丰沃的思想园地，《史通》中林林总总、洋洋洒洒的神思妙悟，无不缘此布阵，纵横驰骋，形成一曲急管繁弦而不乱、嘈嘈切切而有序的思想交

---

① 陈世敏主编：《中国大陆新闻传播研究》，39页。

响。在这"总括万殊，包吞千有"（《自叙篇》）的壮阔文阵中，最使我们感兴趣的还是有关修史的论述。因为这些论述大多都与载言记事有关，即与传播过程中的种种事项有关，其中既有原则性的又有方法性的。依照范文澜先生的概括：

> 《史通》论修史，以直笔为中心思想。不仅有《直书篇》《曲笔篇》，从正反两面，详加论述，其他各篇中，也贯穿着直笔的论点：什么是直笔？《史通·杂说篇下》有一个扼要的解说："夫所谓直笔者，不掩恶，不虚美，书之有益于褒贬，不书无损于劝诫。"……怎样才能做到直笔？综括《史通》所述，约有四端：不畏强暴（史德），分清邪正是非（史识），鉴别史料真伪（史学），不为浮词妄饰（史才）。①

以下我们便循此"直笔"一路，一起到《史通》的思想密林巡游一番。直笔，是我国史家传统的主流，从孔子修《春秋》起一直绵延不绝。一代英主唐太宗对此也曾屡加提倡，认为史家"彰善瘅恶，足为将来规诫"（《贞观政要·崇儒学》）。贞观十四年，他竟对房玄龄说道："盖有善事，固不须论；若有不善，亦欲以为鉴诫，使得自修改耳。"这种认识实在是难能可贵。一般执政者都爱听好话，听赞其善举，谁愿听坏话，听斥其恶行呢？而李世民却觉得坏事可以引以为鉴，自我修正，这一点非有雄图大志且充满自信者是做不到的。所以，当他读到史官记述玄武门之变那闪烁其词、语多隐讳的文字时，不禁批评道："史官执笔，何烦有隐？宜即改削浮词，直书其事。"（《贞观政要·崇儒学》）

刘知几对直书其事更为看重，这与他对传播功能及意义的认识直接相关。他认为，人生天地间"如白驹之过隙"，谁都"耻当年而功不立，疾没世而名不闻""上起帝王，下穷匹庶"，对于功名"莫不汲汲焉，孜孜焉"。为什么呢？"皆以图不朽之事也！"那么，怎样求得不朽呢？只有凭借传播之代代相传的功能了。具体地说，主要是靠史家的记载了。他说：

---

① 范文澜：《中国通史简编》（修订本），第三编第二册，737页，北京，人民出版社，1965。

> 何者而称不朽乎？盖书名竹帛而已。向使世无竹帛，时阙史官，虽尧、舜之与桀、纣……一从物化，坟土未干，则善恶不分，妍媸永灭者矣。苟史官不绝，竹帛长存，则其人已亡，皆成空寂，而其事如在，皎同星汉。

没有史官，则贤如尧舜，暴如桀纣，一死之后便不分善恶，一并消失了；而竹帛长存，则即使斯人已逝，其嘉言令行都如星汉灿烂，永驻人间。"由斯而言，则史之为用，其利甚博，乃生人之急务，为国家之要道。"（均出《史通·外篇·史官建置》）。如此重任，岂能儿戏！故须直书其事，不掩恶，不虚美，才能使善举斐然，恶迹昭彰，从而起到劝善惩恶的作用，所谓孔子作《春秋》而乱臣贼子惧。反之，如果"是非无准，真伪相杂"，那么势必"生则厚诬当时，死则致惑来代"。

确定了"著述之功，其力大矣"（《杂说篇》下）的前提，搞清了历史对整合社会、维系国脉的作用，直笔之论自属题中应有之意了。根据《说文解字》，史字的本意就是握笔的手上面有个"中"，而"中，正也"。也就是说，撰录历史须客观公正，笔应正，应直，而不能曲。对此道理或常识，刘知几简直不惮其烦地反复申述。在《直书篇》中，他写道："若邪曲者，人之所贱，而小人之道也；正直者，人之所贵，而君子之德也。"对贼臣逆子，就得"直书其事，不掩其瑕"，使"秽迹彰于一朝，恶名被于千载"。尽管这么一来难免招惹麻烦甚至杀身之祸，就像汉代民谚说的"直如弦，死道边；曲如钩，反封侯"，但自古以来"烈士徇名，壮夫重气，宁为兰摧玉折，不作瓦砾长存"，但凡良史无不"仗气直书，不避强御""肆情奋笔，无所阿容"。在《曲笔篇》里，他一方面对曲笔阿时之徒，对"记言之奸贼，载笔之凶人"深恶痛绝，恨不得"肆诸市朝，投畀豺虎"；另一方面他也深知曲笔的苦衷，"古来唯闻以直笔见诛，不闻以曲笔获罪"，在这种情况下，要求"进不惮于公宪，退无愧于私室"的确不是一般人都能做到的，为此他不由感叹道："欲求实录，不亦难乎！"事实上，在他心目中，史家被分为上中下三品，像晋之董狐、齐之南史那样"彰善显恶，不避强御"者，才算得上品，一般"高才博学，名重一时"者，都只是下品（《辨职篇》）。尽管"史之不直，代有其书"（《曲笔篇》），但不能因此就放弃直笔的理想。

在刘知几看来，禀笔直书并非有闻必录。一事当前，先得明辨是非，区分善恶，进而记功司过，彰善惩恶。善恶与直笔，属一事之两面，是互为表里的。倘若不分善恶不辨是非，只是一味地直书其事，则是将君子小人混为一谈，收不到"惩恶劝善，永肃将来，激浊扬清，郁为不朽"（《品藻篇》）的传播功效。在书中，他从近乎苛刻的道德立场出发，一再强调善恶问题。他认为，"人既不知善之为善，则亦不知恶之为恶"（《辨职篇》）。明辨善恶，才能真正秉笔直书；而直笔的宗旨，也正在于使后人见贤思齐，见不贤而自省。进而言之，修史者不论撰既往之历史，还是述当下之历史（新闻），都应以"正面报导"为主。他说，"史者固当以好善为主，嫉恶为次"（《杂说篇》下）。甚至还说，"夫天下善人少而恶人多，其书名竹帛者，盖惟记善而已"（《人物篇》）。他不赞成过多记录一些乌七八糟污秽不堪的玩意儿，他觉得"不才之子，群小之徒，或阴情丑行，或素餐尸禄，其恶不足以曝扬，其罪不足以惩戒，莫不搜其鄙事，聚而为录，不其秽乎"（《人物篇》）。他特别反感那些类似于当今地摊小报（tabloid）之黄色黑色灰色新闻的东西，它们"真伪不别，是非相乱……诋讦相戏，施诸祖宗，亵狎鄙言，出自床笫"，既"无益风规，有伤名教"，又"终不能成其不刊，永播来叶"（《杂述篇》）。为此，他特意告诫道："笔削之士，其慎之哉！"（《人物篇》）总而言之，所谓直笔者，"但举其宏纲，存其大体而已，非谓丝毫必录，琐细无遗者也。"（《杂说篇》下）

如果说"务存直道"是直笔的精神，"区别流品"是直笔的立场，那么"拨浮华，采真实"就是直笔的基本原则了。不待多言，在刘知几心目中真实性问题至关重要，他要把自己的思想贯穿到底，就不能不坚持真实性原则，不能不一再把"实录"奉为载言记事的圭臬。真实之难不在认识，而在实践。没有谁不珍视史家的生命——真实，但又没有比这个生命更脆弱的。除去传者有意造伪的因素外，还有许多客观因素也易导致真实受损。比如，信息在递相传播的过程中，就常常自然不自然地发生莫名其妙的偏差或失真，所谓"古今路阻，视听壤隔，而谈者或以前为后，或以有为无，泾渭一乱，莫之能辨"（《采撰篇》）。有时更奇怪的是"同说一事，而分两家"，"如曾参杀人，不疑盗嫂，翟义不死，诸葛犹存：此皆得之于行路，传之于众口"。这都是由于信息来源不同所致,"盖言之者彼此有殊,故书之者是非无定"(《采撰篇》)。而对众说纷纭莫衷一是的常态,秉笔者需辨别真伪,善于思考,才能不为所惑,去伪存真。刘知几再三告诫道:"讹言难信,传闻多失""道听途说之违理,街谈巷议之损实""异辞疑事,学者宜善思之"(《采撰篇》)。

这些关于真实性的论述或许不足称奇,刘知几有异常人的思想还在于,他把真实性的主张一直贯注到如实记载人物实际所说的方言俗语上。他多次提及《齐志》的作者王邵,称他"志存实录"(《叙事篇》),忠实地记录了当时口语,使人读了仿佛身临其境,"方言世语,由此毕彰"(《言语篇》)。虽说《齐志》中"言多淳秽,语伤浅俗",但这并非王邵闭门杜撰,而恰恰是反映了当时社会的真实状况,倘若为此而指斥史家不够雅驯,那就恰似丑人责怪明镜一样,"夫本质如此,而推过史臣,犹鉴者(照镜子的人)见嫫姆多媸,而归罪于明镜也"(《言语篇》)。他不赞成使用背离客观的文雅语言,认为"枉饰虚言,都损实事""华而失实,过莫大焉"(《言语篇》)。在《杂说篇》下里,他从正反两面举例说明:

《周史》述太祖(宇文泰)论梁元帝曰:"萧绎可谓天之所废,谁能兴之者乎?"……此并《六经》之言也……岂是宇文之语耶?

裴政《梁太清实录》称元帝使王琛聘魏,长孙俭谓宇文(泰)曰:"王琛眼睛全不转。"公(宇文泰封安定公)曰:"瞎奴使痴人来,岂得怨我?"此言与王(邵)、宋(孝王,《关东风俗传》作者)所载相类,可谓真宇文之言,无愧于实录矣。

其实,像《史记》所载汉王刘邦怒训郦生的话"竖儒,几败乃公事",《世说新语》中的乐广称道卫玠的话"谁家生得宁馨儿"等,后人但觉古朴清雅,殊不知这都是当时播于众口的大白话。所以,刘知几感叹道:"天地长久,风俗无恒,后之视今,亦犹今之视昔。而作者皆怯书今语,勇效昔言,不其惑乎!"(《言语篇》)

直笔的道理说一千道一万,最后都得落实于文笔。"史之为务,必藉于文""文之为用,远矣大矣"(《载文篇》)。刘知几对行文的要求,一是着重叙事,二是强调简要:"夫国史之美者,以叙事为工;而叙事之工者,以简要为主。"(《叙事篇》)所谓以叙事为工,就是如史直书,"用事实说话"。刘知几将叙事的方法分为四种。一是"直纪其才行",如《古文尚书》称帝尧之德,只说"允恭克让"而更无他言。二是"唯书其事迹",即只客观地记叙人物的所作所为。三是"因言语而可知",如武王东征前誓师,历数纣王的恶行:"焚炙忠良,刳剔孕妇。"四是"假赞论而自见",如《汉书·孝文纪》后面的赞论中写道"吴王诈病不朝,赐以几杖",而此事在前面的正文中并未提到(见《叙事篇》)。这四种叙事法既可独立使用,也可兼行并举,以使行文错落有致,跌宕生姿。

刘知几对叙事的简要尤为强调——"简之时义大矣哉!"(《叙事篇》)他的简要标准,简直可说到了《登徒子传》中赞美绝世佳人所说的"增一分则太长,减一分则太短"的锱铢必较程度。当然,他并不是一味地为简要而简要,他的真正愿望是持一而当百,文约而事丰——"此述作之尤美者也"(《叙事篇》)。他主张"言虽简略,理皆要害",讨厌"芜音累句,云蒸泉涌"。他希望:"言近而旨远,辞浅而义深;虽发语已殚,而含意未尽。"(《叙事篇》)。实际上,古往今来执笔为文都有四种境界,从高到低依次为深入浅出,深入深出,浅入浅出,浅入深出。而刘知几所推崇的,无疑是深入浅出的最高境界。至于如何简要,他介绍了两种办法:"一曰省句,二曰省字。"(《叙事篇》)亦即鲁迅先生所倡导的将可有可无的字句段尽情删去之法。比如,《汉书·张苍传》中有一句"年老,口中无齿",刘知几认为应删成"老,无齿",六字减为三字而意思已经明确。他曾指出,"省句为易,省字为难,洞识此心,始可言史矣。"(《叙事篇》)不懂省字即不懂修史,刘知几将省字之功提到如此高度,不能不令人深思。

不管是叙事之工,还是简要之美,刘知几无非都在主张用一种朴素自然的文笔撰述历史,摒弃华而不实的浮言虚词。他深知,唯有朴素自然才能接近真实,而一切浮言都难免损真,所有虚词都势必妨实。也就是说,"华逝而实存,滓去而渖在"(《叙事篇》)。像徐陵、庾信那种浮艳华丽的文字就不适宜于史传,"以徐公文体,而施诸史传,亦犹灞上儿戏,异乎真将军"(《核才篇》)。由此说来,甘惜分先生主张将我国的新闻专业从中文系挪到历史系,新闻专业的毕业生从文学学位改授史学学位,应该说更有利于培养合格的新闻工作者。①事实上，在文学气味浓郁的环境中熏染出来的学子，一旦走上新闻岗位，往往会自然而然地将文学笔调带入报道之中，而这种流丽华饰的文字把握不好，就容易对客观事实形成干扰、遮蔽乃至扭曲之势。刘知几说的"（历史）著述之功，其力大矣，岂与夫诗赋小技校其优劣"的话（《杂说篇》下），今天看来依然具有现实意义。

最后，需要补充的是，刘知几的《史通》虽如孤峰秀拔，挺然高耸，但并非空谷足音，流为绝响，而是以唐人传播思想的整体共识为背景的。换句话说，在《史通》的前后左右，我们能看到许多高低起伏互为犄角的连绵山岭，在刘知几"半入江风半入云"的优美独唱中，我们能听出一大片与之协奏的精神共鸣。以直笔意识为例，刘知几的挚友、《贞观政要》的编纂者吴兢，就曾对宰相张说迫使他修改有关自己的记载报之以如下一句毫不通融的话："若取人情，何名为直笔！"②又如元和七年六月（812），唐宪宗读《肃宗实录》，发现不少"浮词虚美"之处，于是便对史官说道："记事每要指实，不得虚饰。"③流传及今的唐代地理名著《元和郡县图志》的作者李吉甫，有一次在回答皇上有关《时政记》的问题时，几乎直接引用了《史通》的原话："……不虚美，不隐恶，谓之良史也。"④这里，中唐史官李翱的一封奏书更是明显秉承了刘知几的理论主张：

> 夫劝善惩恶，正言直笔，纪圣朝功德，述忠实事业，载奸臣佞人丑行以传无穷（即不朽之义）者，史官之任也。……（而虚美不实的记载）务于华而忘其实，溺于辞而弃其理。故为文则失六经之古风，记事则非史迁（司马迁）之实录。……臣今请作行状者……但指事说实，直载其词，则善恶功迹，皆据事（则）足以自见矣。⑤

---

① 参见陈世敏主编：《中国大陆新闻传播研究》，43页。
② 《唐会要》卷64。
③ 同上。
④ 同上。
⑤ 同上。

唐朝是中国历史上最荣耀的年代，唐代的传播是古昔最活跃的时期。与之相应，唐人的传播思想也是波涌浪翻蔚为奇观。以上我们通过散点透视，从几个制高点上对有唐一代的传播思想进行了扫描。毫无疑问，这里的爬梳远非充分，论析更非深入，比如古文运动所包含的传播意识就颇多承前启后的蕴含。借用钱钟书先生《宋诗选注》中的妙喻，虽说我们原想从一滴海水中尝出大海的滋味，但结果总是不免于让人仅凭一块砖去构想万里长城的雄姿。好在我们毕竟在唐人传播思想的秀岭奇峰上鸟瞰巡游了一番，纵然没有尽兴，也算不虚此行吧。

# 第六章 士人传播——总论

唐人新闻传播好比一辆三驾马车,由官方传播、士人传播和民间传播三骏共同牵引。其中,官方传播虽为驾辕主力,承载重负,把握方向,但两旁一起拉套的士人传播与民间传播也功不可没。借用后现代主义的话语,官方传播属"宏大叙事",士人与民间传播则为"私人叙事"。贞观年间,太宗有一次曾与兼修《起居注》的褚遂良叙谈,说道:"朕有不善,卿必记之耶?"一旁侍立的黄门侍郎刘洎,听了褚遂良的肯定回答后又补充一句:"设令遂良不记,天下之人皆记之矣。"[①]这个流传甚广的轶事,实际上关涉上述三种传播。所谓卿(史官)必记之,乃指官方的宏大叙事;而所谓天下之人皆记之,则指"经国之大业,不朽之盛事"以外的私人叙事。官方传播并不能一手遮天,在它力所能及或不及之际,始终都存在着一个天下之人皆记之的广袤空间。而这个空间大率由口头语言和书面文字两种传播类型所填充,亦即由百姓的心记而口传和文士的笔记而文传两大传播方式及其文本所平分。

以上几章集中探究了唐代的官方传播,下面几章将着力考察当时的士人传播与民间传播。在此之前,应该明确一点,官方、士人与民间三种传播领域虽然各行其道,判然有别,但并非各自独立,了不相涉。三者常常是彼此绞缠,互相包容,以至于有时弄得眉目不清,面貌模糊。这种错综复杂的情形,可用图6-1表示。

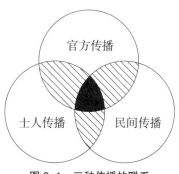

图6-1　三种传播的联系

图中的三个圆代表三种传播领域。它们既各行其是,如空白部分所示;又两相交叉,如斜线部分所示;同时还三方重叠,如黑色部分所示。对此

---

[①] 《唐会要》卷63、《贞观政要》卷7。两书对此事的记载,在时间上有所出入。

三者，需辩证地看，联系地看。一方面，它们各因其特性而自成体系，并依"行规"而自主运行；另一方面，它们又彼此开放，互相兼容，形成你中有我、我中有你的整合局面。唐代的新闻传播，就是在这一简单而繁复、分殊而统一的局面里全方位地展开的。

## 士 的 流 变

诚然，"不少学者认为，在封建社会中，朝廷政命宣述为主的官方传播和下层民众口耳相传的民间传播以外，（还有一个）十分重要的士大夫阶层的传播活动"[①]。但是，当我们在官方传播与民间传播的两极之外再单列士人传播一极时，不得不面对一个逻辑上的诘问：士不也是民吗？确实，按古代惯用的划分法，士、农、工、商一向是相提并论，而士又通称为"四民之首"。那么，既然如此，为什么我们还要从民间范畴中单另抽出士人一项，并使之在朝野官民的习惯序列之中鼎足而立呢？所谓三驾马车的划分根据是什么呢？不首先解答这个问题，谈论士人传播就显得名不正而言不顺了。

士人，亦即古代典籍中所说的"士"，是中国文化传统里一个举足轻重的阶层。海外新儒家的代表余英时，曾对中国历史上的士做过系统而精深的研究。他在《士与中国文化》一书中开宗明义地写道：

> 如果从孔子算起，中国"士"的传统至少已延续了两千五百年，而且流风余韵至今未绝。这是世界文化史上独一无二的现象。……中国史上有一个源远流长的"士"阶层似乎更集中地表现了中国文化的特性，也似乎更能说明中西文化的异质之所在。[②]

提到古代的士，人们总是首先联想到读书人、文化人或"士大夫"。而从历史上看，士的形象演变很大。商周时期，士是贵族中的最低阶层，它的上面是"大夫"，下面则是"庶人"。"下逮战国，士的地位已从贵族的

---

① 徐培汀、裘正义：《中国新闻传播学说史》，50页。
② 余英时：《士与中国文化》，自序第2~4页，上海，上海人民出版社，1987。

末席转变为平民的首席"①，士的成员渐趋庞杂，士的内涵渐趋宽泛。大略说来，士既包括知书达理的文人，也兼指刚勇行侠的武士，如"二桃杀三士"，"风萧萧兮易水寒，壮士一去兮不复还"等。不过，尽管当时士庶合流，士已演化成《谷梁传》所指的"士民"（成公元年），但总的看士还是属于劳心者，从而与劳力者庶人迥然相异，就像《国语·鲁语下》所描绘的：

> 士，朝受业，昼而讲贯，夕而习复，夜而计过无憾，而后即安。自庶人以下，明而动，晦而休，无日以息。……君子劳心，小人劳力，先王之训也。

这里说的君子，也正是士人立身行事的理想典范。马克斯·韦伯在被誉为汉学研究中"伟大的外行"之著《儒教与道教》里，曾辟士人阶层一章，而其中一节专门论述"君子典范"。他说："君子意味着出身高贵，功名称世，能达到圆满的自我完善，言论行为堪为经典艺术，世人的楷模，不朽的教谕……"②我们且不去理会大师的放言高论，只说士人在扬起君子的风帆、追慕君子的境界时，实际上是把"小人"（草民百姓）当作参照系的。所谓"君子坦荡荡，小人长戚戚""君子喻以义，小人喻以利"，无非都是就此而言的。明白了何为小人（不一定是坏人，原指卑微之人），也就明白了何为君子，何为士了。

按照余英时的讲法，士在先秦为游士，秦汉以后渐为士大夫。而且，"秦汉以后，人们逐渐把士限定为读书人或从事各种文化事业的人，并进一步将其与农、工、商等职业从事者区别开来，形成当时社会中一个重要的职业"③。此时，士已成为文人雅士的通称。如《世说新语》开篇写到东汉末年名士领袖陈蕃时，便说他"言为士则，行为世范，登车揽辔，有澄清天下之志"。及至隋唐，随着科举制度的推行，士被纳入一个全新的秩序中，社会地位更加突出。对唐代的文人士子来说，以文学取士的进士科最受尊

---

① 同上，自序第86页。
② 韦伯此书的中译本收入"海外中国研究"丛书，洪天福译，南京，江苏人民出版社，1993。此段引文出自徐鸿宾的译文《儒士阶层》，载《文化：中国与世界》，第三辑，398页，北京，生活·读书·新知三联书店，1987。
③ 冯尔康主编：《中国社会结构的演变》，743页，郑州，河南人民出版社，1994。

崇,乃至"士有不由文学而进,谈者所耻"①。五代人王定保的笔记著作《唐摭言》,提供了不少有关唐代科举的遗闻轶事,下引一段文字综述了进士科在唐人心目中的显赫地位:

> 进士科始于隋大业中,盛于贞观、永徽之际;缙绅虽位极人臣,不由进士者,终不为美,以至岁贡(各地送往京城的举子)常不减八九百人。其推重谓之"白衣公卿",又曰"一品白衫"(当时只有官员才依其品第而分著青、紫、绯等,平民百姓则非白即黑)。其艰难谓之"三十老明经,五十少进士"。其负倜傥之才,变通之术,苏(秦)、张(仪)之辩说,荆(轲)、聂(政)之胆气,仲由(子路)之勇,子房(张良)之筹画,(桑)弘羊之书计,(东)方朔之诙谐,咸以是而晦之。修养慎行,虽处子之不若。其有老死于文场者,亦所无恨。故有诗曰:"太宗皇帝真长策,赚得英雄尽白头!"②

天宝年间的进士封演,在《封氏闻见记》中的记述又从另一侧面反映了"为时所尚"(李肇语)的进士第:

> 玄宗时,士子殷盛,每岁进士到(尚书)省者常不减千余人。在馆诸生更相造诣,互相朋党以相渔夺,号之为"棚",推声望者为棚头,权门贵势,无不走也,以此荧惑主司视听。其不第者,率多喧哗,考功不能御。③

尽管唐代"众科之目,进士为尤贵,而得人亦最为盛"④,有唐一代524个宰相中,进士出身的就占了232人,几乎一半。⑤但唐代科举的时代特征和历史意义并不在此——毕竟,以300年之时段而见诸《新唐书》的有名有姓的进士才不过850名⑥,而在于由此催发了一个以读书仕进为志业的社会阶

---

① 《全唐文》卷520梁肃《李公墓志铭》。
② 《太平广记》卷178。
③ 《封氏闻见记校注》卷3,北京,中华书局,1958。
④ 《文献通考》卷29。
⑤ 参见冯尔康主编:《中国社会结构的演变》,771页。
⑥ 参见毛汉光:《唐代统治阶层社会变动》,台湾政治大学博士学位论文,1969。

层——士人。他们中除一小部分人有幸登龙门、取功名、居庙堂之高外，其余大多数都始终滞留民间，终生处江湖之远，成为进退裕如左右世风的活跃势力。此时，士人阶层的正式形成，便使得官方与民间的黑白两造之间，出现了一片色泽不清的灰色地带。其间人士非官非民，而对官方与民间又都联系甚广影响至剧。用冯尔康先生主编的《中国社会结构的演变》一书中的话来说："科举制下的士人不仅是一个文化群体，而且成为一个候补官员群体。从整个社会范围来看，士人又是一个开放的群体，她不断从平民中吸收成员，又源源不断地将其成员向官僚队伍中输送。因而她作为一个整体，又对其他阶层、集团的构成起着重要的调节作用。从这一点来讲，科举制下的士人是社会中最为活跃的部分。"[①]

借助于社会史的考察，我们不妨将士人在中国历史上的演化过程简单化勾勒为：策士（先秦）——儒士（秦汉）——名士（魏晋）——进士（隋唐）——绅士（明清）。不管士人的面貌如何更迭，传统怎样演化，其内在气质与本质属性还是一脉相承、始终如一，亦即古代说的劳心者，而现代说的知识分子。也就是说，我们可以把士人等同于今天的知识分子。当今中外学人往往视士人或士大夫为"学者·地主·官僚"的三位一体，这种对士人的界定正是以学为本的，倘若没有学者居于其首，那么不管他的地置得怎么多，官做得怎么大，终究只是一介粗人（土豪武夫之属），而算不得士人。士人之为士人在于他首先是个知识分子。

## "社会的良心"

熟悉西方思想文化的人都知道，所谓知识分子（intellectuals）是有特殊含义的，并非泛指一切有知识有文化的人。不错，知识分子必须具备某种专业知识或技能，从而得以从事某种劳心的职业，像教师、律师、医生、记者、艺术家、工程师、科学家等。但是，如果他的全部兴趣始终限于职业范围，那么他仅仅只是个专家，而不能称为知识分子。按照西方学术界

---

① 冯尔康主编：《中国社会结构的演变》，777页。

的一般理解，知识分子除了献身于专业工作之外，还必须对国家、社会以及世间一切公共事务保持普遍而深切的关怀，而且这种关怀又必须超越个人及其团体的私利。换言之，知识分子的内涵主要不是来自"知识"，而是来自于一种悲天悯人的情怀，一种强烈的、不由自主的超越精神、启蒙（韦伯曾无理而有趣地解说道："中国的蒙字象征一头猪在杂草中"①）意识、怀疑态度和批判力量。所以，西方人常常称知识分子为"社会的良心"，视之为人类基本价值（如理性、自由、公平、正义等）的维护者。据此，余英时先生指出：

> 西方学人所刻画的"知识分子"的基本性格竟和中国的"士"极为相似。孔子所最先揭示的"士志于道"便已规定了"士"是基本价值的维护者；曾参发挥师教，说得更为明白："士不可以不弘毅，任重而道远。仁以为己任，不亦重乎？死而后已，不亦远乎？"这一原始教义对后世的"士"产生了深远的影响，而且愈是在"天下无道"的时代也愈显出它的力量。所以汉末党锢领袖如李膺，史言其"高自标持，欲以天下风教是非为己任"，又如陈蕃、范滂则皆"有澄清天下之志"。北宋承一代之浇漓，范仲淹起而提倡"士当先天下之忧而忧，后天下之乐而乐"，终于激动了一代读书人的理想和豪情。晚明东林人物的"事事关心"一直到最近还能振动现代中国知识分子的心弦。如果根据西方的标准，"士"作为一个承担着文化使命的特殊阶层，自始便在中国史上发挥着"知识分子"的功用。②

由此看来，仅以社会身份界定士人显然远远不够。士人不独为一种识文断字、知书达理的知识阶层，而且更是"社会的良心"的承担者，或曰中国文化中那个"道统"的承担者。对士人来说，穷与达、显与隐并不重要，重要的是不失其道。正如孟子所言：

> 故士穷不失义，达不离道。穷不失义，故士得己焉；达不离道，

---

① [德]韦伯：《儒教与道教》，洪天福译，152页，南京，江苏人民出版社，1993。
② 余英时：《士与中国文化》，自序第2页。

故民不失望焉。古之人，得志，泽加于民；不得志，修身见于世。穷则独善其身，达则兼善天下。①

总之，士人的特性不在其客观的社会身份，而在其以"道"自任的担承精神。纯粹意义上的士，应是身无分文而心忧天下，即孟子所谓"无恒产而有恒心者，唯士为能；若民，则无恒产因无恒心"②。

自从《榖梁传》中说到"上古者有四民：有士民、有商民、有农民、有工民"③，士便一直被当作四民之首。其实细究起来，士与民并非相容关系，而属对立关系（对立不等于对抗）。以上所述已从不同层面显示了这一士与民分执一端的对立情形，现在我们再从文化这个最棘手而又最恰当的关节入手进一步剖析之。

通常，人们不难听到这么一些对举的提法——物质文明与精神文明、精英文化与大众文化、民俗文化与经典文化或用学术话语表述的大传统（great tradition）与小传统（little tradition），等等。这些提法本身其实就隐含着士民分殊的意味。邵建先生以当代大众媒介尤其是电视的畸形膨胀为背景，分析了官方、大众和知识分子三类文化形态，并将三者恰如其分地概括为来自官方的意识形态文化、来自知识分子的意义形态文化和来自大众的意象形态文化，进而得出结论："一边消解传统的意识形态，一边颠覆知识分子精英文化的意义形态，这就是意象形态力量的双重显示，也是当今文化的世界性大走势。"④他的分析在为我们的三驾马车说提供了一个当代范例的同时，也无异于再次凸显了寻常百姓与知识分子的"各行其道"。

对士与民的对立真正给予深刻而透彻解析的，还是继韦伯之后的社会学家帕森斯。帕氏在出版于1966年的名作《论知识分子》（*On Intellectuals*）中，第一次区别了社会系统与文化系统，在他看来：

> 社会系统，是在行动单位——个人和集体的单位中，为互动的迫

---

① 《孟子·尽心上》。
② 《孟子·梁惠王》上。
③ 《谷梁传》成公元年。四民的排列次序至汉代初年方确定为士农工商，见陈登原：《国史旧闻》，第一分册，228页，北京，生活·读书·新知三联书店，1958。
④ 邵建：《西方社会面临"意象形态"的挑战》，载《东方》，1996（6）。

切需要而组织起来的。在另一方面，文化系统则是为符号系统中意义的模式化而组织起来的。①

简单地说，社会系统追求行动，文化系统属望意义。而意义是对行动的规范：

> 相对于更为通常意义的行动，意义系统在某些方面和某种程度，在其重要性上总是规范性的。②

由此出发，帕森斯把知识分子说成是这样一种人——"他把文化关注置于社会关注之上"，而"那些负有社会责任的角色，倾向于为了社会兴趣而宁可牺牲文化兴趣"③。依照这一划分，中国古代习称的四民实际上分属两列，一列是社会系统的"民"，一列则是文化系统的"士"。前者"首先与那些社会系统中的功能相联系"④，而后者"是体现文化统一性的决定性人物"⑤。

帕森斯在划开两大系统后，进而指出文化进程中有两个广泛见于历史的"基本的进步"，一是文字的发展，一是哲学的突破。他说："只有伴随着书写，文化内容与其由之发源或被运用其中的社会背景的分离，才成为可能。……无论如何，书写都能使传统摆脱了对口头交流的依赖，并使之脱离易忘的记忆而'固定'下来。确实，没有书写，任何方面都不能有我们所理解的那一意义的'历史'那种东西。"⑥帕森斯将文字的发展视为文化系统得以同社会系统"分庭抗礼"的首要条件，与我们的看法不谋而合。我们认为，两个系统以及相应的两类传播——士人传播与民间传播间的一切分殊对立，追根寻源都可归结为书面语言与口头语言的双峰并峙、二水

---

① [美]帕森斯：《"知识分子"：一个社会角色范畴》，阎步克译，载《文化：中国与世界》，第三辑，355页。

② 同上。

③ 同上，356页。

④ 同上。

⑤ [德]韦伯：《儒教与道教》，洪天福译，127页。

⑥ [美]帕森斯：《"知识分子"：一个社会角色范畴》，阎步克译，载《文化：中国与世界》，第三辑，357页。

分流。正是由于交流方式的不同，从而形成传播类型的差异，进而导致文化形态的区别。这实在是个看似寻常却奇崛的道理。拿中国来说，士大夫阶层那种"机智的文字游戏、婉转的表达法、引经据典以及洗练而纯粹的文字修养"①等，还不都是基于汉字及其特性么？无怪乎韦伯要说："士人的威望并非基于一种由神秘的魔力所构成的神性，而是基于此等书写与文献上的知识"②"而其社会地位也是基于这种书写与文献上的知识"③。

至于帕森斯"哲学的突破"（philosophic breakthrough）这一观点，在国际学界更是引起广泛兴趣。他所说的突破乃指：

> 在公元前第一个一千年中的希腊、以色列、印度和中国，至少是部分各自独立地和以非常不同的形式，作为人类环境的宇宙性质的明确的概念化，达到了一个新的水平。伴随着这一过程，也产生对人类自身及其更大意义的解释。④

按照这一突破理论，世界上几个主要文化系统中的学术传统与思想体系都是在这一千年中定型的，由此而形成了各自看待自然、社会、历史的理念，并使之凝聚在一套独特的话语之中，文化的基础由此而奠定。在这一过程中，圣哲人物的出现及作用尤为重要。如中国的孔子、老子、庄子，古希腊的苏格拉底、柏拉图，以色列的先知，印度的释迦牟尼等，都是哲学的突破的代表。一句话，"所谓'突破'是指某一民族在文化发展到一定的阶段时对自身在宇宙中的位置与历史上的处境发生了一种系统性、超越性和批判性的反省；通过反省，思想的形态确立了，旧传统也改变了，整个文化终于进入了一个崭新的、更高的境界"⑤。

上述两个基本的进步特别是哲学的突破，带来两个特别显著的后果，而这两个后果又都作用于作为"社会角色范畴"（social role category）的知识分子：

---

① [德]韦伯：《儒教与道教》，洪天福译，155页。
② [德]韦伯：《儒教与道教》，洪天福译，129页。
③ 同上，128页。
④ [美]帕森斯：《"知识分子"：一个社会角色范畴》，阎步克译，载《文化：中国与世界》，第三辑，357页。
⑤ 余英时：《士与中国文化》，91页。

其中之一，就是一些特别团体的日益增长的显要地位，这些团体由以不同方式在文化事务上形成专门家的社会群体与角色类型组成。①

也就是说，出现了一个纯粹文化功能上的精英群体。按诸中国历史，最早的士恰恰是在商周时代亦即哲学的突破发生之际出现的，正如余英时所断言的："中国知识分子之形成一自觉的社会集团是在春秋战国之际才正式开始的。"②另一个结果，就是教育"在更为精致的基础上组织起来，超越了最简单的门徒制度。特别是在中国，一旦孔教得到了教条的地位和变为官僚资格的前提，其教育的正规学校就被建立了"③。当一种文化传统经由文字而发生哲学的突破或曰"超越的突破"（transcendent breakthrough）后，教育便仿佛成为程式化批量化地塑造知识分子的母机，"相对纯粹的文化关注之中的专门化过程才趋于结晶出来"④。以中国为例，三坟五典之类的经典文本以及大量的注释、考辨、解析等著述，多是出于教育的功能，出于培养"以此道觉此民"（《孟子·万章》下）的士人的需要。

综上所述，无论从社会史考察，还是从文化史辨析，无论是基于士在历代的作为，还是鉴于知识分子在各类传统中的角色，我们在清点传播的遗产时，都不能不把士人单列一项，不能不突破官方/民间的平面格局而确立一种三维空间的架构。如果说"文化和思想的传承与创新自始到终都是士的中心任务"⑤，如果说"为天地立心，为生民立命，为往圣继绝学，为万世开太平"（张载）是历代士人所期许的志业，那么他们事实上就是以韩愈首倡的"道统"而与官方的政统和民间的传统形成三足鼎立之势。这一事实，足以成为士人传播之独立成列的根本依据，成为"官方·士人·民间"三种传播类型的划分缘由。

---

① [美]帕森斯：《"知识分子"：一个社会角色范畴》，阎步克译，载《文化：中国与世界》，第三辑，358页。
② 余英时：《士与中国文化》，87页。
③ [美]帕森斯：《"知识分子"：一个社会角色范畴》，阎步克译，载《文化：中国与世界》，第三辑，360页。
④ 同上。
⑤ 余英时：《士与中国文化》，自序第1页。

# 唐 代 的 士

"就中国的盛世与文化的真正创造而言,唐朝的光芒至今仍闪烁不息。唐代首次(公元7世纪)规定了士人的地位,并设立了培养他们的大学。另外又创造了翰林院,即所谓的'科学院'(Akademie,或译研究院)。翰林院首先是编纂史书以了解前贤往事,其次它负责检查皇帝的行为是否符合习俗或道德标准。"[①]韦伯的"外行"话听来固然似是而非,不过唐世士人的地位着实非比以往,士人的形象更是别开生面,其独立性、能动性与自主性都表露得异常鲜明。极而言之,唐代文明的圣火是由这一有声有色的士人群体高擎着簇拥着,大唐盛世的风采更被他们的风流俊爽渲染得光华灿烂、耀眼夺目,不论清流抑或浊流,他们均为有唐一代活灵活现的灵魂,犹如大河上下的波涌浪翻,飞珠溅玉。设非如此,假如唐代的历史星空上没有这般个性鲜明、闪闪烁烁、文采风流、光照千秋的士人,那么不管大唐的武功多么显赫,国力多么强盛,疆域多么辽阔,四夷多么宾服,充其量也不过是另一个只识弯弓射大雕的蒙元之世而不免乏味、沉闷、索然无趣。

程蔷与董乃斌先生在《唐代的精神文明》一书中,提出一个颇有启发的见解,即士风是世风的代表,是世俗风气的集中体现。他们说:"知识分子作为一个群体,其精神面貌和行为方式的基本特征,往往更为集中、典型地蕴含着时代文化精神的内核和本质。"[②]概略地说,唐代的世风也以安史之乱为界划开前后两段,前段承续古风,后段开启新尚。古典文明至盛唐而臻于极致,近世潮流从中唐而渐启端续。古典者,大漠风尘的英雄主义也;近世者,小桥流水的平民主义也。正如费正清等所言:

> 六朝和唐代前期在许多方面是古代中国历史的最后阶段;唐代后期与在此之后的宋代(960—1276)组成后来中国历史的最初阶段。事实上人们可以称这一时期为"近代早期"阶段,因为这时的文化直至20世纪初都是中国的典型文化。其中许多东西在以后的一千年中证明

---

[①] [德]韦伯:《儒教与道教》,洪天富译,139页。
[②] 程蔷、董乃斌:《唐帝国的精神文明》,405页。

是中国最典型的东西，至少在唐代后期开始萌芽，而在宋代开始繁荣。①

费正清乃美国首屈一指的汉学家，他的见地自非韦伯的隔靴搔痒所能比。真是英雄所见略同，柳诒徵先生在其传世力作《中国文化史》中也写道：

> 自唐迄宋，变化孔多。其大者则藩镇之祸，诸族之兴，皆于政治文教有种种之变化；其细者则女子之缠足，贵族之高坐，亦可以见体质风俗之不同。而雕版印刷之术之勃兴，尤于文化有大关系。故自唐室中晚以降，为吾国中世纪变化最大之时期。前者犹多古风，后则别成一种社会。综而观之，无往不见其蜕化之迹焉。②

准此则中唐之世也可谓中国历史上之一大变局也（借李鸿章语）。

与此历史演化及社会变迁相对应，唐代的士人风貌也是前后相别，颇异其趣。唐代前期，尤其是"太宗、高宗两朝，国势之盛，旷古无两"（桑原骘藏）③，而思想文化更是汇容百川，吞吐万象，形成"集秦汉之雄伟博大、魏晋之飘逸潇洒、天竺之超脱思辨、诸胡之自由强悍"④的精神格局，其意气风发、激扬蹈厉的时代风气直如王维一首七律所一气宣泄的：

> 居延城外猎天骄，白草连天野火烧。
> 暮云空碛时驱马，秋日平原好射雕。
> 护羌校尉朝乘障，破虏将军夜渡辽。
> 玉靶角弓珠勒马，汉家将赐霍嫖姚。

这首《出塞作》简直就是盛唐气象的精神大写意，浓墨重彩，生龙活虎。身处这样一个闳放、博大、开朗的时代，浸注于这样一种宽松、自信、兼容的氛围，知识分子的主体意识怎不腾然高涨，建功立业奋发进取怎不蔚然成风，于是他们对酒当歌，吟唱出一曲曲热血沸腾令后人追慕不已的英雄诗章：

---

① [美]费正清、赖肖尔：《中国传统与变革》，陈仲丹等译，118页。
② 柳诒徵：《中国文化史》，下册，488页，北京，中国大百科全书出版社，1988。
③ 同上，434页。
④ 赵文润主编：《隋唐文化史》，365页。

大漠孤烟直，长河落日圆。（王维）
宁为百夫长，胜作一书生。（杨炯）
致君尧舜上，再使风俗淳。（杜甫）
平生怀仗剑，慷慨即投笔。（刘希夷）
但使龙城飞将在，不教胡马度阴山。（王昌龄）
气岸遥凌豪士前，风流肯落他人后。（李白）
白日登山望烽火，黄昏饮马傍交河。（李颀）
汉家烟尘在东北，汉将辞家破残贼。（高适）
葡萄美酒夜光杯，欲饮琵琶马上催。
醉卧沙场君莫笑，古来征战几人回。（王翰）

  他们"即使有时心头飘过一丝忧郁与怅惘，也往往是青春年华时代对人生与宇宙哲理反复涵咏后，忽然觉悟时的淡淡哀伤"①。"人生代代无穷已，江月年年只相似"（张若虚）、"年年岁岁花相似，岁岁年年人不同"（刘希夷）一类看似颓唐消沉的咏叹大可不必当真，倒可视之为少年英雄在"相逢意气为君饮，系马高楼垂柳边"之际故作深沉的表白。

  随着安史之乱的爆发以及其后绵延200余年的国家分裂、社会动荡，古典文明的辉煌便一去不复返了，一种新的"更行更远还生"的世风渐渐滋生、弥漫、延展，从而使唐世后期的历史图景全面改观。清华大学的葛兆光先生认为，"唐、宋文化的嬗变，在中国文化史上也许是最值得研究的题目之一。唐文化与宋文化，分别代表了两种截然不同的文化精神，前者可以说是古典文化的巅峰，后者则是近代文化的滥觞，然而，在这两者之间，有一个相当长的过渡带。它包括了中唐到北宋这几百年时间，在这过渡带里，思想、学术、习俗等方面的新旧交替，构成了一个很复杂的动态流程"②。与此相应，唐代的士风也发生根本性的转型，士大夫的心态渐由外倾返归内敛，由激昂沉于委顿，由兴奋趋向麻木，由进取转为沉潜，仿佛有一种浓浓的、挥之不去的世纪末情绪在士人中飘来荡去。用葛兆光精彩的描绘来说：

---

① 葛兆光：《道教与中国文化》，170页。
② 同上，216页。

人们再也看不到盛唐时代人那种恢宏阔大、豪爽自信的气魄,而只能看到一种小心翼翼、忍耐克制的心理性格,人们所追求的人生理想生活,再也不是魏晋士大夫那种蔑视一切、裸裎狂饮、神思入冥的超尘脱俗,也不是盛唐时代那种出将入相、铁马金戈式的建功立业或豪侠少年、醇酒美女式的放荡不羁,而是"简而同,肆而恭,衍衍而从容",以求一种内心宁静了;人们的审美情趣,也从盛唐的那些"白日""黄河""天姥""岱宗""大江""戈壁",一变而为深庭小院式的细琐平易;人们的"好奇"心理——即对陌生的新事物的浓厚兴趣与探究热情——被一种对熟悉的旧事物的依恋心理即"亲切感"所代替;外部世界仿佛都与我无关,人们躲在封闭的内心世界里用"天理"调整着自己的一切思维、行为,调节着自己的心理平衡。①

特别是当晚唐士人回首前代的荣光、目睹当下的无奈、瞻望前程的迷茫时,自会不由地从心底发出一声轻轻的叹息:"夕阳无限好,只是近黄昏。"这是李商隐《登乐游原》中的名句。不无象征意味且耐人寻味的是,乐游原恰为盛唐时代长安士女郊游踏青赏花饮酒的胜地,"其地四望宽敞,每三月上巳,九月重阳,士女游戏,就此祓禊登高,幄幕云布,车马填塞,虹彩映日,馨香满路"②。而如今胜景不再,人去原空,乐游原无乐无游,一片荒凉,只有一位诗人孤寂的背影消融于落日的余晖,夕阳残照。

关于唐代前后期士风的变异,前人多所论及,我们也不必去一一考稽往史,这里只想举出元人辛文房《唐才子传》所载两位诗人的行迹,从中便不难察觉这一士风的流变,察觉古典精神向近世情趣的嬗替。这两位诗人一位是前期的王之涣,一位是后期的王涣:

> (王)之涣,蓟门人,少有侠气,所从游皆五陵少年,击剑悲歌,从禽纵酒。后折节工文,十年名誉日振。耻困场屋(科举考场),遂交谒名公。为诗情致雅畅,得齐、梁之风。每有作,乐工辄取以被声律。与王昌龄、高适、畅当忘形尔汝,尝(曾经)共诣旗亭(酒店)。有

---

① 葛兆光:《道教与中国文化》,225页。
② (清)徐松撰,李健超增订:《增订唐两京城坊考》,134页。

梨园名部(名艺人)继至。(王)昌龄等曰:"我辈擅诗名,未定甲乙。可观诸伶讴诗,以多者为优。"一伶唱昌龄二绝句,一唱(高)适一绝句。(王)之涣曰:"乐人所唱皆下俚之词。"须臾,一佳妓唱曰:"黄沙远上白云间,一片孤城万仞山。羌笛何须怨杨柳,春风不度玉门关。"复唱二绝,皆之涣词。三子大笑。(王之涣)曰:"田舍奴(求田问舍的乡巴佬),吾岂妄哉!"诸伶皆不谕其故,(弄明就里后)拜曰:"肉眼不识泰山。"三子(指王之涣、王昌龄和高适,前文提及的畅当显系误入)从之酣醉终日。其狂放如此云。[①]

这段趣闻,就是为人所乐道的"旗亭画壁"的故事。此事在唐人薛用弱《集异记》里有更为详尽而生动的记述。在这段轶事中,盛唐士人那种疏狂放达胸胆开张的形貌气质,简直跃然纸上、活灵活现。而当镜头由此转向晚唐的王涣时,轰轰烈烈的燕赵悲歌便一下化为呢呢喃喃的姑苏小唱了:

> (王)涣工诗,情极婉丽。常为《惆怅诗》十三首,悉古佳人才子深怀感怨者——崔氏莺莺、汉武李夫人、陈乐昌主、绿珠、张丽华、王明君,及苏武、刘、阮辈事成篇,哀伤媚妩。如"谢家池塘花笼月,萧寺房廊竹飐风。夜半酒醒凭槛立,所思多在别离中",又"梦里分明入汉宫,觉来灯背锦屏空。紫台月落关山晓,肠断君王信画工"等,皆绝唱,脍炙士林。在晚唐诗人中,霄壤不侔矣。[②]

文中的"脍炙士林"一语,尤堪留意。它表明王涣的"惆怅"不独为个人的心绪,也是士大夫共同的隐衷,因而才产生普遍的共鸣。

《诗品》的作者、晚唐时人司空图在一封《与王驾评诗书》的信里,有一段精炼勾勒唐代诗风演化线索的文字,而这段文字也等于传神地显现出唐代士风的迁转:

> 国初雅风特盛,沈(佺期)、宋(之问)始兴之后,杰出于江宁(王昌龄),宏思至李杜极矣。右丞(王维)、苏州(韦应物),趣味澄复,

---

① 《唐才子传》卷3。
② 《唐才子传》卷10。

若清流之贯远。

（中唐）大历十数公，抑又其次。元（稹）白（居易）力勍（强劲）而气屏，乃都市之豪估（巨商富贾）耳。刘梦得（刘禹锡）、杨巨源亦各有胜会。浪仙（贾岛）、无可、刘得仁辈，时得佳致，亦足涤烦。

（晚唐）厥后所闻，徒褊浅矣。河汾蟠郁之气，宜继有人。①

这就是典型的唐代士人及士风，由此而构成了唐代士人传播的行为主体。

# 唐代的士人传播

我们所谓的唐代士人，实际上包含着泛指与确指两层意思。从泛指的层面讲，指所有以读书为业的文化人，其中既有布衣，也有官宦，既有处士，也有显达，亦即常说的达则兼济天下穷则独善其身的士人。从确指的层面讲，主要指开科取士之士，亦即唐人说的"士子""举人"。他们又可细分为三类：一是已经科举及第的进士、明经等；二是获得应试资格的贡举人，包括国子监保送参加考试的国子明经、国子进士和各州每年选拔的乡贡明经、乡贡进士等②；三是尚未获得科举考试资格的一般读书人。三者人数依次呈大幅度递增之势。有幸中举的从来都是极少数，"进士录取人数每年不过二三十人"③。前来应试的贡举人数目则已相当可观，如杜佑说："开元、天宝之中，一岁贡举，凡有数千"④，赵匡也说："大率二十人中方收一人，故没齿而不登科者甚众"⑤。至于埋头苦读而准备参加各种预选以争取应试资格的士人，则多得难以全面统计了。这三方相加，便是我们确指的唐代士人。这里之所以要用科场的标尺来界定唐代士人，是因为对于当时

---

① 《全唐文》卷809。
② 参见吴宗国：《唐代科举制度研究》，291页，沈阳，辽宁大学出版社，1992。
③ 同上，63页。
④ 《通典》卷18。
⑤ 《通典》卷17。

的一切"间阎秀异之士,乡曲博雅之儒"[①]来说,不管趋之若鹜还是不屑一顾,事实上他们都直接或间接地被卷入科举制度的人生旋涡,都无可逃避地被置于科场功名的社会磁场,即使真的清高自守满不在乎,内心也不能不受这套机制的挤压。贞观初,唐太宗有一次微服私行,看到鱼贯而出的新科进士而露得意之色,欣欣然说了句流传千古的话:"天下英雄人吾彀中(箭能射及的范围,喻牢笼、圈套)矣!"[②]此言看似大话而实则一点也不夸张。天下的士人确实被始于隋而兴于唐的开科取士制度一网打尽了。

明确了唐代士人的概念,士人传播的含义也就容易说明了。它无非是指发生于士人中间的人际交往与信息流通。此类交流包罗广泛,其中新闻传播只是一个方面,而这个方面是我们关注的重点。由于士人处于上通官方下联民间的社会位置,更由于他们在制约信息影响舆论上的传播能量,他们的一切交往行为便自然构成唐代新闻传播活动的重要方面。至于唐代的士人传播具有怎样一种面貌?它由哪些要素所构成?形成何种特色?产生何种影响?在中国新闻传播发达史上处于什么位置?等等。这些都是下面所要探讨的问题。我们先总论,再分论,先全面踏勘,再重点钻探。

在唐代,士人传播主要借助于语言与文字。前者的作用体现在交友、远游、拜谒等活动中,后者的功能展示于通信、题诗、著述等行为上。前者属直接的信息交往,后者为间接的人际传播。士人间的直接交往虽然也有别于草民百姓,像"开轩面场圃,把酒话桑麻。待到重阳日,还来就菊花"一类的雅事,就不是普通民众所能企及;但是,用语言交流信息的实质则对士民并无二致。然而,士人间通过文字的间接沟通,就与普通民众无缘了,士人传播的真正意义也正在于此,它的种种功能与特征说到底都源于文字这个似乎司空见惯不以为奇的东西。

士人传播的内容,一般不外乎经籍、诗文、政事与时务四个方面,即隋文帝所说的"明知今古,通识治乱,究政教之本,达礼乐之源"和隋炀帝所说的"笃志好古,耽悦典坟,学行优敏,堪膺时务"[③]之属。其中,政

---

[①] 隋文帝仁寿三年七月求贤诏,见《隋书》卷1。
[②] 《太平广记》卷178。
[③] 《隋书》卷1,卷3。

事与时务多属新闻,与现实密切相关。余英时先生曾指出,"隋唐时代除了佛教徒(特别是禅宗)继续其拯救众生的悲愿外,诗人、文人如杜甫、韩愈、柳宗元、白居易之伦更足以代表当时'社会的良心'"①。所谓社会良心,既指他们的超越性追求,更指他们对国计民瘼的人世性承担。这份强烈的社会责任感形于歌诗,播诸人口,往往便成为舆论的焦点。正如白居易在一封致元稹的书信中,谈及自己的诗歌广为流传毁誉不一的情形:

> 凡闻仆《贺雨诗》,众口籍籍,以为非宜矣。闻仆《哭孔戡诗》,众面脉脉,尽不说矣。闻《秦中吟》,则权豪贵近者相目而变色矣。闻《登乐游园》寄足下诗,则执政柄者扼腕矣。闻《宿紫阁村》诗,则握军要者切齿矣。大率如此,不可遍举。不相与者,号为沽誉,号为诋讦,号为讪谤。……呜呼!……(岂)天意不欲使下人病苦闻于上耶?
> ……
>
> 及再来长安,又闻有军使高霞寓者,欲聘倡妓,妓大夸曰:"我诵得白学士《长恨歌》,岂同他哉?"由是增价。又足下书云:到通州(四川达州)日,见江馆柱间有题仆诗者。何人哉?又昨过汉南日,适遇主人集众娱乐他宾,诸妓见仆来,指而相顾曰:此是《秦中吟》《长恨歌》主耳。自长安抵江西三四千里,凡乡校、佛寺、逆旅、行舟之中,往往有题仆诗者;士庶、僧徒、孀妇、处女之口,每有咏仆诗者。②

同为人际传播,士人的交往相对于官方与民间就享有更大的言论空间和自由度,后者一则受制于谨言慎行的自律,一则受制于无权无势的他律。因而,士人间的消息传布、信息流通就显得异常活跃,凡事经过士人一传总能引起朝野关注的轰动效应,所谓"一日名动京师,三日传遍天下"③,在士人传播中毫不稀奇。被当成不掩人善的典故"说项",就颇能说明问题。据《尚书故实》记载:

---

① 余英时:《士与中国文化》,自序第10页。
② 《旧唐书》卷166。
③ 《唐才子传》卷7"赵嘏"。

杨祭酒敬之爱才公心。尝知江表之士项斯，赠诗曰："处处见诗诗总好，及观标格过于诗。平生不解藏人善，到处相逢说项斯。"因此（项斯）名振，遂登高科也。①

　　另据《唐摭言》，牛僧孺始举进士，尚未知名，以诗文拜谒当时文坛巨擘韩愈、皇甫湜，得二公赏识，意欲提携。于是，某日他俩乘其外出不备，故意登门造访，在门上大书"韩愈、皇甫湜同访几官不遇"几个字。第二天，京城名士纷至沓来，竞相观看，此事迅速传播开来，牛僧孺名声大噪。②也许，最说明问题的还是下面这出陈子昂导演的悲喜剧：

　　（陈子昂）十年居京师，不为人知。时东市有卖胡琴者，其价百万，日有豪贵传视，无辨者。子昂突出于众，谓左右："可辇千缗市之。"众咸惊问曰："何用之？"答曰："余善此乐。"或有好事者曰："可得一闻乎？"答曰："余居宣阳里，"指其第处，"并具有酒，明日专候。不唯众君子荣顾，且各宜邀召闻名者齐赴，乃幸遇也。"来晨，集者凡百余人，皆当时重誉之士。子昂大张宴席，具珍羞。食毕，起捧胡琴，当前语曰："蜀人陈子昂有文百轴，驰走京毂，碌碌尘土，不为人所知。此乐（器乃）贱工之役，岂余留心哉！"遂举而弃之，舁（yú，共同抬东西）文轴两案，遍赠会者。会既散，一日之内，声华溢都。③

　　士人传播的效力于此可见一斑。

　　不过，足以代表士人传播及特性的还不是口耳相传，而是以文字为载体的信息扩散。在唐代的士人看来，像当今消息、通讯、评论之类的新闻报道是不可思议的。一来根本不允许写，二来即使写了也无处刊登，三来就算登了也没有多少人看得懂，除了士人之外。但这并不等于当时的士人不能借助文字传布新闻，扩散信息。事实上，在唐代士人的笔下，我们能读到大量类似新闻报道的文字。这类文字传统上或被划入文学，或被归于历史。这固然无可非议。但从当代传播研究的角度看，它们又未始不是新

---

① 周勋初主编：《唐人轶事汇编》，下册，1238页。
② 参见《太平广记》卷180。
③ 《太平广记》卷179。

闻传播在特定历史条件下的形式构成。宁树藩先生在分析新闻文体的形成与发展时写道：

> 新闻文体系列——消息（又分电讯、简讯、综合消息等）、通讯（又分人物通讯、事件通讯、旅游通讯等）、特写、报告文学、答记者问、新闻公报……等等，是怎么形成的？是什么因素把它贯穿在一起？一句话，它们是适应传递新闻信息的需要形成的，是传递新闻信息的功能将上述新闻体裁系列贯穿在一起的。传递新闻信息是它们赖以存在的内在根据，不同的条件和要求是新闻文体呈现多样化的外部因素。[①]

这一论断适用于现代，同样也适用于古代。

## 歌诗合为事而作

概括地讲，唐代士人的"文笔"即传递各类信息的独特手段，大致分为三个系列：一是文章，如书信，二是诗歌，三是著述，如笔记。文章和著述，就传播对象而言还是着意于士人自身，传播范围毕竟有限。而诗歌则不同，它是一开放的领域，面向整个社会，所谓"自衣冠士子，至闾阎下俚，悉传讽之"[②]。台湾朱传誉先生有一观点："口头传播是最早的传播方式之一，韵文则是为了便于口传的最早的传播技术。"[③]的确，从《诗经》中的"关关雎鸠，在河之洲"，"硕鼠硕鼠，无食我粟"开始，韵文在我国传播史上一直发挥着极其重要的作用。清代学人、《唐诗别裁》的编著者沈德潜为了考稽唐诗的源流，曾将先秦至隋代的"韵文"名作编成一本《古诗源》。古诗者，是与讲究诗律的近体诗相对而言的。在这部中国传统文化的著名典籍中，我们不仅能欣赏到历代诗歌的名篇佳句，还能挖掘出不少新闻报道的断简残编。如《匈奴歌》"失我焉支山，使我妇女无颜色。失我祁

---

① 宁树藩：《信息观念与大陆新闻学研究》，见《中国大陆新闻传播研究》，25页。
② 《旧唐书》卷166《元稹传》。
③ 朱传誉：《先秦唐宋明清新闻事业论集》，3页。

连山，使我六畜不蕃息"，无异于报道了匈奴战败后的悲苦境况。再如《吴谣》"曲有误，周郎顾"，好似一则短小有趣的花絮，说的是周瑜精通音律，一旦演奏有误，即使他正与人高谈阔论，也会不自觉地回头扫一眼。至于像《陌上桑》《木兰辞》《孔雀东南飞》等，就更如用韵文写成的通讯报道了。梁实秋在一篇散文中，曾回忆乃师梁启超当年讲解《古诗源·箜篌引》一诗的动情场面。而《箜篌引》"公无渡河，公竟渡河。堕河而死，当奈公何"，讲述的正是一则令人心痛神伤的社会新闻：

> 朝鲜津卒霍里子高，晨起刺船。有一白首狂夫，披发提壶，乱流而渡。其妻随而止之，不及，（狂夫）遂坠河而死，妻援箜篌而鼓之，作公无渡河之曲，声甚凄怆。曲终亦投河而死。子高还，语其妻丽玉。丽玉伤之，乃引箜篌而写其声，名曰《箜篌引》。①

此情此景此新闻，经过"中国近现代史上名气最大的新闻传播学大师梁启超"（方汉奇语）的生动演绎，给当年的清华学子梁实秋留下难忘印象："这四句十六个字，经他一朗诵，再经他一解释，活画出一出悲剧，其中有起承转合，有情节，有背景，有人物，有情感。我在听先生这篇演讲后约二十余年，偶然获得机缘在茅津渡候船渡河。但见黄沙弥漫，黄流滚滚，景象苍茫，不禁哀从中来，顿时忆起先生讲的这首古诗。"（《记梁任公先生的一次演讲》）

到了唐代，歌诗之作在新闻传播活动中的地位就更为突出。众所周知，唐代是个诗歌遍地开花全面繁荣的黄金时期，诗歌的数量之多、作者之众、传布之广、影响之大，都是空前绝后的。据清人《全唐诗》及今人陈尚君《全唐诗补编》统计，有唐一代计有作者3 600余人，存诗55 000首。这肯定是远不完整的数字。因为，"诗歌创作在唐代是一种普遍的社会文化现象"，"诗歌的作者群非常广大，不但帝王和高级官僚参与其中，大量中下级官僚以及普通士人，乃至和尚、道士、妓女等各种身份的有一定文化修养的人们，也都热情地从事诗歌创作"②。其间，必有大量作者的不少作

---

① 《古诗源》卷3。
② 章培恒、骆玉明主编：《中国文学史》，（中），11页。

品在流传中或流传前就已遗失。唐诗除了数量多质量高之外，其内容也是丰富多彩、无所不包，完全像一部唐代社会的百科全书。正如葛兆光先生所言：

> 唐代诗人，本身来自于社会的各个阶层，并且不少人来自社会的中下层，他们对社会各方面的情况较前人有更深刻的了解和体验，自身的经历也更为曲折丰富，加上时代的变化，使他们具有干涉社会、干涉政治的信心和勇气，因此唐诗所反映的社会生活层面就显著扩展了。诗人对各种社会现象、社会问题的观察与思考，诗人自身不同的人生观念与人生理想，都在诗歌中充分表现出来，这就造成唐诗丰富多彩的面貌。①

我们不应把唐代诗人理解为现代意义上专门以写诗为业的艺术家，而应看到对唐人尤其是唐代士人来说，吟诗做歌乃属必不可少的人生内容，就像牧人天天骑马一样的不足为奇。

鉴于诗歌在唐人生活中无所不在、无所不包的情形，我们几乎可把士人传播简单地概括为"诗传"。从包罗万象、无孔不入的意义上讲，唐代的诗传与现代的媒介倒是不无相似，即都像空气一般浸润着人们的言行举止，影响着社会的起承转合。关于唐代的诗传之效，用不着长篇大论，只需随意举上几例就足够了。据晚唐士人段成式，在其笔记著作《酉阳杂俎》中记载：

> 荆州街子葛清，勇不肤挠，自颈以下遍刺白居易舍人诗。（段）成式尝与荆客陈至呼观之，令其自解，背上亦能暗记。反手指其扎处，至"不是此花偏爱菊"，则有一人持杯临菊丛。……凡刻三十余首，体无完肤。陈至呼（他）为白舍人行诗图也。②

一个下层杂役之人居然因为酷爱白居易的诗，把全身上下刺得体无完肤，刻满诗句，可见唐诗是如何深入人心。这位荆州街子的痴迷丝毫不亚

---

① 章培恒、骆玉明主编：《中国文学史》，（中），12页。
② 《酉阳杂俎》前集卷8。

于当今的追星族。再看一例:

> 唐末,有宜春人王毂者,以歌诗擅名于时。尝作《玉树曲》,云"……君臣犹在醉乡中,面上已无陈日月"(讽刺陈后主)。此词大播于人口。(王)毂未(及)第时,尝于市廛中忽见同人被无赖辈殴打。毂(上)前救之,扬声曰:"莫无礼,识吾否?吾便是解道'君臣犹在醉乡中,面上已无陈日月'者。"无赖辈闻之,敛衽惭谢而退。①

提到诗人诗作,连地痞流氓都晓得都敬畏,表明唐代的歌诗直如现代的流行歌曲似的深入人心。至于下面这首郑愚的戏谑之作《拟权龙褒体赠鄂县李令及寄朝右》,甚至使一个县令都为之免官:

> 郭县李长官,横琴膝上弄。不闻有政声,但见手子动。②

这不是颇有舆论监督的意味么?此诗题目中的权龙褒,在中宗朝当过瀛州刺史,他的诗多打油之作,不过《初到沧州呈州官》倒不失为一条意含针砭现实的"现场短新闻":"遥看沧海城,杨柳郁青青。中央一群汉,聚坐打杯觥。"③

诗传的领域浩如烟海,即使仅梳理新闻传播一隅也觉得恒河沙数几无可能。好在我们的目的并不在于全面展示唐人诗传中的新闻作品,而只是通过提示此一现象来说明士人传播的内蕴与特征,说明唐代士人主要借助歌诗这一大众化手段面向社会传播新闻信息的事实。不用说,这类歌诗中的典型莫过于白居易的《秦中吟》《新乐府》等50首历来为人称道的新乐府作品。从传播的立意看,这些作品本属"歌诗合为事而作"(《与元九书》),原是"为君为臣为民为物为事而作,不为文而作"(《新乐府序》),就是说是有意反映现实问题、揭露社会弊端、记述民生疾苦的。从传播的过程看,"其辞质而径,欲见之者易喻也;其言直而切,欲闻之者深诫也;其事核而实,使采之者传信也;其体顺而肆,可以播于乐章歌曲也"(《新乐府

---

① 周勋初主编:《唐人轶事汇编》,下册,1669页。

② 《全唐诗》卷870。

③ 《全唐诗》卷869。

序》)。此处白居易专门提到"核而实",说明新乐府确是有真凭实据的,经得起核实。"后人评白诗如山东父老课农桑,言言皆实者也。"(《唐才子传》卷6)最后,从传播的效果看,更是显而易见不待多言,就像人们常引的元稹一段话里说到的:"禁省、观寺、邮候墙壁之上无不书,王公、妾妇、牛童、马走之口无不道。"更有甚者,朝鲜半岛上的鸡林国商人"求市(买白诗)颇切,自云本国宰相,每以百金换一篇,其甚伪者,宰相辄能辨别之。自篇章以来,未有如是流传之广者"(《白氏长庆集序》)。

如果把白居易的新乐府视为新闻作品,那么其中人物新闻、事件新闻、综合新闻、特写、花絮、述评等各类新闻体裁几乎无不兼备。以人物为主的,可以举出人所熟知的《卖炭翁》《杜陵叟》《上阳白发人》《新丰折臂翁》等。《新丰折臂翁》中的老人当年为逃避兵役而"偷将大石捶折臂",千古之下来仍感到触目惊心。诗中借老翁之口说道:

> 此臂折来六十年,一肢虽废一身全。至今风雨阴寒夜,直到天明痛不眠。痛不眠,终不悔,且喜老身今独在。不然当时泸水头,身死魂孤骨不收。应作云南望乡鬼,万人冢上哭呦呦。

这位八十八岁的老人一生如此悲惨,却深自庆幸"一肢虽废一身全",这怎不使人愈发心痛。

白诗中属事件新闻类的《捕蝗》《大水》《买花》《道州民》等,都宛若一篇篇立意深刻以小见大的新闻力作。像《买花》中那位田舍翁的感叹之辞——"一丛深色花,十户中人赋",至今仍能引发人们的共鸣。而像《道州民》里写到的以侏儒进贡的残忍事件,就不是一般官方报道如正史所能透露的了:

> 道州(今湖南道县)民,多侏儒,长者不过三尺余。市作矮奴年进送,号为道州任土贡。任土贡,宁若斯?不闻使人生别离,老翁哭孙母哭儿。……

综合新闻类的代表作,以《伤宅》《重赋》《立碑》《缭绫》等较为知名。《伤宅》中的"厨有臭败肉,库有贯朽钱",与杜甫的名句"朱门酒肉臭,路有冻死骨"相比,达到了同样的现实主义深度。《重赋》一篇,更是全面反映了底层民众所受的盘剥与勒索，有细节有概括，有问题有分析，不愧为一篇佳作：

> 国家定两税（指中唐后实施的两税法），本意在爱人。厥初防其淫，明敕内外臣："税外加一物，皆以枉法论！"奈何岁月久，贪吏得因循。浚我以求宠，敛索无冬春。织绢未成匹，缫丝未盈斤。里胥迫我纳，不许暂逡巡。岁暮天地闭，阴风生破村。夜深烟火尽，霰雪白纷纷。幼者形不蔽，老者体无温。悲喘与寒气，并入鼻中辛。昨日输残税，因窥官库门。缯帛如山积，丝絮如云屯。号为羡余物，随月献至尊。夺我身上暖，买尔眼前恩。进入琼林库（指宫廷库房），岁久化为尘。

白居易新乐府中的新闻特写，当以《轻肥》和《宿紫阁山北村》为典范。两诗都鲜明生动地刻画了骄纵跋扈的内臣即宦官形象，给中唐以后不可一世的宦官群体勾画出传神的一笔。在《轻肥》中，他先写"意气骄满路，鞍马光照尘"的内臣如何得意扬扬走马赴宴，又如何"樽罍溢九酝，水陆罗八珍。果擘洞庭橘，脍切天池鳞"，而最后以一句"是岁江南旱，衢州人食人"戛然而止，使作品的意义在强烈的对比中一下凸显出来，从而获得极富心灵震撼的传播效果。至于《宿紫阁山北村》，就更像是一幅短小精粹言简意赅的新闻素描：

> 晨游紫阁峰，暮宿山下村。村老见余喜，为余开一尊。举杯未及饮，暴卒来入门。紫衣挟刀斧，草草十余人。夺我席上酒，掣我盘中飧。主人退后立，敛手反如宾。中庭有奇树，种来三十春。主人惜不得，持斧断其根。（暴卒们）口称采造家，身属神策军（宦官掌管的禁军）。主人慎勿语，中尉（神策军统帅）正承恩。

与以上严肃沉重的新闻相比，可当社会新闻观之的《时世妆》一篇读来就轻松多了，犹如一则新闻花絮：

> 时世妆，时世妆，出自城中传四方。时世流行无远近，腮不施朱面无粉。乌膏注唇唇似泥，双眉画作八字低。妍媸黑白失本态，妆成尽似含悲啼。

笔调中流露出戏谑的味道。倘将"乌膏注唇唇似泥"同当代某种时尚联系起来读，可能就更有味道了。

白居易这些犹如新闻报道的乐府歌诗，不仅内容上以反映时事为主，而且形式上也往往将时间、地点、人物、事件、原因等新闻作品要素包括齐全。如《春雪》一开始交代时间："元和岁在卯（辛卯），六年（元和六年即811年）春二月。月晦（月份的最后一天）寒食天，天阴夜飞雪。"《村居苦寒》一诗更像以导语开篇："八年十二月，五日雪纷纷。"另外，值得留意的是，这些新闻诗作中有的简直就如同独家报道，使我们不免对其新闻来源产生好奇，像下面这首《缚戎人》：

> 缚戎人，缚戎人，耳穿面破驱入秦。天子矜怜不忍杀，诏徙东南吴与越。……身被金创面多瘠，扶病徒行日一驿（三十里）。朝餐饥渴费杯盘，夜卧腥臊污床席。忽逢江水忆交河（在吐鲁番），垂手齐声呜咽歌。其中一虏语诸虏："尔苦非多我苦多。"同伴行人因借问，欲说喉中气愤愤。自云乡贯（籍贯）本凉原，大历年中没落蕃（失陷于吐蕃）。一落蕃中四十载，遣着皮裘系毛带。唯许正朝服汉仪，敛衣整巾潜泪垂。誓心密定归乡计，不使蕃中妻子知。……蕃候严兵鸟不飞，脱身冒死奔逃归。昼伏宵行经大漠，云阴月黑风沙恶。惊藏青冢寒草疏，偷渡黄河夜冰薄。忽闻汉军鼙鼓声，路傍走出再拜迎。游骑不听（我）能汉语，将军遂缚作蕃生。配向东南卑湿地，定无存恤空防备。念此吞声仰诉天，若为辛苦度残年。凉原乡井不得见，胡地妻儿虚弃捐。没蕃被囚思汉土，归汉被劫为蕃虏。早知如此悔归来，两地宁如一处苦。……①

这位早年不幸没入吐蕃的汉民，不惜抛却胡中的妻儿历尽艰险也要返回故土，然而他万万没有料到，当他如见救星似地迎向"国军"时，竟被当成吐蕃俘虏，不由分说地缚捆起来，成了爹不亲娘不要的多余人。怨不得他最后悲诉道"自古此冤应未有，汉心汉语吐蕃身"。他的遭遇与第四章第一节里提到的那位烽子的经历有些相似，不过烽子最终总算回到故乡，

---

① 本节所引白居易新乐府均出自《全唐诗》卷424~427。

见到家人，而他却被当成胡虏而发配东南去服苦役。这则新闻的价值不言而喻，用行话讲应算一条大活鱼，问题是白居易从哪儿获得这一新闻线索的呢？这一独家报道是怎么产生的？想来应有一段戏剧性的故事吧。不论怎样，这类独家新闻至少表明了士人传播的独特价值，显示了士人传播的独特作用。

本章开篇处曾提到官方／士人／民间三类传播的关系。通过对唐代士人传播特别是诗传一项的解剖，我们又具体感触到这一关系的绞缠重叠。比如白居易写新乐府的实际身份就是官员，而他的诗作流传的范围又遍及民间，也就是说横跨了官方、士人与民间三个传播领域。其实，在实际的传播过程中，这一剪不断理还乱的繁复情形并不少见，对此应给予充分的强调。记不清是哪位现代艺术大师，在回答有关艺术是否有章法之类的问题时，说过一句简明扼要的至理名言：大体则有，定体则无。"官方、士人、民间"三类传播，也是属于大体而非定体的划分。

# 第七章　士人传播——分论（上）

士人传播的内容涉及广泛，而士人传播的方式也是多种多样。如张九龄年轻时曾用信鸽向亲朋好友传递书信①，这种手段在当时应属最先进的，而张九龄也就成为史籍所载的第一位与信鸽传信相关联的中国人。②再如晚唐逸士唐求：

> 放旷疏逸，出处悠然，人多不识。方外物表，是所游心也。酷耽吟调，气韵清新，每动奇趣，工而不僻，皆达者之词。所行览不出二百里间，无秋毫世虑之想。有所得，即将稿捻为丸，投大瓢中。或成联、片语，不拘短长，数日后足成之。后卧病，投瓢于锦江，望而祝曰："兹瓢倘不沦没，得之者始知吾苦心耳。"瓢泛至新渠，有识者见曰："此唐山人诗瓢也。"扁舟接之，得诗数十篇。（唐）求初未尝示人，至是方竞传，今行于世。③

这一几近打水漂的传播方式，不仅新颖别致，而且独一无二。幸亏唐求的诗瓢未被江水打翻，否则他的苦心就难为世人所知了。说到士人风雅的传播方式，不能不提到流传甚广的红叶题诗的故事。在唐世的三百余年间，共有三位宫女与三位士人之间发生过此类浪漫情事④，其中最著名的当数顾况一例：

> 顾况在洛，乘间与三诗友游于苑中，坐流水上，得大梧叶，题诗上曰："一入深宫里，年年不见春。聊题一片叶，寄与有情人。"（顾）况明日于上游，亦题叶上，放于波中，诗曰："花落深宫莺亦悲，上阳宫女断肠时。帝城不禁东流水，叶上题诗欲寄谁？"后十余日，有人于苑中寻春，又于叶上得诗，以示况，诗曰："一叶题诗出禁城，谁人酬和独含情。自嗟不及波中叶，荡漾春风取次行。"⑤

不过，以上这些传播轶闻只可供谈资而不足为通例。那么，唐代士人

---

① 参见《开元天宝遗事》卷上。
② 参见[美]谢弗：《唐代的外来文明》，吴玉贵译，72页。
③ 《唐才子传》卷10。
④ 详见《全唐诗》卷797。
⑤ 《本事诗·情感》。

传播的通例是什么呢？或者说，唐代士人用于传播包括新闻传播的常规方式是什么呢？举其要者，不外乎通信、著述和题诗。

## 尺牍书疏，千里面目

　　士人，总是同舞文弄墨联系在一起的，而其中写文章一项又属基本功。作为士人，可以像创下生吞活剥典故的张怀庆那样不会作诗填词，也可以不必留下藏之名山传之其人的不朽著作，但总不能不经常提笔写一些泛称为文章的文字。在这些文字中，通信是最普通、最常用、最便利的传播信息的体裁，这与最早的媒体——新闻信的情形如出一辙。其实，所谓新闻信，本身就是书信之一种，就是从书信中演变来的。只不过一般书信传播的信息包罗广泛，而新闻信则专以传播新闻信息即具有时效性的信息为主。

　　在交通问题严重制约着人们交往活动的时代，通信自然成为普通人尤其是士人间交流情况、通报时事的惯用手段。唐代的交通虽说极为发达，但比诸今天的汽车、火车、飞机来毕竟不可同日而语。另外，朝廷对不论何种形式的交往活动总是持有戒心，处处予以限制。举例来说，根据似乎是常识的印象，唐人出门远行应为一桩很随意、很自由、很潇洒的事情，好像"打起背包就出发"似的，无牵无挂，无遮无拦，爱到哪儿就到哪儿。《贞观政要》提到贞观之治时不是说"行旅自京师至于岭表，自山东至于沧海，皆不赍粮，取给于路"[①]吗？杜佑在其《通典》中描绘开元之治时，不是也说东南西北各处无不"夹路列店肆待客，酒馔丰溢……远适数千里，不持寸刃"[②]吗？其实，问题远非如此简单。不错，行旅一旦上路是很舒适方便，问题是从家居到上路这个过程可就不那么容易了。这就好比如今许多想挤出国门托身异域的人，一旦拿到护照签证自然便径直投奔他乡了，然而要想拿到护照签证却往往颇费周折。如今的护照签证等手续只针对进

---

① 《贞观政要》卷1《政体》。
② 《通典》卷7《历代盛衰户口》。

出国门的旅人,而在唐代这类手续却是针对任何想出远门的行人,除了由官方给驿发传的差人之外。当然,那时不叫护照签证,而叫过所。

什么是过所呢?过所就是一种旅行凭证。常人出行都必须先向相应机构申请过所,经过批准获得这一由官方签发的通行证明,然后才能启程。另外,持证人必须按过所上指定的线路行走,而且每到关津隘口还得交验过所。如果不按这套程序行事而私自上路,发现后就将按"偷渡"论处。据《唐六典》:"关令掌禁末游,伺奸慝,凡行人车马出入往来,必据过所以勘之。"①又据《唐律·卫禁律》:"诸私度关者,徒一年,越度者,加一等。"②《唐律疏议》对此条的解释是:"水陆等关,两处各有门禁,行人来往,皆有公文,谓驿使验符券,传送据递牒,军防丁夫有总历,自余各请过所而度。若无公文,私从关门过,合徒一年。越度者,谓关不由门,津不由济而度者,徒一年半。"③关于过所的详情,王仲荦先生在《隋唐五代史》中叙述得很清楚。他写道:

> 据《唐六典》的记载,唐代的过所在中央由尚书省发给,在地方由都督府或州发给。尚书省主管过所事务的是刑部的司门郎中和员外郎,由刑部司门司主判,都官司都官郎中或员外郎判依(审核同判)。在地方,由户曹参军主判,咨议参军等判依。唐人向中央或地方请给过所,大概是缮写二通,一份是正本,由官员加盖官印,发给请过所本人;一份是副本,形式和正本一样,也都要经过判官、通判官签名,由刑部司门司或都督府州户曹归档保存。
> 
> ············
> 
> 请示发给过所,必须由申请人备具牒文,按照规定逐一说明各种有关事项,诸如外出原因,人数,身份,年龄,以至奴婢来源,牲畜的毛色口齿,必要时还得附交买婢券等有关证件。负责审查的官员对此也得一一核实,有关的审批人员都要一一签名。……这种严格的审

---

① 转引自王仲荦:《隋唐五代史》,上册,485页。
② 同上。
③ 同上。

批和检查制度，本质上是统治阶级对被统治者实施控制的一种手段；但是过所制度另一重要目的，是防止走漏国税、逃避赋役、拐卖人口，对于保障封建社会秩序，起了一定程度的稳定作用。①

九世纪日本天台宗高僧圆仁在西渡唐朝取经求法的十年中，写下了一本日记体的《入唐求法巡礼行记》，保存了大量有关唐代社会的第一手材料。里面记述他的南下北上西进东出的漫游行程时，就不时提到每到一地呈递文牒申请过关"签证"等手续的细节，并如实记载下一些此类通行凭证的官方原件，给人以不胜其烦的印象。有时为等候某地官署的批复，他不得不耐着性子滞留盘桓多日，不得不一次次地候着人家上班时去打听。那次第同当下催问护照签证所需忍受的煎熬实无二致。尽管作为外籍人士，圆仁的出行自然会比大唐本土人受到更严格的"盘查"与限制，但从他的记述中我们也可想见唐代一般人出门之不易。在李白"五岳寻仙不辞远，一生好入名山游"的潇洒之行中，实际上还隐含着一系列并不轻松的内容。下面一则他的故事虽以喜剧结束，但也透露出常人在外难免受制的真情：

> （李）白浮游四方，欲登华山，乘醉跨驴，经县治。（县）宰不知，怒引至庭下曰："汝何人，敢无礼？"（李）白供状不书姓名，曰："曾令龙巾拭吐，御手调羹，贵妃捧砚，力士脱靴。天子门前，容尚走马；华阴县里，不得骑驴？"宰惊愧，拜谢曰："不知翰林至此。"白长笑而去。②

既然出行如此不易，手续如此繁难，既然直接的亲身的交往阻碍重重（如交通、手续等），那么通信作为交往的替代意义也就不言而喻了。在日常的、一般的传播活动中，信件往往就是相距遥远天各一方的人们特别是士人传递信息的主要载体，与口头传播一同构成信息扩散的两大渠道。倘若我们能像参观微缩景观一样地俯视唐人其实也是所有古人的传播活动，那么我们不难看到当时的信息之流总是经由这两大相交的渠道而向四面八方渗透、扩散、蔓延。推而言之，唐代各衙门之间大量往还的文书从实质

---

① 王仲荦：《隋唐五代史》，上册，485~489页。
② 《唐才子传》卷2。

上讲也可说是书信的变种。说到底，书信无非是点与点或点对点的远距离传播。岑参的"马上相逢无纸笔，凭君传语报平安"，等于概括了书传与口传这两种古人常用的传播手段。

作为人际交往之重要工具的书信，传统上通称"尺牍"。中国社会科学院邓绍基先生指出，尺牍一词最早出自《史记·扁鹊仓公列传》。①牍，是古人书写用的木简，用一尺长的木简作书信，故称尺牍。与之同义的，尚有"尺书"，如骆宾王《从军中行路难》里的"雁门迢递尺书稀"；"尺素"，如张九龄《当涂界寄裴宣州》中的"委曲风波事，难为尺素传"等。其中以尺素代指书信源于古乐府《饮马长城窟行》："客从远方来，遗我双鲤鱼。呼童烹鲤鱼，中有尺素书。"至于书信一语的出现及词义流转，则如邓绍基先生所述：

> 与"尺牍"一语相比，"书信"之称远在其后，大致是在南北朝时代。《艺文类聚》引《述异记》所记陆机事迹有云："（陆）机羁旅京师，久无家问，因戏语犬曰：'吾家绝无书信，汝能赍书驰取消息不？'犬喜，摇尾作声应之。试为书，盛以竹筒，系之犬颈。犬出驿路，走向吴。"这则有趣的故事，自唐以来，成为诗歌中的典事，即所谓"犬书"。陆机是西晋人。据宋人程大昌《演繁露》中所作考证，"晋人书问凡言信至或遣信者，皆指信为使臣也"。如果证之以《世说新语》，程说当可信。《世说新语·文学》记郑冲嘱咐阮籍写《劝进文》，先叙"司空郑冲驰遣信就阮籍求文"，后记阮籍在醉中写毕，"乃写付使"。可见，"信"即"使"。因此，《述异记》载陆机所说"书信"，当是谓信使递书，不同于今人"书信"涵义。②

也就是说，信的本义原是指传信的人，如"信使"一词最初乃属同义反复。后来，信的含义才从传信的使者转为所传的信息，如"通风报信"。而"到了唐代，'书信'一语就接近今人所说的'书信'的涵义了"③。如元稹

---

① 参见邓绍基、李玫：《尺牍文略论》，载《山西师范大学学报（社会科学版）》，1997（1）。
② 邓绍基、李玫：《尺牍文略论》，载《山西师范大学学报（社会科学版）》，1997（1）。
③ 同上。

《酬乐天叹穷愁》一诗写道:"老去心情随日减,远来书信隔年闻。"总括起来,就书信这一传播手段而言,尺牍是较为正规的称呼,书信在古代尚属较为罕见的叫法,而单称"书"则更为普遍,书的别称如"启""牍""简""札"也时常可见。

书信用于传播并非士人的专利,一般民众也每以书信遥通款曲,特别是旷夫怨女更视书信为相依为命的精神纽带。常言道"见信如见人",《颜氏家训·杂艺》中引的江南俗谚也说:"尺牍书疏,千里面目。"这些都表明书信对于两地之人的独特意义。在"悲莫悲兮生别离,登山临水送将归"①之后,书信自然成为普通百姓通报音讯寄托亲情的媒介了。"征人去日殷勤属,归雁来时数寄书"——这是望信者的相通心情②;"北去衡阳二千里,无因雁足系书还"——这是寄信者的共有苦衷③;于是,结果常常是"白狼河北音书断,丹凤城南秋夜长"④。晚唐诗人王驾的妻子陈玉兰,就此曾写下一首感人至深的七绝:

> 夫戍边关妾在吴,西风吹妾妾忧夫。
> 一行书信千行泪,寒到君边衣到无。⑤

不过,百姓的家书由于内容不出家长里短,故可为亲者道,不足为外人言,新闻传播上的意义并不大。客观地讲,它的真正价值在于社会史、民俗史而不在于传播史、新闻史。至于士人的书信,则有所不同。尽管作为私人间的一种交往手段,它仍不失其个性化的一面,用刘勰的话讲:"所以散郁陶,咏风采,固宜条畅以任气,优游以释怀,文明从容亦心声之献酬也。"(《文心雕龙·书记》)但基于知识分子超越性的担承,士人的书信无论叙事谈心往往会带出普遍性的蕴含,使人可以借以知人论世。如唐代的一位虔州刺史李丹,在给妹妹的信中写道:"释迦生中国,设教如周孔。周孔生西方,设教如释迦。天堂无则已,有则君子登。地狱无则已,有则

---

① 《全唐诗》卷802。
② 《全唐诗》卷27。
③ 《全唐诗》卷53。
④ 《全唐诗》卷26。
⑤ 《全唐诗》卷799。

小人入。"①闻者以为知言。倘若他的信中没有这层内容而只是家常话，那么当时既不可能流传开来，后来也不可能被李肇记入其书。

从流传下来的唐代士人书信看，内容或论圣道、或谈学术、或叙游历、或辩诗文，像韩愈的《答李翱书》、白居易的《与元九书》、柳宗元的《与友人论为文书》、王维的《山中与裴秀才迪书》等，都属传世名作。以白居易致元稹的《与元九书》为例，里面就谈到了士大夫的人生理想：

> 微之（元稹的字），古人云："穷则独善其身，达则兼济天下。"仆虽不肖，常师此语。大丈夫所守者道，所待者时。时之来也，为云龙，为风鹏，勃然突然，陈力以出；时之不来也，为雾豹，为冥鸿，寂兮寥兮，奉身而退。进退出处，何往而不自得哉？故仆志在兼济，行在独善，奉而始终之则为道，言而发明之则为诗。②

大历年间的名士朱湾，曾干谒潮州刺史崔侃，受到冷遇，临别留下一封书信，抒发了一通文人的"安能摧眉折腰事权贵，使我不得开心颜"的清高：

> （朱）湾闻蓬莱之山，藏杳冥而可到；贵人之门，无媒而通不可到。骊龙之珠，潜濆溷而可识；贵人之颜，无因而前不可识。……信知庭之与堂，不啻千里。况寄食漂母，夜眠渔舟，门如龙而难登，食如玉而难得。食如玉之粟，登如龙之门，实无机心，翻成机事，汉阴丈人闻之，岂不大笑？③

除此之外，他们在书信中自会不可避免地时常谈及政局演化、国运兴衰、人事更替、世道变迁等社会性内容。而这部分内容不仅更加真实、具体，而且更具史料价值，换言之在当时看来也就是更具新闻价值。如果说士人书信中的个性化内容是"他自己的简洁的注释"④，那么其社会性内容则可谓时事的注释了。像下面韩愈的这段有名的书信《与鄂州柳中丞书》文

---

① 《唐国史补》卷上。
② 《旧唐书》卷166。
③ 《唐才子传》卷3。
④ 《鲁迅全集》，第6卷，415页，北京，人民文学出版社，1981。

字，不正是对唐代中叶牵动甚广的淮西之乱所做的绝妙概括与说明吗？

> 比常念淮右（即淮西）以靡弊困顿三州之地，蚊蚋蚁虫之聚，感凶竖（指叛将吴元济）煦濡饮食之惠，提童子之手，坐之堂上，奉以为帅；出死力以抗逆明诏，战天下之兵；乘机逐利，四出侵暴，屠烧县邑，贼杀不辜，环其地数千里，莫不被其毒；洛、汝、襄、荆、许、颍、淮、江（等州），为之骚然。丞相、公卿、士大夫劳于图议，握兵之将，熊罴貙虎之士畏懦蹵缩，莫肯杖戈为士卒前行者。

关于唐人的书信传播，有一点格外引人注意，那就是以诗为书的现象十分普遍。如贾岛的《卧病走笔酬韩愈书问》："一卧三四旬，数书惟独君。愿为出海月，不作归山云。身上衣频寄，瓯中物亦分。欲知强健否，病鹤未离群。"这无疑是由唐诗的普及所导致的连带效应。追源溯流，最早的"诗书"大概要推卓文君致司马相如的《白头吟》了。其"朱弦啮，明镜缺，朝露晞，芳菲歇，白头吟，伤离别，努力加餐毋念妾！锦水汤汤，与君长诀"的哀怨缠绵，俨然为后世以诗为书的传播定下了相思的主题和悲苦的情调。比如，唐人南楚材的发妻薛媛能诗善画，得知丈夫欲学当年司马相如移情别恋，便照着镜子画了一幅自画像，然后为诗寄之："欲下丹青笔，先拈宝镜寒。已惊颜索寞，渐觉鬓凋残。泪眼描来易，愁肠写出难。恐君浑忘却，付展画图看。"于是，"（南）楚材大惭，遂归偕老"①。再如，"欧阳詹游太原，悦一妓，约至都相迎。别后，妓思之，疾甚，乃刃髻作诗寄（欧阳）詹，绝笔而逝"，诗曰："自从别后减容光，半是思郎半恨郎。欲识旧来云髻样，为奴开取缕金箱。"②下面这段紫燕传书的故事，就更富传奇色彩了：

> 长安豪民郭行先，有女子（名叫）绍兰，适巨商任宗。（任宗）为贾于湘中，数年不归，复音书不达。绍兰目睹堂中有双燕戏于梁间，兰长吁而语于燕曰："我闻燕子自海东来，往复必经由于湘中。我婿离家不归数岁，蔑有音耗，生死存亡，弗可知也，欲凭尔附书投于我婿。"

---

① 《全唐诗》卷799。
② 《全唐诗》卷802。

言讫泪下。燕子飞鸣上下，似有所诺。（绍）兰复问曰："尔若相允，当泊我怀中。"燕遂飞于膝上。兰遂吟诗一首云："我婿去重湖，临窗泣血书。殷勤凭燕翼，寄与薄情夫。"兰遂小书其字系于足上，燕遂飞鸣而去。任宗时在荆州，忽见一燕飞鸣于头上，（任）宗讶视之，燕遂泊于肩上，见有一小封书系在足上，宗解而示之，乃妻所寄之诗。宗感而泣下，燕复飞鸣而去。宗次年归，首出诗示兰。后文士张说传其事，而好事者写之。①

后来，大历时人文茂的妻子晁采也仿此例，以家养的白鹤给丈夫寄去了《雨中忆夫》的诗简：

（晁）采家畜一白鹤，名素素。一日雨中，忽忆其夫，谓鹤曰："昔王母青鸾，绍兰紫燕，皆能寄书远达。汝独不能乎？"鹤延颈向（晁）采，若受命状。采即援笔直书二绝，系于鹤足，竟致其夫。②

在士人作品占了绝大多数的唐诗中，这类寄远书怀、酬唱应答的诗作简俯拾皆是。据实而言，它们更多的还是诗而不是书（信）。不过，也应指出其中确实不乏纯粹的书信之作。如白居易的《代书诗一百韵寄微之》，明确表示就是以诗代书的。他的《江楼夕望招客》从立意到章法，都酷似王维的《山中与裴秀才迪书》，也是先尽情描绘一通此间景物如何美不胜收，末了再点出邀约朋友同来一游的心意："能就江楼销暑否？比君茅舍较清凉。"③至若杜甫的《对雨书怀走邀许主簿》一诗，就更是一封实实在在的邀请信了，因而诗里写道："座对贤人酒，门听长者车。相邀愧泥泞，骑马到阶除。"④后世郭敏的《小诗代简寄曹雪芹》，实为这一传统的延续：

东风吹杏雨，又早落花辰。
好枉故人驾，来看小院春。

---

① 《开元天宝遗事》卷下。
② 《全唐诗》卷800晁采《雨中忆夫》注。
③ 《全唐诗》卷433。
④ 《全唐诗》卷224。

诗才忆曹植，酒盏愧陈遵。
上巳前三日，相劳醉碧茵。①

在士大夫的传播活动中，书信属于常备之要目，犹如居家过日子少不了柴米油盐。书信之为物，既是内容又是形式，既是讯息（message）又是媒介（media）。当它作为一种传播形式和传播媒介时，只是起着信息渠道（channel）的作用，至于渠道里流通的通信内容则另当别论。比如，那内容既可以是书牍，也可以是诗简，还可以是纯粹的诗文。唐诗中大量的"见寄""酬答"之作多需借助书信这一传播手段才可寄可答。唐代士子多有"每一篇已，好事者辄传播吟玩"②的雅事，而这里的传播就包括经由书信渠道的传播。

# 史统散而小说兴

唐代文士之盛，旷古莫比。据推算，"唐代进士科考生当在五万人左右，明经科考生当在三千余人，加上制科（即不经主考部门而由皇帝亲诏临时举行的科举考试），总计考生不少于五万五千余人"③。诚如吴枫先生所言："这是一个可观的文化知识层，既能著书立说，又能传播文化。"④且不论现存的五万首唐诗和近两万两千篇唐文，"仅两《唐书》著录的唐人文集就有六百三十余种，而流传至今的尚有二百四十余种"⑤。在如此宏富的文字中，有一类规模可观的著述特别富有新闻传播的意味，而以往总被忽略。这就是与正史相对的杂史，亦即《唐国史补》的作者李肇所说的"纪事实、探物理、辨疑惑、示劝诫、采风俗、助笔谈"之类的随笔之作。⑥

---

① 邓绍基、李玫：《尺牍文略论》，载《山西师范大学学报（社会科学版）》，1997（1）。
② 《唐才子传》卷2"高适"。
③ 吴枫：《隋唐历史文献集释》，4页。
④ 同上。
⑤ 同上，6页。
⑥ 参见《唐国史补》序。

历史与新闻的亲缘关系，我们在论刘知几的传播观时已经做过专门阐述。最近发现的一篇李大钊先生的重要佚文《报与史》，又为此提供了理论依据。他指出，史的要义有三：察其变、搜其实、会其通，而"此三义者，于史为要，于报亦何独不然"。他说：

> 报的性质，与纪录的历史，尤其接近，由或种意味言之，亦可以说，"报是现在的史，史是过去的报。"……报纸上所纪的事，虽然是片片段段，一鳞一爪的东西，而究其性质，实与纪录的历史原无二致。故新闻记者的职分，亦与历史研究者极相近似。今日新闻记者所整理所记述的材料，即为他日历史研究者所当搜集的一种重要史料。①

这里谈到的新闻记者的职分，与唐代士人在撰写杂史时的角色可谓一脉相通；而记者笔下的片片段段、一鳞一爪，又与笔记小说之类的杂史著述何其相似。所不同的是，记者是一种专门化的职业，而士人是一种社会化的身份；记者的报道着眼于当下的播扬，而士人的著述着意于后世的流传。

中国文化向称史官文化，"中国古代史外无学"（梁启超），章学诚的一句"六经皆史"差不多等于给五千年的史官文化盖棺定论。从唐代开始，史学正式分为官修与私撰两途。官修的为正史，即《隋书·经籍志》说的"世有著述，皆拟班（固）、（司）马（迁），以为正史"之谓；私撰的属杂史，即《新唐书·艺文志》说的"传记、小说，外暨方言、地理、职官、氏族"之谓。杂史著作通称为笔记小说，或简称为笔记。笔记，用季羡林先生的话讲，"是中国特有的一种著述体裁。'笔记'，就是随笔记录。……尽管不一定用笔记这个名称，内容则是一样的。一个读书人有所感，有所见，读书有点心得，皆随笔记下"②，这就是笔记。

一方面，笔记小说是中国文史不分的产物；另一方面，又是南朝时期文笔分家的结晶，即吴枫先生所概括的：

---

① 李大钊：《报与史》，原载《顺天时报》第七千期纪念号第六版，1923年8月30日，现据《北京大学学报》，1997（3）。
② 季羡林：《漫议"糖史"》，载《环球》，1997（6）。

由于南北朝崇尚骈俪之文，一般人称注重词藻、讲求声韵对偶的文章为"文"，称信笔记录的散体文章为"笔"。刘勰在《文心雕龙·总术》中指出："今之常言，有文有笔，以为无韵者笔也，有韵者文也。"所以后人总称魏晋南北朝以来"残丛小语"式的故事集为"笔记小说"，而把其他一切用散文所写零星琐碎的随笔、杂录统名之"笔记"。①

私撰杂史或曰笔记小说兴于唐代中叶。据《资治通鉴》卷250懿宗咸通元年（860）胡三省注云："自至德（唐肃宗年号）以来，浙东盗起者再，袁晁、裘甫（相距百年的中晚唐义军领袖）是也。裘甫之祸不烈于袁晁。袁晁之难，张伯仪平之，《通鉴》所书，数语而已。今王式之平裘甫，《通鉴》书之，视张伯仪平袁晁为详。盖唐中世之后，家有私史。王式，儒家子也，成功之后，纪事者不无张大。《通鉴》因其文而序之，弗觉其烦耳。《容斋随笔》曰：'《通鉴》书讨裘甫事用《平剡录》，盖亦有见于此。《考异》（《资治通鉴考异》）三十卷，辨订唐事者居大半也，亦以唐私史之多也。'"冯梦龙在《古今小说序》中也指出："史统散而小说兴。始乎周季（指南北朝时代的北周），盛于唐，而浸淫于宋。……迨开元以降，而文人之笔横矣。"其原因故与唐代立国史馆，禁止个人私撰正史②，从而逼使文人对时事与历史的兴趣另寻出路这一境况有关；而根本上则恐怕还是同唐代中叶后社会发展的转型这一背景相涉。如果我们承认唐宋之际中国社会开始从古典向近世过渡，那么唐宋笔记的勃然兴起就不是偶然现象了。在我们看来，它与唐代中后期开始萌芽的新闻事业乃属同一种历史浪潮的涌动。它既显示着人们对外界事态的关切与好奇，又表明社会信息的涌涨与横溢。唐初孙处玄所深憾的"恨天下无书以广新闻"的状况，至此随笔之作的兴盛而大为改观。

班固在《汉书·艺文志》中曾写道：

小说家者流，盖出于稗官。街谈巷语，道听途说者之所造也。孔子曰：

---

① 吴枫：《隋唐历史文献集释》，192页。
② 《唐才子传》卷2"郑虔"："（郑虔）尝以当世事，著书八十余篇。有告虔私撰国史者，虔苍惶焚之，坐谪十年。"

"虽小道，必有可观者焉；致远恐泥，是以君子弗为也。"然亦弗灭也。闾里小知者之所及，亦使缀而不忘。如或一言可采，此亦刍荛狂夫之议也。

颜师古引如淳注稗官之稗："细米为稗。街说巷语，其细碎之言也。"《隋书·经籍志》径直说："小说者，街谈巷语之说也。"《四库全书总目·正史类》下的提要则立足于正史写道："正史体尊，义与经配，非悬诸令典，莫敢私增，所由与稗官野记异也。"其实，这些意含鄙薄的文字不过是显示了笔记小说的最大特点——杂。这个杂字，既指内容繁杂，又指真伪驳杂。关于内容之杂，明代胡应麟曾做过六类划分：志怪（如《酉阳杂俎》）、传奇（如《崔莺莺传》）、杂录（如《唐语林》）、丛谈（如《容斋随笔》）、辨订和箴规。① 后来，《四库全书总目提要》又将笔记小说分为叙述杂事、记录异闻、缀辑琐语三派。刘叶秋先生则从中区分出小说故事、历史琐闻和考订辨证三类，并指出，笔记的特点，以内容论，主要在于"杂"，不拘类别，有闻即录；以形式论，主要在于"散"，长长短短、记叙随宜（《历代笔记概述》）。

至于笔记的真伪杂糅，则是其先天性痼疾。归纳起来，其因有三：一是个人的所见所闻毕竟有限，道听途说辗转流传的事情难免走样；二是即便亲见亲闻也不能确保真实无误，现代的大量实证研究早已证实"百闻不如一见"的经验之不可靠；三是作者的主观好恶会自觉不自觉地导致信息传播的失真。傅斯年与陈寅恪都曾谈到，正史难免失之讳饰，而私史又容易流于诬妄。② 周勋初先生据此而将笔记小说的性质定在文史之间："说它是文吧，记的都是史实；说它是史吧，却又有文的特点，如夸张、渲染，甚至想象、虚构等"③。换成新闻学的术语，也就是说它介于纯粹的新闻报道与纪实的文学作品之间吧。

尽管如此，笔记小说在新闻传播上的意义仍然不容忽略。且不说陈寅恪提出的、可与具象之真实相对的"通性之真实"，也不论钱钟书挑明的、

---

① 参见《少室山房笔丛》卷29。
② 分见《史料学方法导论》和《〈顺宗实录〉与〈续玄怪录〉》。
③ 周勋初主编：《唐人轶事汇编》，前言第20页。

存在于正史中的许多"貌似'记言',实出史家之心摹意匠。此处皆当与小说、院本中对白等类"①之属,仅就笔记小说中记录的大量栩栩如生、活灵活现的世态民情、社会时尚、历史琐闻、人物事迹而言,仅就它多属时人记时事、耳目所接皆为一手资料而论,它的新闻传播意味已足可称道。当我们翻开唐代的笔记小说比如宋人集纳的《太平广记》时,不是比读起新旧《唐书》来更真切更实在地进入了当时的时空氛围吗?我们不是明显感到,正史仅为历史著述而笔记却多是一篇篇生动的新闻作品吗?无怪乎司马光编撰《资治通鉴》时要"遍阅旧史,旁采小说"②,还说"实录、正史未必皆可据,杂史、小说未必皆无凭"③。无怪乎洪迈在称道司马光修唐纪博采杂史的做法后特意说道:"然则杂史、琐说、家传,岂可尽废也?"④王鸣盛在比较欧阳修"喜采小说"的《新五代史》与薛居正"多本实录"的《旧五代史》后也说:"采小说者未必皆非,依实录者未必皆是。"⑤总之,杂史、传记、小说、故事乃至传奇等笔记之作,尽管未必全都客观、真实、公允,但整体上无疑是对当时历史的生动写照,是对当时社会的如实反映和对当时心态的本身流露,用《南部新书》序中的话来说:

> 其间所纪,则无远近耳目所不接熟者,事无纤巨善恶足为鉴诫者。忠鲠孝义,可以劝臣子;因果报应,可以警愚俗;典章仪式,可以识国体;风谊廉让,可以励节概;机辩敏悟,怪奇迥特,亦所以志难知而广多闻。

唐代的笔记小说承续魏晋遗韵而大畅其风,至中唐以后更是蔚为大观。鲁迅先生在《中国小说史略》中说得好,"小说亦如诗,至唐代而一变,虽尚不离于搜奇记逸,然叙述宛转,文辞华艳,与六朝之粗陈梗概者较,演进之迹甚明,而尤显者乃在是时则始有意为小说。"唐人笔记小说的数量,"仅据书志目录和《太平广记》诸书著录记载,约有二百七十种左

---

① 钱钟书:《管锥编》,第一册,347页。
② 《进资治通鉴表》。
③ 《与范内翰祖禹论修书帖》。
④ 《容斋随笔》卷11"册府元龟"。
⑤ 《十七史商榷》卷93"欧史喜采小说薛史多本实录"。

右（其中极少数属于隋、五代时期作品），保存至今者尚有一百六十五种左右，其中作为专集形式传至今日者约有四十余种，余者多属残本、辑佚本以及敦煌残卷。这些作品散见于《说郛》《唐人说荟》《唐代丛书》《五朝小说》《稗海》《类说》《古今说海》《笔记小说大观》《顾氏文房小说》以及《香艳丛书》《藕香零拾》《琳琅密室》《啸园丛书》《学津讨原》等丛书"①。这些文人撰述，内容广博，丰富多彩，天上人间古往今来"无所不有，无所不异，使读者忽而颐解，忽而发冲，忽而目眩神骇，愕眙而不能禁"（明代李云鹄称《酉阳杂俎》语）②。将它们展开来，简直就是一幅有声有色的唐代风情画，一部林林总总的新闻大世界。其传播的意图即广见闻、传播的内容即求新奇、传播的手段即仿文史等，都属新闻事业发轫阶段的典型征候。

前面在论述唐代的官方新闻传播时，我们曾依据中唐以后日见其多的新闻信——进奏院状报，而将中国新闻事业的萌发期大致定在中晚唐。如果说这一论断当时还主要是基于一种历史哲学的直感，那么现在通过解剖唐代文人笔记我们的认识便获得更坚实的物证。以往，说起笔记来人们更多的是着眼于其内容，而对笔记的缘起与脉络也只是从文体的演化方面考察。这一由来已久的共识自有其合理的一面。问题是，作为一种传播形式，笔记为什么不早不晚恰好在中唐前后或者说与《开元杂报》几乎平行的时期勃然兴起呢？笔记之兴起于唐宋仅属随机的发展与无谓的巧合么？显然不是。当人们说起唐宋笔记以及明清笔记时觉得就像说唐诗宋词、明清小说一般的自然正常，而若说魏晋笔记就会觉得有点反常，尽管北朝有杨衒之的《洛阳伽蓝记》、南朝有刘义庆的《世说新语》，倘说两汉笔记已感莫名其妙，虽说应劭的《风俗通义》已具笔记性质，至于先秦笔记更是闻所未闻了。如果沿着新闻传播活动演进的轨迹踏勘，我们会明显看出唐代中叶之于中国传播史实为一道判别两域的分水岭：之前如干旱少雨的荒漠，之后若雨水充沛的草原；之前的新闻传播处在无序自发状态，之后则渐入有序自觉情境；之前可称新闻活动，之后始有新闻事业。而唐人笔记

---

① 参见吴枫：《隋唐历史文献集释》，194页。
② 转引自（唐）段成式：《酉阳杂俎》，方南生点校，前言，1页。

正是在这一背景中应运而生的。

观察历史的进程，自来有两大思路，一是从纷杂的史实中概括盛衰兴替的规律，一是从先验的理路上分析一盘散沙的史实。前者是归纳的思路，后者是演绎的思路。对史家而言，归纳总是正统，而演绎常似异端。其实，二者各有适用的范围，都不可偏废。因为，究竟是形形色色的历史行为在其展开的过程中形成了如此这般的历史规律，还是神秘莫测似大道之行的历史规律先已在整体运行上判定了具体的历史程序，这恐怕是个鸡生蛋还是蛋生鸡的问题，谁也无法断言。就探究我国新闻事业的起源而论，我们既倚重无证不信的史实，也信赖斯宾格勒一类历史哲学家的慧眼。我们觉得，新闻事业的诞生诚然与特定的政治、经济、文化及社会因素直接相关，但也未尝不是受某种预定的、非此不可的历史规律或所谓天行大道的制约。即以近代新闻事业为例，表面上看它显然属政治民主、经济自由、文化活跃、社会开放等名目的综合产物，但用历史哲学的眼光审视，它无非是近代文明大潮涌动的自然结果。唐代新闻事业的发生也是如此：归根结底源于文明形态由古典向近世的嬗变。这一重大的历史转机从社会生活的各个领域催生了新闻事业的幼芽，而其中最具决定意义的恐怕还在于世态人心的换位，即由英雄主义向世俗趣味、由贵族情结向平民意识的趋近。这是一次非比寻常而又看似寻常的转变：中国历史由此开始走出古典氛围，并向明清的近世形态蜕变，正如先秦时代那一"文明的突破"使华夏民族走出原始的巫术氛围而跃入文明的境界。

"竹外桃花三两枝，春江水暖鸭先知。"在发生于唐宋之际的这一文明"转型"中，向来代表世风的士人自然得风气之先，从而表现得尤为活跃和突出。从这个角度看，唐宋笔记的大兴就不仅仅是文体的问题，其时新闻事业伴随近世化潮流而隐隐生成的背景，对这一新型传播方式的出现应该更具决定意义。如此众多的士人，以如此旺盛的热情，写下如此丰富多彩信息充盈的笔记，若没有整个社会所提供的传播交流的需要与可能，没有集体意识所呈现的普遍好奇与关注便是不可思议的。当我们把士人系统的笔记小说与宫廷系统的进奏院状报（实即早期的新闻信）以及民间系统的讲唱文本这些几乎同时兴起的传播方式联系起来一同观照，则唐世传播图景的深层意义就更为清晰明显了。

不管各国新闻事业的早期拓荒者是不是都能明确意识到他们个人行为的意义，他们的传播活动所含的开拓进取内容都必然意味着与正统的疏离。这在西方可能表现为争取出版自由（freedom of the press）的种种言行，而在中国古代就显示为不与朝廷抗命却又溢出宫禁的各行其是，如以前谈过的进奏院状报和这里谈到的笔记小说。在中国传统的话语谱系中，笔记小说属私家撰述的稗史，或者是意含贬损的野史，与宫廷编修的国朝或前朝正史判为两途。正史稗史代为不绝，唯至唐代，正史正式归入史馆，稗史则演为大行于世的笔记小说，从此二者并列平行各不相涉。这一间隔与疏离最初可能是无意识的，但客观上却为新闻事业的萌发创造了历史契机，这恐怕是谁都始料未及的。陈寅恪先生曾在《〈顺宗实录〉与〈续玄怪录〉》一文中针对官私史料的弊端写道：

> 通论吾国史料，大抵私家纂述易流于诬妄，而官修之书，其病又在多所讳饰，考史事之本末者，苟能于官书及私著等量齐观，详辨而慎取之，则庶几得其真相，而无诬讳之失矣。

这是站在史家的立场上说的。如果把视角换成新闻传播，那么陈寅恪先生的不刊之论等于概括了宫廷新闻与私家传闻的优劣利弊，同时也无异于彰显出正史与稗史、正统与偏流、中心与边缘的分道扬镳。关于私家报道的具体情形，我们将在下节探讨，这里作为对比不妨先来看一则《旧唐书》的实例：

> （许）敬宗自（从）掌知国史，记事阿曲。初，虞世基与敬宗父（许）善心同为宇文化及（在扬州杀隋炀帝时）所害，封德彝时为内史舍人，备见其事，因谓人曰："（虞）世基被诛，（其弟虞）世南匍匐而请代；（许）善心之死，（许）敬宗舞蹈以求生。"人以为口实，敬宗深衔之，及为（封）德彝立传，盛加其罪恶。敬宗嫁女与左监门大将军钱九陇，本皇家隶人，敬宗贪财与婚，乃为九陇曲叙门阀，妄加功绩，并升（钱九陇）与刘文静、长孙顺德（开国元勋）同卷。

此例或许比较特殊，但也具有相当的代表性。

# 唐人笔记

下面让我们从新闻传播的视角上，重点翻阅几本流传较为广泛的唐人笔记，以便具体察看一下这一士人传播的方式。

**《隋唐嘉话》** 作者刘悚，是刘知几的次子，与乃父一样都是知名于时的史官。他的《隋唐嘉话》仿《世说新语》体裁，大致按时序记述从隋代到唐代天宝年间一些闻人的言行故事，而有关唐太宗一人的条目就占全书的二分之一。由于作者身为史官，又常受父亲的耳提面命，因而《隋唐嘉话》无论记人还是叙事，都堪称实录，一向被视为"研究唐前期历史的重要参考文献"①。比如下面两条记述，对了解唐代驿传都颇有价值。

> 郑公（魏徵）之薨，太宗自制其碑文并自书。后为人所（离）间，诏令仆之。及征高丽不如意，悔为是行，乃叹曰："若魏徵在，不使我有此举也。"即渡辽水，令驰驿祀以少牢，复立碑。
>
> 征辽之役，梁公（房玄龄）留守西京，敕以便宜从事不请。或诣留后称有密者，梁公问密谋所在，对曰："公则是也。"乃驿递赴行在，及车驾于相州。太宗闻留守有表送告人，大怒，使人持长刀于前，而后见之，问反者为谁，曰："房玄龄。"帝曰："果然。"叱令腰斩（告者）。②

**《大唐新语》** 又名《大唐世说新语》，作者刘肃，身世不详，约为宪宗元和时人。书成于元和二年（807），资料来源多属传闻，"全采风谣"（序言），内容起自高祖武德之初，止于代宗大历之末。全书按类别分为三十篇，计有匡赞、规谏、极谏、刚正、公直、清廉、持法、政能、忠烈、节义、孝行、友悌、举贤、识量、容恕、知微、聪敏、文章、著述、从善、谀佞、厘革、隐逸、褒赐、惩诫、劝励、酷忍、谐谑、记异、郊禅。每篇或记人物故事，或叙掌故传说，少则五六条，多则二三十条，凡

---

① 吴枫：《隋唐历史文献集释》，199页。
② 《隋唐嘉话》卷上。

三百五十三条。"书中内容广泛,'事关政权',可以补充订正史籍,具有较高文献资料价值。"①如下面这条就被《资治通鉴》所采用:

> (御史大夫杨再思)见(张)易之弟(张)昌宗以貌美被(武后)宠,因谀之曰:"人言六郎似莲花。再思以为不然,只是莲花似六郎耳。"……天下名士视再思为粪土也。②

**《朝野佥载》** 作者张鷟,武后时代人,以词章知名。时人谓其文"如青铜钱,万拣万中,未闻退时",故有"青铜学士"之称,"暹罗、日本使入朝,咸使人就写文章而去"(《大唐新语》卷8)。其《游仙窟》一文,为唐传奇的名作。《朝野佥载》以记述武后时代的事迹为主,全面反映了当时的时代风尚与人物面貌,多为作者耳闻目睹的一手资料,向为史家所重。本书比较突出地表现了笔记小说追求趣味、有闻必录的倾向,如下面两条所示:

> 则天时,调猫儿与鹦鹉同器食,命御史彭先觉监,遍示百官及天下考使。传看未遍,猫儿饥,遂咬杀鹦鹉以餐之,则天甚愧。③
>
> (武后面首)张易之初造一大堂甚壮丽,计用数百万,红粉泥壁,文柏贴柱,琉璃沉香为饰。夜有鬼书其壁曰:"能得几时(乐)?"令削去,明日复书之。前后六七(次),易之乃题其下曰:"一月(或作一日)即足。"自是不复更书。④

这两条都被司马光采入《资治通鉴》。前条中的"则天甚愧"一语,经司马光改为"后大惭",愈见其味;后条中的鬼书其壁,被改成人书其壁,则合乎情理。

**《唐国史补》** 又名《国史补》,作者李肇,为中唐时人,曾任翰林学士。本书序称:"昔刘餗集小说(指《隋唐嘉话》),涉南北朝至开元,著为传记。予自开元至长安撰国史补,虑史氏或阙或补之意,续传记而有不

---

① 吴枫:《隋唐历史文献集释》,198页。
② 《大唐新语》卷9。
③ 《朝野佥载》卷5。
④ 《朝野佥载》卷6。

为。"全书共308条，"为后世提供了极为珍贵的唐代社会风俗、政界传闻、人物事迹、文学掌故的史料"①，如贵妃好荔枝、京师尚牡丹、李白命高力士脱靴等都广播人口。德宗览李晟收复京城的露布而感泣失声一事，即出自《国史补》，后采入《资治通鉴》。下面两条，一同驿舍有关，一同信鸽有关：

> 王某云，往年任同州，见御史出按回，止州驿，经宿不发。忽索杂案，又取印历，锁驿甚急。一州大扰。有老吏窃哂，乃因（借助）庖人以通宪骨，许百缣为赠。明日未明，已启驿门，尽还案牍。御史乘马而去。
>
> 南海舶，外国船也，每岁至安南、广州。师子国（今斯里兰卡）舶最大。……舶发之后，海路必养白鸽为信。舶没，则鸽虽数千里亦能归也。②

下面一条寥寥几笔，便勾画出一条新闻花絮：

> 韩愈好奇，与客登华山绝峰，度不可返，乃作遗书，发狂痛哭，华阴（县）令百计取之乃下。③

**《封氏闻见记》** 封氏指作者封演，闻见记表明是亲闻亲见的琐记。该书约成于德宗贞元年间（785—804），记事约百条，"对研究唐史具有极其重要价值"④。下举两条都涉及传播：

> 选人王翰颇攻篇什，而迹浮伪，乃窃定海内文人百有余人，分作九等，高自标置，与张说、李邕并居第一，自余皆被排斥。陵晨于吏部东街张之，甚于长名。观者万计，莫不切齿。⑤
>
> 进士河东薛胜为《拔河赋》，其辞甚美，时人竞传之。⑥

---

① 吴枫：《隋唐历史文献集释》，197页。
② 《唐国史补》卷下。
③ 《唐国史补》卷中。
④ 吴枫：《隋唐历史文献集释》，196页。
⑤ 《封氏闻见记》卷3。
⑥ 《封氏闻见记》卷6。

**《开元天宝遗事》** 大唐盛世至开元天宝而臻于辉煌的顶峰，同时也就从这顶峰上陡然崩溃。这一"渔阳鼙鼓动地来，惊破霓裳羽衣曲"的强烈对比与刺激，给唐人留下了永难磨灭的心理创痛，他们的愤懑、疑惑、不甘与痛惜之情经由各种渠道表露出来，其中笔记小说便为一途。巧的是，这一颇堪检省的历史时期偏同一位风流倜傥、既有才干又有个性的皇帝连在一起，而他偏巧又同一位"云想衣裳花想容"的女子产生了一段此恨绵绵的爱情，还由此导致了一幕惊天动地的悲剧，从而为这段痛史平添了一段浪漫的情调和传奇的韵味。于是，元稹那首《行宫》里的"白头宫女在，闲坐说玄宗"，便凝为后人谈论此节变故的永恒意象。从中唐以后，陆续出现了一批有关开元天宝时事的笔记小说，举其要者有李德裕的《次柳氏旧闻》、姚汝能的《安禄山事迹》、郑处诲的《明皇杂录》、郭湜的《高力士外传》、五代时人王仁裕的《开元天宝遗事》和宋人乐史的《杨太真外传》等。"这些作品，多采自前朝旧闻，或搜之里巷琐谈，凡朝廷大事、宫闱秘闻、社会风尚、百戏杂技、名人趣闻，无不涉及。……其间虽然真伪杂糅，时涉神怪，但由于多属时人所记或后人得自前人目击者的亲述，所以仍具有一定社会史料价值，有的可补正史之阙。"[①]其中较典型者当数《开元天宝遗事》。本书据社会传闻撰述，内容多有不实，宋人洪迈在《容斋随笔》中曾摘出了它的四处硬伤，称其"盖尾巷相传，语多失实"，"（王）仁裕采摭士遗民之口，不能证以国史"[②]。但书中的有些记述还是相当真确可靠的，因此常被作为信史材料使用，像下面两条就是如此：

> 新进士每及第，以泥金书帖子附于家书中，至乡曲亲戚，例以声乐相庆，谓之喜信也。[③]

> 杨国忠权倾天下，四方之士，争诣其门。进士张彖者，陕州人也。力学有大名，志气高大，未尝低折于人。人有劝彖令修谒国忠，可图显荣，彖曰："尔辈以为杨公之势，倚靠如太山，以吾所见，乃冰山也。

---

① 吴枫：《隋唐历史文献集释》，207页。
② 《容斋随笔》卷1。
③ 《开元天宝遗事》卷下。

或皎日大明之际,则此山当误人尔。"后果如其言,时人美张生见机。①

**《酉阳杂俎》** 作者段成式,为宪宗朝宰相段文昌之子,先祖段志玄乃太宗麾下一员名将,可谓簪缨世家。段成式在晚唐文坛与温庭筠、李商隐齐名,三人都排行十六,故"时号三十六"(《旧唐书·李商隐传》)。他的《酉阳杂俎》内容广博,资料丰富,堪称唐人笔记的代表作,"自唐以来,推为小说家之翘楚,莫或废也"(《四库全书总目》)。仅以《太平广记》为例,征引就达七百零七处②,居《太平广记》所引唐代各种笔记之首。我们以前曾多次采用过本书中的材料,加之本书如鲁迅先生所言"所涉既广,遂多珍异"(《中国小说史略》),真是举不胜举,因而这里仅从中列出一条轶事,即称岳父为泰山一典的由来:

明皇封禅泰山。(张)说为封禅使。(张)说女婿郑镒,本九品官,旧例封禅后,自三公以下皆迁转一级,惟郑镒因(岳父张)说骤迁五品(五品以上就属于高级干部),兼赐绯服。因大脯次,玄宗见(郑)镒官位腾跃,怪而问之,镒无词以对。黄幡绰(玄宗身边得宠的俳优伶人)曰:"此乃泰山之力也。"③

**《尚书故实》** 作者李绰,身世不详,唐末曾任过朝官。据此书序称,李绰曾与一位张尚书一同避难乡间,寓居佛庙,"叨遂迎尘,每容侍话。凡聆征引,必异寻常,足广后生,可贻好事,遂纂集尤异者,兼杂以诙谐十数节,作《尚书故实》"。也就是说,他是根据张尚书的闲聊话题撰述此书的,看重的是趣味性强的奇闻异事,如这一条:

又说洛中顷年有僧得数粒所谓舍利子,贮于琉璃器中,昼夜香灯,檀施之利,日无虚焉。有士子迫于寒馁,因请僧愿得舍利,掌而观瞻,僧遂出瓶授与,遽即吞之,僧惶骇如狂,复虑闻之于外。士子曰:"与吾几钱,当服药出之。"僧闻喜,遂赠二百缗,仍取万病丸与吃,俄

---

① 《开元天宝遗事》卷上。
② 参见吴枫:《隋唐历史文献集释》,200页。
③ 《酉阳杂俎》前集卷12。

顷泻痢，以盆盎盛贮，濯而收之。

比《尚书故实》稍晚的《刘宾客嘉话录》，也是作者韦绚在从学于刘禹锡、坐而语论之际，聆听默记的一些国朝琐事。据四库馆臣考订，此书近一半的内容即三十九条记述，"皆全与李绰《尚书故实》相同，间改窜一二句"。撇开是非不论，此事表明《尚书故实》成书后立刻就传播开了，其时效性值得注意。倘非如此，便不可能出现韦绚的抄袭之举。不过，下面一条却是韦绚采写的独家新闻：

> 刘仆射晏五鼓入朝，中路见卖蒸胡之处，势气腾辉，使人买之，以袍袖包裙帽底啖之，且谓同列曰："美不可言！美不可言！"

**《东观奏记》** 作者裴廷裕，出自宰相世家，唐末屡历清要，时称"文笔敏捷，号为下水船"（《唐摭言》）。据此书序称，9世纪末杜让能为宰相，监修国史，裴廷裕等专修宣宗（847—858年在位）实录，后来此事久拖不决，他便"谨采宣宗朝耳闻目睹，撰成三卷（《东观奏记》）。非编年之史（正史），未敢闻于县官（皇帝），且奏记于监国史晋国公（杜让能）藏之于阁，以备讨论"。东观，是汉代宫廷的藏书之处，后成史馆别称，刘知几曾说自己是"三为史臣，再入东观"（《史通·自叙》）。《东观奏记》一书，与李濬的《松窗杂录》、苏鹗的《杜阳杂编》、张固的《幽闲鼓吹》、范摅的《云溪友议》、高彦休的《唐阙史》、无名氏的《桂苑丛谈》和《玉泉子闻见真录》等，均属晚唐时人的笔记，且多记晚唐时事。如虽题冯翊著而真情不明[①]的《桂苑丛谈》里"崔张自称侠"一条，就记述了诗人张祜被所谓侠客骗走钱财的滑稽事：

> 进士崔涯、张祜下第后，多游江淮。常嗜酒，侮谑时辈，或乘饮兴，即自称豪侠。……崔因醉作《侠士》诗云："太行岭上三尺雪，崔涯袖中三尺铁。一朝若遇有心人，出门便与妻儿别。"由是往往播在人口：崔、张真侠士也……

---

① 参见吴枫：《隋唐历史文献集释》，215页。

一夕，有非常人装饰甚武，腰剑手囊，贮一物流血于外，入门谓曰："此非张侠士居也。"曰"然。"张（祐）揖客甚谨。既坐，客曰："有一仇人，十年莫得，今夜获之，喜不可已。"指其囊曰："此其首也。"问张曰："有酒否？"张命酒饮之。客曰："此去三数里有一义士，余欲报之，则平生恩仇毕矣。闻公气义，可假余十万缗，立欲酬之，是余愿矣。此后赴汤蹈火，为狗为鸡，无所惮。"张深喜其说，且不吝啬，即倾囊烛下筹其纤素，中品之物，量而与焉。客曰："快哉！无所恨也。"遂留囊首而去，期以却回。既去，及期不至，五鼓绝声，杳无踪迹。又虑囊首彰露，以为己累，客且不来，计无所出，乃遣家人开囊视之，乃豕首也。由是豪侠之气顿衰矣。

此事就是《儒林外史》第十二回"侠客虚设人头会"的故事之所本。从中也可见到盛唐使侠任气之风，至晚唐已随世风流转而沦为荒唐可笑之举的蛛丝马迹。另外，值得提及的皇甫枚的《三水小牍》，其"不少内容为亲见、亲闻、亲历之事，对研究晚唐社会问题颇多参考作用"[①]仅举一条为例：

乾符丁酉岁（877）秋七月，诏以左卫将军刘秉仁为江（州）刺（史）。刘公自京将一橐驼至郡，自风而逸于庐山下。南土无此畜，人睹而大惊，因聚徒击射至毙。乃列状于太守曰："获庐水精。"刘公讶其事，既至，愀然曰："此吾橐驼也。"乃命瘗（掩埋）于江壖。

**《北梦琐言》** 作者孙光宪，为五代时人，其书内容多采自社会传言，但写作态度甚为谨严，"每聆一事，未敢孤信，三复参校，然后濡毫"（《北梦琐言》序）。书中多记晚唐五代皇室、宰辅、酷吏、藩镇、科举、社会习俗及文人僧道之事，历来被视为晚唐五代时期的社会写真，司马光撰《资治通鉴》时多所采用。像下面一条，就常为士林播传：

白少傅居易文章冠世，不跻大位。先是刘禹锡太和中为宾客，时李太尉德裕同分司东都。禹锡谒于德裕曰："近曾得白居易文集否？"

---

① 参见吴枫：《隋唐历史文献集释》，223页。

德裕曰："累有相示，别令收贮，然未一披。今日为吾子览之。"及取看，盈其箱笥，没于尘坌。既启之而复卷之，谓禹锡曰："吾于此人，不足久矣。其文章精绝，何必揽焉。但恐回吾之心。"其见抑也如此。①

笔记之作至五代而更趋繁盛，除了这一士人传播方式内在的演进趋势外，此一发展应该说也得益于礼崩乐坏生灵涂炭的现实境况。正像南唐刘崇远（号金华子），在其晚年笔记之作《金华子杂编》中所言：

> 爰及乱离，于故基迹，或叹或泣，凄咽仆柰。……并成人宦游之后，其间耳目谙详，公私变易，知闻传载，可系铅椠者（指刻本）。渐恐年代寖远，知者已疏，更虑积薪沉故，遗绝堪惜，宜编序者，即随而释之云尔。

晚唐笔记小说中特别引起我们关注的一项发展，是出现了明确以"新闻"为题的撰述。尽管当时新闻一词的意谓与今天的不尽相同，但毕竟流露了一缕前所未有的历史新声，同时也更明确地体现了笔记写作与新闻传播的内在关联。从文献资料上看，迄今所存的此种笔记只有两部，一是《锦里新闻》，一是《南楚新闻》。《锦里新闻》的作者可能是段成式②，推测其内容当与锦江所在的蜀中有关，宋人句延庆的《锦里耆旧传》即述前蜀与后蜀之事。《南楚新闻》的作者尉迟枢是五代南唐人氏，中主保大时曾书《中兴佛窟寺碑》刻石（946），立于金陵。《新唐书·艺文志》著录其《南楚新闻》三卷，收入小说家类。原本今已不存，逸文三十余则散见于《太平广记》《说郛》《绀珠集》《实宾录》等书，内容以唐代朝野逸闻奇事为主，有关晚唐者尤多。③以下两条所记捉梢郭使君与看马李仆射的故事，常被后世戏剧小说取作创作题材：

> 江陵有郭七郎者，其家资产甚殷，乃楚城富民之首。……乾符

---

① 《北梦琐言》卷1。
② 姚福申先生据《宋史·艺文志》"小说类"的著录，断言《锦里新闻》三卷为段成式所撰。
③ 参见周祖譔主编：《中国文学家大辞典·唐五代卷》，734页，北京，中华书局，1992，"尉迟枢"条。

初年……是时唐季，朝政多邪，生乃输钱百万于鬻爵者门，以白丁易得横州刺史（治广西横县），遂决还乡。时渚宫新罹王仙芝寇盗，里间人物，与昔日殊。生归旧居……方知弟妹遇兵乱已亡，独母与一二奴婢处于数间茅屋之下，囊橐荡空，旦夕以纫针为业。生之行李间有二三千缗，缘兹复得苏息。乃佣舟与母赴秩（赴任）。过长江，入湘江，次永州北……夜半忽大风雨，波翻岸崩，树卧枕舟，舟不胜而沉，生与一梢公拽母登岸，仅以获免……母氏以惊得病，数日而殒……既丁忧，遂寓居永郡，孤且贫，又无亲识，日夕厄于冻馁。生少小素涉于江湖，颇熟风水间事，遂与往来舟船执梢以求衣食。永州市人呼为捉梢郭使君。①

京华有李光者……以谀佞事田令孜（唐末权倾一时的宦官），令孜嬖焉，为左军使，一旦奏授朔方节度使。敕下翌日无疾而死。光有子曰德权，年二十余，令孜遂署剧职。会僖皇幸蜀，乃从令孜扈驾，止成都。……数年之间，（李德权）聚贿千万，官至金紫光禄大夫、检校右仆射。后（陈）敬瑄（田令孜之兄）败，（李德权）为官所捕，乃脱身遁于复州（治湖北沔阳），衣衫百结，丐食道涂。……寻获为牧守囚，人有识者，皆目之为看马李仆射。②

从以上所述的唐人笔记中，我们不难看到笔记之作与新闻报道的相通之处。由此可以推想，唐代士子撰述笔记时的心态应与当今记者采写报道时的心态相去不远，他们都极力从纷综的人事中采撷新奇独到的东西，并力图使之传播开去，为尽可能多的人所知晓。法国汉学家谢和耐在论及南宋时人的日常生活时曾写道：

收集奇闻轶事的爱好早在唐代就十分风行，而到了宋代就更加明显。印刷术使得这类著作流传甚广，它们是由一系列的简短故事组成，这些故事均极尽荒唐怪诞之能事，却个个都有其亲眼目击的证人。人名、

---

① 《太平广记》卷499 "郭使君" "李德权"。另外，同书卷157的 "段成式"，卷138的 "李筌"，卷257的 "张浚伶人"，卷483的 "獠妇" 和 "芋羹" 诸条，也都出自《南楚新闻》。

② 同上。

地名、日期等，均被准确地提供。①

就此而论，唐人笔记或许可以说是当时最富新闻传播意识的一种传播方式了。一部小册子似的笔记小说，不就像一份若干版的报纸么？其中的内容不都是琳琅满目可讶可叹么？不同之处仅仅在于信息容量和传播时效的差异（表面的不同略而不计），然而从中世纪至当代，各国的历史都表明传播的容量与时效乃是一个动态的递增过程。今人不能强求古人在报道上分秒必争，更无法奢望动辄几十版乃至几百版的报纸，倒是不妨借鉴一下唐人笔记在传播新闻上的技巧与手法，看看究竟是什么因素使得当代记者称为"易碎品"的新闻，在唐代的士人笔下居然获得了一种永恒的魅力。

我们觉得，其间因素是否可粗略地归结成三条。第一条是以记人为主。唐人笔记虽然涉及广泛，但每一条记述几乎无不以人带出，无不以人为记述的焦点，即使纯记物事，也总从人处落笔。如《唐国史补》中的这一条：

> 长安（武后朝年号，701—704）中，争为碑志，若市贾然。大官薨毙，造其门如市，至有喧竞构致，不由丧家。是时裴均之子，将图不朽，积缣帛万匹，请于韦相贯之，举手曰："宁饿死，不苟为此也。"②

人，是一切社会历史中最生动活跃的基元，所有人类文明归根结底都无非是人的活动、人的投影、人的创造。因而，抓住了人，也就抓住了永恒的命题。

第二条是以人的本真面目为主。唐人笔记中形形色色的人无论是好是坏，都是真实的、本色的、与人的共性相通的，他们的一言一行、所作所为即使放在千年之后的当代，即使置于文化背景迥异的异域也不难理解。如《南部新书》中的这一则：

---

① [法]谢和耐：《蒙元入侵前夜的中国日常生活》，刘东译，176页，南京，江苏人民出版社，1995。
② 《唐国史补》卷中。

> 中书省有磐石,薛道衡为内史侍郎,常踞其石草诏。后(来其)孙(薛)远超每见此石,未尝不泫然。①

第三条使唐人笔记获得恒久魅力的因素,就是只记事实不加评判的客观叙述笔法。当然,这并不是说作者本人没有主观倾向,毋宁说他把价值判断寓于不动声色的直白之中。

上述三条即记人、记活人、记活人之所为,或许就是唐人笔记为今日记者提供的有益参照。

---

① 《南部新书》甲。

#  第八章　士人传播——分论（下）

熟谙近世掌故的邓云乡老人，于20世纪80年代初曾撰文记述了这么一桩轶事：

> 七十年前，在北京菜市口北半截胡同南端，海内外知名的古老酒肆广和居饭庄子的某一间雅座墙上，出现了两首不具名的题壁诗，一时轰动都门，成为官场顶戴之间的热闹新闻：有的称赞，有的咒骂，有的生气，有的看笑话，一直多少年，人们还津津乐道，成为本世纪初极其脍炙人口的宣南掌故。……近人巴县杨沧白《广和居》诗云："春盘菜半成名迹，怀壁诗多系史材。"宣南广和居一百多年，一似唐代长安的旗亭，不知有过多少题壁诗，而晚近则以这首最出名，正所谓"系史材"了。①

关于此诗此事的详情，可参看他的《广和居题壁诗》一文。这里我们主要对题壁这一传播方式感兴趣，因为本章的内容正是唐代士人传播中此类司空见惯而别开生面的手段——题壁。

# 题壁的由来

诚如武汉大学的曹之先生所言，作为一种传播手段，"题壁简单易行，只要把作品写在墙壁上就行了。天南海北的过往行人，见而读之，读而抄之，就可以把作品传得很远很远"②。需要补充的是，对题壁之作见而读之、读而抄之的过往行人肯定不是文盲，显然当以读书人、文化人居多，亦即文人士子是题壁的传播主体。

追根溯源，题壁之作"始于两汉，盛于李唐"③。据说东汉书法家师宜官喜爱饮酒，"或时不持钱诣酒家饮，因书其壁，顾观者以酬酒，讨钱足而灭之"④。这是有关题壁的最早记载之一。汉代之后，题壁渐多。据《晋书·宋

---

① 邓云乡：《广和居题壁诗》，载《学林漫录》六集，180~184页，北京，中华书局，1982。
② 曹之：《中国印刷术的起源》，34页，武汉，武汉大学出版社，1994。
③ 曹之：《中国印刷术的起源》，38页。
④ 《晋书》卷36引卫恒《四体书势》。

纤传》：

> 酒泉太守马岌，高尚之士也，具威仪，鸣铙鼓，造（访宋纤）焉。纤高楼重阁，拒而不见。（马）岌叹曰："名可闻而身不可见。德可仰而形不可睹，吾而今而后知先生人中之龙也。"铭诗于壁曰："丹崖百丈，青壁万寻。奇木蓊郁，蔚若邓林。其人如玉，维国之琛。室迩人遐，实劳我心。"

宋纤是当时一位有名的高士，隐居于酒泉南山，太守盛容造访而终不得一见，感慨之下题诗于石壁之上。南北朝时期，题壁已是大畅其风，史书中也多有记载。如《南史·刘孝绰传》：

> 孝绰辞藻为后进所宗，时重其文，每作一篇，朝成暮遍，好事者咸诵传写，流闻河朔，亭苑柱壁莫不题之。

如此情形与白居易的歌诗"禁省、观寺、邮候墙壁之上无不书"的盛况略无二致。再如《南史·王僧虔传》：

> 昇明二年（478），为尚书令。尝为飞白书题尚书省壁曰："圆行方止，物之定质。修之不已则溢，高之不已则栗，驰之不已则踬，引之不已则迭，是故夫之宜疾。"当时嗟赏，以比坐右铭。

王僧虔是南齐书法家。此例引人注目之处不在于题壁的内容，而在于题壁的地点——尚书省。它表明当时题壁现象已十分普遍，甚至渗透到宫禁森严的庙堂之上。

隋朝年代虽短，但却留下历史上最长的一首题壁诗，这就是孙万寿那首总计420字的五言诗《赠京邑知友》。据《隋书·孙万寿传》：

> 万寿本自书生，从容文雅，一旦从军（时因衣冠不整而配防江南），郁郁不得志，为五言诗赠京邑知友曰：
>
> 贾谊长沙国，屈平湘水滨，江南瘴疠地，从来多逐臣，粤余非巧宦，少小拙谋身。欲飞无假翼，思鸣不值晨。如何载笔士，翻作负戈人！飘飘如木偶，弃置同刍狗。失路乃西浮，非狂亦东走。晚岁出函

关,方春度京口。石城临兽据,天津望牛斗。牛斗盛妖氛,枭獍已成群。郗超初入幕,王粲始从军。裹粮楚山际,被甲吴江溃。吴江一浩荡,楚山何纠纷。惊波上溅日,乔木下临云。系越恒资辩,喻蜀几飞文。鲁连唯救患,吾彦不争勋。羁游岁月久,归思常搔首。非关不树萱,岂为无杯酒!数载辞乡县,三秋别亲友。壮志后风云,衰鬓先蒲柳。

心绪乱如丝,空怀畴昔时。昔时游帝里,弱岁逢知己。旅食南馆中,飞盖西园里。河间本好书,东平唯爱士。英辩接天人,清言洞名理。凤池时寓直,麟阁常游止。胜地盛宾僚,丽景相携招。舟泛昆明水,骑指渭津桥。祓除临灞岸,供帐出东郊。宜城酝始熟,阳翟曲新调。绕树乌啼夜,雊麦雉飞朝。细尘梁下落,长袖掌中娇。欢娱三乐至,怀抱百忧销。梦想犹如昨,寻思久寂寥。一朝牵世网,万里逐波潮。回轮常自转,悬斾不堪摇。

登高视衿带,乡关白云外。回首望孤城,愁人益不平。华亭宵鹤唳,幽谷早莺鸣。断绝心难续,惝恍魂屡惊。群、纪通家好,邹、鲁故乡情。若值南飞雁,时能访死生。

此诗至京,盛为当时之所吟诵,天下好事者多书壁而玩之。

孙万寿的这首长诗愁肠百结,一咏三叹,诗情饱满,一气贯通,尽情抒写了古今迁客骚人那悲苦婉曲的万般心迹,在齐梁浮艳之风方兴未艾的背景中显得尤为出色,因而被不少人辗转题写于墙壁之上,流传一时,最后得以著录于唐代所修的《隋书》之中。

# 唐人题壁

时至唐代,题壁之风盛行于世,借贾谊《过秦论》中的说法,可谓"席卷天下,包举宇内"。翻开《全唐诗》,里面的大量作品都标明属于随手题写的,以至于让人觉得唐诗的兴盛在相当程度上出自人们对题壁的浓厚兴趣。唐人爱诗,会诗,好题诗,乃是一种风行的时尚。几乎没有哪位诗人不曾留下题壁之作。对他们来说,诗往往不是写在纸上,而是径直题于壁上。典型者如寒山，一生的几百首诗作"一例书岩石"。名相姚崇的曾孙、与贾岛齐名并称"姚贾"的姚合，也是酷爱题诗，走哪题哪，其诗友项斯说他"官壁诗题尽"，把公家的墙壁都题满了。这当然是夸张，但也从一个侧面反映了唐人题诗的风尚之浓。晚唐诗人郑谷更夸张，他在《卷末偶题三首之二》里写道，"七岁侍行湖外去（随父郑史赴任永州刺史），岳阳楼上敢题诗"，表明他七岁时就曾在岳阳楼上题诗了。

作为一种传播手段，题壁指的是把诗文书写于公开场所，以便其扩散流传。总称为"壁"，而具体情况则是多种多样，细分如屋壁、亭壁、厅壁、殿壁、墙壁、寺观壁、酒家壁、驿传壁、山石壁等，不一而足。其中以题于屋壁者较为常见。士子文人远游近访，常会在别人的房屋墙壁上或即兴或应邀地挥洒一通笔墨。这些文字多为应景之作，无非针对屋舍的清幽宜人及其主人的风雅玄远称道一番，然后再借机抒发一下自己如何向往山林的情志，一般来说价值不大。像杜甫的《题郿县郭三十二明府茅屋壁》、钱起的《题陈季壁》、白居易的《醉题沈子明壁》、温庭筠的《和友人题壁》等大抵如此。也许是家居环境太普通了，或者是主客关系太平常了，这类题壁之作往往乏善可陈。现在更多提及并为人熟知的，倒是宋代王安石的《书湖阴先生壁》：

> 茅檐长扫净无苔，花木成畦手自栽。一水护田将绿绕，两山排闼送青来。

与屋壁十分相近的是厅壁。如岑参的《醉题匡城周少府厅壁》《题新乡王釜厅壁》《题永乐韦少府厅壁》，萧颖士的《早春过七岭，寄题硖石裴丞厅壁》等。李商隐因无意中卷入牛李党争，一生困顿坎坷。有一次，他去拜访恩主令狐楚之子令狐绹，主人以他娶了政敌的女儿一事而拒不相见。李商隐怅然久之，最后在厅壁上留下一首诗：

> 十年泉下无消息，九日樽前有所思。……郎君官贵施行马，东阁无因许再窥。

"十年泉下"指令狐楚去世十年，"九日樽前"指造访这天为重阳日，"郎君"自然是时任宰相的令狐绹，"东阁"是宰相的办公处。令狐绹见了此诗，又是感伤，又是惭愧，"乃扃闭此厅，终身不处也"①。

总的看，屋壁、厅壁之作对传播来说尚属私人性的或半公开的。真正于传播有意义的题壁之处，还在公共场所。一例为楼壁。如崔曙有一次登上黄河边的一座水楼，见到亡友留在楼壁上的题诗，不由伤心感慨，于是也留下一首情兴悲凉的登楼诗《登水门楼见亡友张贞期题望黄河诗因以感兴》，里面写道："吾友东南美，昔闻登此楼。人从川上逝，书向壁中留。……"②与此类似的，是下面这则广为人知的轶事：

> 唐崔颢题黄鹤楼诗云："昔人已乘黄鹤去，此地空余黄鹤楼。黄鹤一去不复返，白云千载空悠悠。晴川历历汉阳树，芳草萋萋鹦鹉洲。日暮乡关何处是，烟波江上使人愁。"（李）太白负大名，尚曰："眼前有景道不得，崔颢题诗在上头。"③

又一例为亭壁。如唐末一无名女子的《题兴元（陕西汉中）明珠亭》："寂寥满地落花红，独有离人万恨中。回首池塘更无语，手弹珠泪与春风。"④此诗若非题于亭壁之上，恐怕早与作者一起湮没无闻了。下面一段题亭的故事，包含更丰富的内容：

> （宰相）刘瞻之先（刘景），寒士也。十岁许，在郑絪左右主笔砚。十八九，絪为御史，巡荆部商山，歇马亭，俯瞰山水。时雨霁，岩峦奇秀，泉石甚佳。絪坐久，起行五六里，曰："此胜概，不能吟咏，必晚何妨。"却返于亭，欲题诗，顾见一绝，染翰尚湿，絪大讶其佳绝。时南北无行人，左右曰："但向来刘景在后行二三里。"公戏之曰："莫是尔否？"景拜曰："实见侍御吟赏起予，辄有寓题。"引咎又拜，公咨嗟久之而去。⑤

再一例为山石。如白居易《游坊口悬泉偶题石上——时为河南尹》：济

---

① 《太平广记》卷199"李商隐"。
② 《全唐诗》卷155。
③ 《唐诗纪事》卷21。
④ 《全唐诗》卷801。
⑤ 《太平广记》卷170"郑絪"。

源（今河南北部太行山中）山水好，老尹知之久。……"宋人洪迈在其《容斋随笔》中记述道："皇甫湜、李翱，虽为韩门弟子，而皆不能诗。（永州）浯溪石间有（皇甫）湜一诗，为元结而作。其词云：'……石屏立衙衙，溪口扬素濑。我思何人知，徒倚如有待。'"① 显然，皇甫湜在山石上题写此诗时，是怀着一种属望人知的传播心态的。这方面最典型者还要数诗僧寒山，他一生诗作大都题于山石之上，据《太平广记》：

> 寒山子者，不知其姓名。大历中，隐居天台翠屏山。其山深邃，当暑有雪，亦名寒岩，因自号寒山子。好为诗，每得一篇一句，辄题于树间石上。有好事者，随而录之，凡三百余首。②

像这首诗就是代表："一住寒山万事休，更无杂念挂心头。闲于石壁题诗句，任运还同不系舟。"③

## 旗 亭 画 壁

亭台楼阁、山岩石壁虽为公共场所，但毕竟不是人们时常光顾的地方，若论题壁的传播效果还当以寺院、酒店、客舍、倡肆等人烟稠密处为佳。

在人际交流为主体的时代，酒家饭庄向来都是信息的聚散地，来自各方的新闻或传言往往都汇集到这里，然后再由此扩散开去。于是，意在传播的文人士子便自然把酒店墙壁作为题诗的首选之处。诚如《唐帝国的精神文明》一书所言：

> 在酒店饮酒，并在壁上题诗，这是当时的一种风气，也可以说是一种风俗，犹如现在的饭店酒家常喜邀约名人题诗作画悬挂于墙壁，以增加其店的文化色彩，提高其文化档次。只是唐时酒店题壁所写内容，

---

① 《容斋随笔》卷8。
② 《太平广记》卷55"寒山子"。
③ 《全唐诗》卷806。

多与眼前事直接有关,故往往富于真实切近的民俗意味。①

如王绩的《题酒店壁》:"此日长昏饮,非关养性灵。眼看人尽醉,何忍独为醒。"②《太平广记》中一则几近诡秘的故事,则突出显示了酒店题壁的传播功效:

> 初,董昌未败前,狂人于越中旗亭客舍多题诗四句曰:"日日草重生,悠悠傍素城。诸侯逐白兔,夏满镜湖平。"初,人不晓其词,及(董)昌败方悟。草重,董字;日日,昌字;素城,越城,隋越国公杨素所筑也;诸侯者,猴乃钱镠,申生属也;白兔昌,卯生属也;夏满,六月也;镜湖者,越中也。③

唐代城市繁荣、商业经济发达,一时倡肆兴盛,蔚为市井文化的一大景观。特别是北方的长安与南方的扬州,更是花娘云集,红楼雾列。而唐代士人之倡肆游冶,是一点也不亚于酒家狂饮的。这从唐传奇的名篇,如白行简的《李娃传》、元稹的《莺莺传》、许尧佐的《柳氏传》、蒋防的《霍小玉传》中可略见一斑。至于杜牧的"二十四桥明月夜,玉人何处教吹箫""商女不知亡国恨,隔江犹唱后庭花"等歌咏此类情事的诗句,更是流传广远,脍炙人口。唐末的翰林学士孙棨,还写过一本随笔之作《北里志》,专记长安诸妓之事。其序云:"诸妓皆居平康里,举子、新及第进士、三司幕府但未通朝籍未直馆殿者,咸可就诣,如不吝所费,则下车水陆备矣。"在这一背景下,题壁倡肆成为士人的好尚便在情理之中。如前文提到的孙棨,把赠北里王福娘的诗都题写在窗边的红墙上,因有数行未满,这位倡家女便自题一绝:

> 苦把文章邀劝人,吟看好个语言新。虽然不及相如赋,也直黄金一二斤。④

---

① 程蔷、董乃斌:《唐帝国的精神文明》,171页。
② 《全唐诗》卷37。
③ 《太平广记》卷163"草重生"。
④ 《全唐诗》卷802。

令人发笑的是进士李标曾与人一起去访名妓王苏苏，欢饮之际乘兴题诗于窗：

> 春暮花枝绕户飞，王孙寻胜引尘衣。洞中仙子多情态，留住刘郎不放归。①

可惜苏苏不领此情，嗔道："阿谁留郎君，莫乱道！"然后援笔继和：

> 怪得犬惊鸡乱飞，羸童瘦马老麻衣。阿谁乱引闲人到，留住青蚨热赶归。②

倡肆题壁的典型不得不数崔涯，他的题诗威力简直可比于当今那些左右明星命运的小报（tabloid）：

> 崔涯者，吴楚之狂生也，与张祜齐名。每题一诗于倡肆，无不诵之于衢路。誉之则车马继来，毁之则杯盘失措。……又嘲李端端："黄昏不语不知行，鼻似烟窗耳似铛。独把象牙梳插鬓，昆仑山上月初生。"端端得此诗，忧心如病，使院饮回，遥见（崔涯，张祜）二子蹑屐而行，乃道傍再拜兢惕曰："端端只候三郎、六郎，伏望哀之。"（崔涯）又重赠一绝句粉饰之，于是大贾巨豪，竞臻其户。或戏之曰："李家娘子，才出黑池，便登雪岭。何期一日，黑白不均？"红楼以为倡乐，无不畏其嘲谑也。③

这与欧洲批判现实主义作家笔下所描写的一些新闻业场景，如巴尔扎克的《幻灭》何其相似。

倘言倡肆酒楼的题壁之作未必都是戏谑笑浪的小道传闻，那么宫禁衙署的留题则未必全属敛声屏息的军机要政。如唐末好为歇后语的郑綮，初登相位，同列以他滑稽委琐不堪此任而常常嘲讽他、贬损他，他一气之下便在中书省的墙壁上题诗道：

---

① 《全唐诗》卷802。

② 同上。

③ 《云溪友议》卷中。

侧坡蛆蜫蛇，蚁子竞来拖。一朝白雨中，无钝无喽罗。①

《闽川名士传》记载的一则旧闻，又使人看到即使在森严的内宫，率意题壁也是不足为奇：

神龙二年，闽长溪人薛令之登第。开元中，为东宫侍读。时宫僚闲谈，以诗自悼，书于壁曰："朝日上团团，照见先生盘。盘中何所有？苜蓿上阑干。飦（饭）涩匙难绾，羹稀箸多宽。只可谋朝夕，何由度岁寒。"上（玄宗）因幸东宫，见焉，索笔续之曰："啄木嘴距长，凤凰毛羽短。若嫌松桂寒，任逐桑榆暖。"（薛）令之因此引疾东归。②

## 前峰月照一江水

说到佛寺禅房、精舍道观的留题之作，人们总会首先想起苏东坡的名诗《题西林壁》：

横看成岭侧成峰，远近高低各不同。不识庐山真面目，只缘身在此山中。

这一状眼前之景寓心中之意的章法，几乎成为此类题壁文字的一种固定程式。像张祜的许多寺观留题都是如此，其中《题润州金山寺》里的"树影中流见，钟声两岸闻"一联更成名句。再如：

（宋之问从贬地放还）至江南，游灵隐寺。夜月极明，长廊吟行，且为诗曰……第二联搜奇思，终不如意。有老僧点长明灯，坐大禅床，问曰："少年夜夕久不寐，而吟讽甚苦，何邪？"之问答曰："弟子业诗，适偶欲题此寺，而兴思不属。"……（僧）因曰："何不云'楼观沧

---

① 《全唐诗》卷870。
② 《太平广记》卷494"薛令之"。

海日，门对浙江潮'？"之问愕然，讶其遒丽。又续终篇曰……僧所赠句，乃为一篇之警策。（宋之问）迟明更访之，则（老僧）不复见矣。寺僧有知者，曰："此骆宾王也！"①

这是初唐之事（且不论其真伪），而晚唐任蕃也有过相似的经历：

> （任蕃）去游天台中峰，题寺壁间云："绝顶新秋生夜凉，鹤翻松露滴衣裳。前峰月照一江水，僧在翠微开竹房。"既去百余里，欲回，改作"半江水"。行到题处，他人已改矣。②

由于寺观人来人往，上自王公下至庶民无不频繁光顾，故而对文人士子来讲题诗于此实为激扬身价抬高名望的捷径。晚唐时以一句"白日地中出，黄河天上来"（《登单于台》）而知名一时的张蠙，曾在成都大慈寺题诗，前蜀国君王衍游寺时见而赏之，差一点要为此而授张蠙以重任。③从下面一事中，尤见佛寺题诗、骋才使气之况：

> 马嵬佛寺，杨贵妃缢所。迩后才士文人经过，赋咏以导幽怨者不可胜纪，莫不以翠翘香钿委于尘土，红凄碧怨，令人伤悲，虽调苦词清，而无逃此意。独丞相荥阳公（郑）畋为凤翔从事日，题诗曰："玄宗回马杨妃死，云雨虽亡日月新。终是圣明天子事，景阳宫井又何人。"后人观者以为真辅相之句。④

不过，唐僖宗避乱逃往蜀中时，一首题写于马嵬驿的七绝今天看来更有见地：

> 马嵬烟柳正依依，重见銮舆幸蜀归。泉下阿蛮应有语，这回休更怨贵妃。

有时，寺观以及其他公开场所的墙壁仿佛成了"留言壁"，过往者及其

---

① 《本事诗·徵异》。
② 《唐才子传》卷7。
③ 参见《唐才子传》卷10。
④ 《唐阙史》卷上。

交游故旧往往借以互通款曲。如韦应物《东林精舍见故殿中郑侍御题诗追旧书情涕泗横集因寄呈阎澧州冯少府》中的"中有故人诗,凄凉在高壁",就是这一情形的缩影。元稹的《公安县远安寺水亭见展公题壁漂然泪流因书四韵》,则可谓萧条异代不同时的倾诉了。再如他的《阆州开元寺壁题乐天诗》:

> 忆君无计写君诗,写尽千行说向谁。题在阆州东寺壁,几时知是见君时。

俨然通过这一传播方式在进行"神交"了。

寺观外的人固然常来题壁,而寺观内的人也不甘寂寞,不时命笔挥洒一通,在自家门户里留下些吐露心声的墨迹。如下面这一例:

> 唐末一山寺,有僧卧病,因自题其户曰:"枕有思乡泪,门无问疾人。尘埋床下履,风动架头巾。"适有部使者经从过寺中,恻然怜之,邀归坟庵疗治,后部使者贵显,因言于朝,遂令天下寺置延寿寮,专养病僧也。[1]

最令人哭笑不得的,是下面这位寺僧盗走名刹宝藏后留下的题壁大作:

> 武德中,有沙门信义习禅,以三阶为业,于化度寺置无尽藏。贞观之后,舍施钱帛金玉,积聚不可胜计,常使此僧监当。……贞观中,有裴玄智者,戒行精勤,入寺洒扫,积十数年。寺内徒众以其行无玷缺,使守此藏。后密盗黄金,前后所取,略不知数,寺众莫之觉也。因僧使去,遂便不还。惊疑所以,观其寝处,题诗云:"放羊狼领下,置骨狗前头。自非阿罗汉,安能免得偷?"更不知所之。[2]

这位汪洋大盗还颇有点"杀人者,武松也"般的直率。

僧院题诗中有一段戏剧化很强的故事常被人提及,这就是宰相王播通显前后在一家寺院所感受的世态炎凉:

---

[1] 《诗人玉屑》卷20。
[2] 《太平广记》卷493"裴玄智"。

王播少孤贫，尝客扬州惠昭寺木兰院，随僧斋餐。诸僧厌怠，（乃斋罢而后击钟）播至，已饭矣。（遂愤而留题离去）后二纪，播自重位出镇是邦（任淮南节度使）。因访旧游，向之题已皆碧纱幂其上。播继以二绝句曰：……"上堂已了各西东，惭愧阇梨（阇梨，高僧）饭后钟。二十年来尘扑面，如今始得碧纱笼。"①

这些前倨后恭的僧徒诚然可鄙，不过他们为什么不早早用粉刷墙壁的办法干脆一举抹掉王播的原诗，而是事到临头才手忙脚乱去用个碧纱笼罩住那让人难堪的留题呢？按说粉刷墙壁供新人题诗原属正常，如：

秭归县繁知一，闻白乐天将过巫山，先于神女祠粉壁，大署之曰："苏州刺史今才子，行到巫山必有诗。为报高唐神女道，速排云雨候清词。"②

看来，对扬州惠昭寺和尚欲盖弥彰之举的一种合理推断，是当时对题壁之作形成了不成文的规定：即可以随意修改，如把"一江水"改为"半江山"，但不能随便抹去，如王播的题诗历二十年依然在壁。一位无名氏甚至在当年任蕃的留题处写道："任蕃题后无人继，寂寞空山二百年。"③好像"前峰月照一江水"的墨迹，过了一二百年人们都不忍抹去似的。

# 每到驿亭先下马，循墙绕柱觅君诗

以上各种题壁之作不是摹写眼前的风光景物，就是抒发题壁者即景生情的内心感触，大抵可谓属风雅之趣浓而传播之意淡一路。认真说来，恐怕还是驿传系统的题壁文字包含着更多实在的信息，显示着更多传播的意图。这自然是与驿传系统所固有的特性有关，是由驿路、驿站、驿骑、驿使等所构成的一套正规的传播体系所决定的。如将这套体系比作一个磁场，那么任何进入磁场的粒子就不免带上了一定的磁性，亦即传播性。在

---

① 《唐摭言》卷7。
② 《云溪友议》卷上。
③ 《唐才子传》卷7。

驿站题壁的人不管有意还是无意，事实上都能意识到自己的墙头诗、大字报将通过四通八达的驿传网络而流传天下。换言之，他在别处题壁时可能只着意于传者的所见所感，而在驿站题壁时便不能不首先在心里面对广大无边的潜在受众。假如说前者他是在独白，那么后者他已不由自主地置身于一种交谈、交流或交往的氛围之中了。说起驿站题壁，南宋林升的《题临安驿》大概是流传最广的：

山外青山楼外楼，西湖歌舞几时休。暖风熏得游人醉，直把杭州作汴州。

"这个林升，在文学史上如渺渺孤鸿，历代的《诗选》《诗话》对他的介绍无一例外地吝啬：生平不详。查遍了南宋年间的《登科录》，也没有发现这个名字，他的全部可供研究的资料，只有留在驿站墙壁上的一首诗。……说到底，还是驿站的墙壁成全了他。"[①]这种以一首题壁诗成全一个人的事情，在唐代也每有发生。随便打开哪位诗人的集子，都会不时看到驿站留题之作，其中不少也成为名篇，如许浑的《秋日赴阙题潼关驿楼》：

红叶晚萧萧，长亭酒一瓢。残云归太华，疏雨过中条。树色随山迥，河声入海遥。帝乡明日到，犹自梦渔樵。[②]

再如杜牧的《题乌江亭》：

胜败兵家事不期，包羞忍辱是男儿。江东子弟多才俊，卷土重来未可知。[③]

驿站的留题，往往显示出交往行为中的"应答"或"对话"性质，用传播学的术语来讲就是有传、有受、有反馈。如皇甫冉的《洪泽馆壁见故礼部尚书题诗》：

---

[①] 夏坚勇：《湮没的辉煌》，25页。
[②] 《全唐诗》卷529。
[③] 《全唐诗》卷523。

> 底事洪泽壁，空留黄绢词。年年淮水上，行客不胜悲。①

原题与此题，便形成一种对话的空间。刘禹锡《途次敷水驿伏睹华州舅氏昔日行县题诗处潸然有感》中的"繁华日已谢，章句此空留"，也体现着一种应答的关系。晚唐的韦蟾奉使出行，至长乐驿，见一个寡才少情的官员只在墙壁上留下"某到此一游"之类的墨迹，便在旁边挥笔写道：

> 渭水秦山照眼明，希仁何事寡诗情。只因学得虞姬婿，书字才能记姓名。②

这也算对前人留题的一个反馈吧。五代时的陶谷出使南唐，则在驿舍的墙壁上有意题了四句谜语，留给后人去猜：

> 西川狗，百姓眼，马包儿，御厨饭。

直到宋代的齐丘才解开谜底：獨（独）眼孤馆。③

阎敬爱与李和风前后题濠州（今安徽凤阳一带）高塘驿馆的趣事，更充分地展现了这一有来有往的对话特征。先是阎敬爱以楚辞中高唐神女的典故留下一首《题濠州高塘馆》：

> 借问襄王安在哉，山川此地胜阳台。今宵寓宿高塘馆，神女何曾入梦来。

乍一看，他的联想很巧妙，于是"轺轩往来，莫不吟讽，以为警绝"。后来，李和风看出了问题，发现这一联想实属牛头不对马嘴，便在旁边又写下了一首《题敬爱诗后》：

> 高唐不是这高塘，淮畔荆南各异方。若向此中求荐枕，参差笑杀楚襄王。

---

① 《全唐诗》卷250。
② 《全唐诗》卷870。
③ 参见《全唐诗》卷877。

此诗一出,"人更解颐"①。

《宋诗三百首》中收有孔平仲的一首《雍丘驿作》:

> 京尘漠漠稍侵衣,秣马壅兵日未西。驿舍萧然无与语,远墙闲觅故人题。

不管此作是不是借鉴或因袭,反正白居易有一首同一意境的《蓝桥驿见元九诗》:

> 蓝桥春雪君归日,秦岭秋风我去时。每到驿亭先下马,循墙绕柱觅君诗。②

诗题中的元九即元稹。白居易与元稹的友情,是文坛上一段人所共知的佳话。两人志同道合,声气相通,一生仅唱酬之作就多达一千余首。两人身世也颇一致,在官场上都是时浮时沉,动不动便被朝廷贬出京师,打发到遥远的州府。于是,两人经常在驿路上交相奔波,穿梭往来,而每到一驿,他们都喜欢在驿站的墙壁上寻觅友人的题诗,以慰倾慕之意与思念之情。与白居易的"循墙绕柱觅君诗"一样,元稹在《骆口驿二首》其一中也说:

> 邮亭壁上数行字,崔李题名王白诗。尽日无人共言语,不离墙下至行时。③

在友人的题壁诗下默默地一直待到离去时,如此心通神交、陶然忘怀的情景犹如一幅特写令人难忘。比这更感人的,是白居易后来在同一驿站写的《骆口驿旧题诗》:

> 拙诗在壁无人爱,鸟污苔侵文字残。唯有多情元侍御,绣衣不惜拂尘看。

---

① 《全唐诗》卷871。
② 《全唐诗》卷438。
③ 《全唐诗》卷412。

看来元稹还不惜用衣服一点点拂去友人题壁诗上的尘垢，以便看得更清楚一些。其实，元白这种举目会心、若见其人的神交，也是许多过往驿站的行旅所共同体验的交流感受。大量的题壁之作无异于在士人传播中营造了一种共通的环境，使得士人群体在精神气质上交融汇通，形成舆论一律的态势。随举一例，元稹曾在《褒城驿》一诗中写到"已种万竿竹，又栽千树梨"，后来薛能在《题褒城驿》中便说："褒城驿有故元相公旧题诗，因仰叹而作"，其中一句"鄂相（元稹曾由宰相出为武昌节度使）顷题应好诗，题云万竹与千梨"[①]，直承前题之意。从某种意义上讲，文人士子在这看似随意的题壁应答中，也达到了精神境界上的认同与沟通。

# 人面不知何处去，桃花依旧笑春风

以上只是粗略描绘的唐人题壁的概貌，现实的图景无疑远比我们勾画的要落英缤纷，色彩斑斓。对这番"乱花渐欲迷人眼"的局面，只需扫一眼下面的若干题壁诗的标题，就可略见一二：陈子昂《古意题徐令壁》、萧颖士《早春过七岭寄题硖山裴丞厅壁》、孟浩然《题长安主人壁》、岑参《醉题匡城周少府厅壁》、杜甫《题郑县郭三十二明府茅屋壁》、钱起《题陈季壁》、羊士谔《山寺题壁》、牟融《题道院壁》、刘言史《山寺看樱桃花题僧壁》、吕群《题寺壁二首》、元稹《题蓝桥驿》、白居易《题岐王旧山池石壁》、许浑《题卫将军庙》、李商隐《戏题友人壁》、温庭筠《和友人题壁》、段成式《题僧壁》、方干《书原上鲍处士屋壁》、郑谷《书村叟壁》、杜荀鹤《题汪氏茅亭》、曹松《书翠岩寺壁》、李建勋《题信果观壁》、王周《题厅壁》、刘山甫《题青草湖神祠》、张祜《题金陵渡》，等等。真是无远弗届，无处不有。我们不由得想象，在唐人目力所及之处是不是都明灭闪现着一丛丛、一行行的题诗呢？至少唐诗的繁荣，在一定程度上也得归因于这一耳濡目染、处处皆诗的传播环境吧。

最后，需要说明的是题诗未必都在壁上，事实上唐人在一切可题之处

---

[①]《全唐诗》卷409、560。

都留下了墨痕。比如：

> （雍）陶典阳安（四川简阳），送客至情尽桥，问其（得名之）故，左右曰送迎之地至此。（雍）陶命笔题其柱曰"折柳桥"，为诗云云。（诗曰）："从来只有情难尽，何事名为情尽桥。自此改名为折柳，任他离恨一条条。"①

这是题在桥上的。

再如《本事诗·情感》中所述人面桃花的有名故事：

> 博陵崔护，姿质甚美，而孤洁寡合。举进士下第。清明日，独游都城南，得居人庄。一亩之宫，而花木丛萃，寂若无人。扣门久之，有女子自门隙窥之，问曰："谁耶？"以姓字对，曰："寻春独行，酒渴求饮。"女入，以杯水至，开门设床命坐，独倚小桃斜柯伫立，而意属殊厚，妖姿媚态，绰有余妍。……及来岁清明日，忽思之，情不可抑，径往寻之，门墙如故，而已锁扃之。因题诗于左扉曰："去年今日此门中，人面桃花相映红。人面只今何处去，桃花依旧笑春风。"……

这是题于门户之上的。

还有题在树上的。如白居易的《郡厅有树晚荣早凋人不识名因题其上》。而李商隐的《题小松》早已成为名作，其颔联"桃李盛时虽寂寞，雪霜多后始青葱"以寓意深邃而常被引用。再如，隋末杨玄感起兵反隋失败后：

> （褚亮）坐与杨玄感有旧，左迁西海郡（青海湖西岸）司户。时京兆郡博士潘徽亦以笔札为（杨）玄感所礼，降咸定县（隶属西海郡）主簿。……（褚）亮与（潘）徽同行，至陇山（六盘山），（潘）徽遇病终，亮亲加棺敛，瘗之路侧，慨然伤怀，遂题诗于陇树。好事者皆传写讽诵，信宿（两夜时间）遍于京邑焉。②

---

① 《全唐诗》卷518。
② 《旧唐书》卷72。

行行重行行的迁客骚人登上流水呜咽的陇山本已百感交集，再加上同伴病逝更是悲不自胜，同病相怜的身世之感化为诗章自然动人心魄，因而题在树上不过两天便传遍几百里外的京城。下面一例题树则至今仍值得深思：

> 真娘者，吴国之佳人也，比于钱塘苏小小，死葬吴宫之侧。行客感其华丽，竞为诗题于墓树，栉比鳞臻。有举子谭铢者，吴门之秀士也，因书一绝，后之来者，睹其题处，稍息笔矣。诗曰："武丘山下冢垒垒，松柏萧条尽可悲。何事世人偏重色，真娘墓上独题诗。"①

此例表明，追香逐艳的兴致并非当今小报记者所独有，美人身上独题诗的癖好乃是古今相承中外相通的，且看人们在梦露、周璇、戴安娜等死者名下做的文章就知道了。

题壁的传播功效显而易见，特别是在通衢大邑的馆舍佛堂题壁，更易周流开去，形成或轰动一时或绵延不息的效应。像下面一例：

> 周匡物，字几本，漳州人。唐元和十二年，王播榜下进第，时以歌诗著名。初，周以家贫，徒步应举，落魄风尘，怀刺不偶。路经钱塘江，乏僦船之资，久不得济，乃于公馆题诗云：
> 万里茫茫天堑遥，秦皇底事不安桥。
> 钱塘江口无钱过，又阻西陵两信潮。
> 郡牧出见之，乃罪津吏。至今天下津渡，尚传此诗讽诵。舟子不敢取举选人钱者，自此始也。②

一首题壁之作竟导致一项规则的通行，题壁功效也就可想而知了。

当然，并非所有题壁文字都能引人注目，都会在整个社会的信息海洋中涌起波浪。相反，题壁信息与其他信息一样都同样受制于自然选择的淘汰律，大量信息中真正被传播吸纳的毕竟只是少数。《全唐诗》中的题壁作品虽然相当可观，但也仅仅只是唐人题壁诗中流传下来的一小部分，其余

---

① 《云溪友议》卷中。
② 《太平广记》卷199"周匡物"。

的大部分都消失于无声无息之中。"在这里，诗的命运完全服从于流传法则，而绝大多数的平庸之作则永远湮没在那层层叠叠的泥灰之下，无人知晓。这就是淘汰，一种相当公平，亦相当残酷的优胜劣汰。"①推而言之，这也是不同的传播者所面临的一道相同的铁律。一般来说，传播者总是难免有一种错觉，以为传播的主动权在己，只要传播了，信息迟早会被人接受，哪怕藏之名山，有一天也会传之其人。殊不知，信息不仅是一种传播过程，同时还是一种接受、选择、淘汰的过程，其间既有人为因素，又有自然因素。而且，这一过程还受制于一种令人进退两难的二律背反：越想不被淘汰，越需大量传播；而越是大量传播，就越可能被淘汰。其间，特定的时代、人口、文化所能吸纳的信息似乎是个恒量。信息在不断地吐故纳新，但总维持着这一恒量。一旦超出这一恒量，一些信息就得遭遇淘汰的命运了。郑板桥在《焦山别峰庵雨中无事寄舍弟墨》中，曾论及一个颇为有趣的书籍自焚观：

> 自汉以来，求书著书，汲汲每若不可及。魏晋而下，迄于唐宋，著书者数千百家。其间风云月露之辞，悖理伤道之作，不可胜数，常恨不得始皇而烧之。而抑又不然。此等书不必始皇烧，彼将自烧也。

他说的"自烧"，不就是一种淘汰的形式么？如今，人们动不动爱说"信息时代""信息爆炸"什么的，仿佛信息骤然铺天盖地，若洪水滔滔，大家都将不胜其势。然而，这恐怕多是夸大其辞的错觉。依据生活的常情常理，信息在现实中始终得保持特定的总量，而人对信息的吸纳也得保持时代所限定的比例，不多不少应该恰到好处，多余的不免作为"信息垃圾"而被自然选择的过程所淘汰了。正如社会学家古迪所说："每个人对某个特定领域的投入与关心的程度是有限的。多数人只要知道几个棒球选手、科学家、酒保、雕塑家和政治人物的名字就满足了。人类没有足够的时间或精力，亦即'储存空间'有限，因此只能把注意力集中在顶尖的竞争者身上。"②如果不是这样，那么个人也好，社会也罢，恐怕都难免患上信息的

---

① 夏坚勇：《湮没的辉煌》，24页。

② 《读书》，1997（8）。

"厌食症""肥胖症""走火入魔症""精神恍惚症"等。

# 题壁与传播

前文说过,从传播手段看,士人传播主要分为书信、著述与题壁。而就信息载体论,这些传播所凭借的只有纸张与墙壁两大类。对传播而言,墙壁之为用也算唐代的一大特色。宋代以后,随着印刷术的广泛应用,题壁便渐渐退居其次了。问题不在于唐人题壁之繁盛这一显而易见的事实,而在于繁盛的因由。曹之先生从唐代著者众多而出书困难的角度对此提出一种解释。按照他的统计,唐代著者人数为诸代(先秦至唐)之冠,仅诗人就占历代诗人总数的73%。具体数字如表8-1所示。①

表8-1 先秦至唐代的文学创作者数量统计

| 书名 | 先秦 | 秦 | 汉 | 三国 | 晋 | 南北朝 | 隋 | 唐 | 总计 |
| --- | --- | --- | --- | --- | --- | --- | --- | --- | --- |
| 《先秦汉魏晋南北朝诗》和《全唐诗》 | | | 58 | 39 | 196 | 427 | 87 | 2200 | 3007 |
| 《全上古三代秦汉三国六朝文》和《全唐诗》 | 174 | 11 | 774 | 282 | 801 | 1075 | 165 | 3042 | 6324 |
| 《中国丛书综录》 | 72 | 6 | 142 | 65 | 158 | 150 | 19 | 493 | 1105 |
| 《中国妇女著作考》 | | | 7 | 1 | 15 | 9 | 1 | 21 | 54 |
| 辞海(文学分册) | 5 | | 43 | 10 | 35 | 56 | 3 | 141 | 293 |

据此,他认为唐代题壁的繁盛乃是如此众多的文人士子,在图书制作方式落后的条件下宣泄发表欲的表现。这种解释可备一说。至少从印刷普及后题壁就变得无关紧要的情况看,还是不无道理的。

不过,我们倒更愿将异军突起的唐人题壁视为近世文明生成之际大众传播意识的最初萌动,从历史的深层处讲,它预示着"孔子所谓我欲载之空言,不如见之于行事之深切著明也"的古典风范,正朝表现、外露甚或

---

① 参见曹之:《中国印刷术的起源》,45页。

作秀（show）的现代旨趣的转向。在我们看来，正是这种日渐突出的意识，推进了最早的大众传播技术即印刷术走向成熟，并构成贯穿唐代大规模题壁与宋代大批量出版之间的一条历史脉络。假如题壁者只是想满足发表作品的欲望，那么写在纸上显然比题在壁上正规得多，而纸张在唐代已成常用品，不会再像魏晋时代那样因一篇文章而弄得洛阳纸贵。关于唐代造纸业的情况，张泽咸先生在《唐代工商业》一书中论述甚详，这里仅举两例便知当时纸张既多，用途也广①：

> 唐文德戊申岁（888），钜鹿郡南和县街北有纸坊，长垣悉曝纸。忽有旋风自西来，卷壁纸略尽，直上穿云，望之如飞雪焉。②

> 唐益州每岁进甘（柑）子，皆以纸裹之。他时长吏嫌其不敬，代之以细布。既而恒恐有甘子为布所损，每岁多怀忧惧。俄有御史甘子布至，长吏以为推（追究）布裹甘子之事，因大惧曰："果为所推！"及子布到驿，长吏但叙以布裹甘子为敬。子布初不知之，久而方悟，闻者莫不大笑。③

不仅如此，由于魏晋南北朝以来佛教及其典籍的广泛传播，不论宫廷还是社会的文本复制业务都非常盛行，也很便利。2008年，伦敦大学亚非学院学者巴雷特（T.H.Barrett）教授，在新著《发现印刷术的女人（指武则天）》（*The Woman Who Discovered Printing*）一书里，甚至认为恰恰由于这一点而制约了中国古代印刷术的发明与应用。按照他的分析：

> 在当时的中国，印刷术在信息传播方式上的变革意义其实并不像我们此前认为的那么重要。在印刷术出现之时，纸作为廉价的书写载体已经使用了几个世纪，抄写复制技术本身也十分便利，朝廷和社会上有大量的楷书手、书佣、经生等职业抄写人提供文献复制服务。

---

① 据《唐会要》卷56，"617年唐军攻克隋都的时候，纸张极为紧缺，官吏们只得利用以前隋朝和北周的文卷的反面来书写"（崔瑞德：《剑桥中国隋唐史》，168页）。但这只是特殊时期的特殊情况而已。
② 《太平广记》卷145"钜鹿守"。
③ 《大唐新语》卷13。

纸和强大的手抄本文化实际上可能反而使得印刷术发明的可能性降低。对比中国雕版印刷术和欧洲近代金属活字印刷术发明前后的情形，写在羊皮纸上的欧洲中世纪手抄本成本之高是相当惊人的。一部好的《圣经》手抄本，可能要用掉五百头牛犊的皮。……与欧洲昂贵的羊皮纸书比起来，中国手抄本的价格可谓低廉至极。比较中西印刷术发明的前夜，中国抄本的产量要远远大过欧洲。6世纪末隋文帝独孤皇后供养了四十六部"一切经"（即《大藏经》），卷轴数超过十万件；而15世纪中叶在欧洲专门为大学师生复制书籍的抄写坊里，一部书能够抄写四百份已经算是"庞大的数量"了。换言之，中国的手抄本已经很廉价、很普及了，我们真的是因为复制书籍的便利而发明了印刷术吗？

排除纸张匮乏的因素，那么题壁的用意是否在于传之久远呢？假定如此，那么题壁并不比写在纸上的保险系数更大。虽然，如"白乐天写集三本：一付庐山东林寺、一付苏州南禅、一付龙门香山寺。陆鲁望（陆龟蒙）诗文手稿尽置白莲寺佛像腹中"[①]等例，都表明唐人对文稿失传的担忧，但岁月风霜，兵连炮接下的题壁之作又有多大流传的希望呢（且不论人为淘汰的因素）？既然题壁的兴盛不在纸张缺失的时代而在纸张富足的时代，既然题壁的文字更易速朽而非不朽，那么唐人在题壁上所表现出的高度热情就不仅是源于对诗歌的酷爱，恐怕也出自一种欲求人知的传播渴望，亦即我们说的大众传播意识的萌动。对题壁者来说，挥毫泼墨之时未必计较"发表作品""出版著作"，也不会考虑藏之墙壁、传之不朽，他恐怕更多的只是快意于这一传播活动本身，想到让更多的人更快地获得由此传出的信息。换言之，他在乎的只是当下此刻的广为扩散，为"众"所知。拿寒山来说，他若不是想让人知，大可不必在竹木石壁上大题特题，他的成名愿望、"公关"意识同隐士唐求将诗草置大瓢中投诸岷江的想法同出一辙。在这些僧隐心中其实已开始浮现出一个隐约显现的受众（audience），他们也像现今各类明星包括学术明星一样期待着大众的视线更多更久地聚焦于己。一句

---

[①] 王士禛《分甘余话》卷2。

话,他们需要的是关注。

不错,他们也想创作优秀的文字,也想一代代流传不朽,但在题壁时他们更渴望的应该说还在于当下此刻的关注。这里,我们对比一下晋代的陶渊明和唐代的孟浩然,就看得更清楚了。以往,人们多从表象上将他俩归为同一类的隐逸高士与田园诗人,但细加揣摩便发现,俩人在精神风貌上已判然分属于"古典"与"现代"了。陶渊明的归隐田园是基于对生命之自然状态的虔心向望,所谓不肯为五斗米折腰与其说是蔑视权贵的象征,不如说是古典趣味对法理制度的拒斥姿态。所以,他的《归去来兮辞》完全是一派欢快雀跃载欣载奔的天真之趣,而他的田园诗也弥漫着安谧宁静、无忧无虑的和谐心绪,像"榆柳荫后檐,桃李罗堂前。暧暧远人村,依依墟里烟"(《归园田居》其一),真是纯朴之极,自然之极!只有具有这样的精神,才能写出《桃花源记》这样的篇章。说到孟浩然,则其归隐本来就是出于无奈,正如下面这则流传甚广的轶事所流露的:

> 襄阳诗人孟浩然,开元中颇为王右丞(王维)所知。……维待诏金銮殿,一旦,召之商效风雅。忽遇上(玄宗)幸维所,浩然错愕伏床下。维不敢隐,因之奏闻。上欣然曰:"朕素闻其人。"因得诏见。上曰:"卿将得诗来耶?"……浩然奉诏,拜舞念诗曰:"北阙休上书,南山归敝庐。不才明主弃,多病故人疏。"上闻之怃然曰:"朕未曾弃人,自是卿不求进,奈何反有此作!"因命放归南山,终身不仕。①

而且,即使无奈出世,他也并不曾忘怀仕途功名,心中依然深深地系恋人情世事,田园虽美,终不及外面的世界精彩,恰似他在著名的《望洞庭湖赠张丞相》一诗中所着意吟叹的:"欲济无舟楫,端居耻圣明。坐观垂钓者,徒有羡鱼情。"当然上面的对比,并不是对两大诗人的褒贬,而只是说明古典与近世两种不同的文明心态,说明在唐人的心中已悄然滋生的欲求"风流天下闻"(李白称孟浩然)的现代传播意识。这种意识在宫廷传播上促成了以《开元杂报》开其端绪的一整套创设与举措,在士人传播中

---

① 《唐摭言》卷11。

则表露为仕进、干谒、远游、著述、题壁等一系列表现与行为。将题壁置于大历史的背景而不拘泥于事物本身中考量，我们才容易透视其中的历史蕴含。

## "版印书籍，唐人尚未盛为之"

上节我们曾提到题壁与印刷的关联。这一看法不是实证性的，而是思辨性的。如果依照中央音乐学院周海宏先生与中国社会科学院卜卫先生关于实证研究是"操作事实"而思辨研究是"操作概念"的区分①，那么我们此处所操作的概念就是大众传播意识。我们认为，正是这种日渐明晰、日渐强烈的意识导致了唐人题壁走向全面兴盛，并最终推动了印刷术的孕育、发展与成熟。那么，意识是从哪里来的？当然是来自现实的、历史的、物质的实在情境。归根结底，正是由于唐宋时代经济的发达、社会的繁荣，促使人们的交往日趋频繁，日趋密切。虽说马克思、恩格斯在《共产党宣言》中所论及的资本主义时代与唐宋之际不可同日而语，但二者在整体的历史趋向上倒是不无相通之处，即：

> 过去那种地方的和民族的自给自足和闭关自守状态，被各民族的各方面的互相往来和各方面的互相依赖所代替了。物质的生产是如此，精神的生产也是如此。②

联系的密切，交往的频繁，社会生活由板滞一律向活跃分化的松动，自然会使大众传播意识从无到有一点点地萌发出来，最后形成一种社会化情结。说来似乎是巧合，东方与西方的印刷技术都是在历史的风标从古典转向近世之际问世的。这不是颇堪体味么？法国汉学家谢和耐在《蒙元入侵前夜的中国日常生活》一书中，曾就此写道："事实上，正是由于商人阶层的崛起和下层城市人口的急剧增长，印刷术才会应着他们的新要求而如

---

① 参见《国际新闻界》1996年第4期第38页注④与第5期第31页。
② 《马克思恩格斯选集》，第2版，第1卷，276页，北京，人民出版社，1995。

此广泛地应用开来。正是社会变迁赋予了此项发明以正当的用途，否则的话，它就会被轻轻地忽略掉。我们就此所找到的证据是，事实上印刷术的最早应用范围是极其有限的。"①

关于唐宋时印刷发明与应用情况，前人孙毓修的《中国雕版源流考》与今人张秀民的《中国印刷史》已做过经典而权威的阐述，英年早逝的汉学家卡特更以其《中国印刷术的发明和它的西传》，为此画出一个几近完满的句号。这里，我们只想顺便勾画一下印刷问世的主要历史线索，从而为透视题壁以及其他的唐人传播活动提供坐标与参照。

正如古登堡的印刷术最初是与宗教改革联系在一起的，中国的印刷术早期也是用于佛教经文的扩散。尽管隋代或唐初已有印刷的看法尚有争议，但至少中唐以后印刷已经问世应属不争之论；被斯坦因窃去的敦煌文物、现存最古老的印刷品之一《金刚经》，即印行于868年。② 到了五代时期，印刷技术已经相当成熟，应用范围也从寺院扩大到其他生活领域，其中主持刊印《九经》的冯道更成为一个里程碑式的人物，用卡特的话讲：

> 冯道及其同僚对中国印刷术的业绩，可以和谷登堡在欧洲的业绩相比。谷登堡以前，欧洲已经有了印刷（雕版印刷断然已有，可能还有活字印刷的试验），但谷登堡《圣经》的印行，为欧洲的文明开了一个新纪元。同样，在冯道以前也有印刷，但它只是一种不显于世的技术，对于国家文化影响很小。冯道的刊印经书，使印刷成了一种力量，导致成为宋代文教的重兴。但称冯道为发明者，则未免言过其实。……他不过以首相之尊，看到了这种新发明的价值，并命令大规模地开印。他的名字流传历史，成为中国伟大发明家之一，但在创始这种新文明时，有许多人的贡献比他为多，他们应该分享

---

① [法]谢和耐：《蒙元入侵前夜的中国日常生活》，刘东译，173页。

② 1966年，韩国庆州佛国寺舍利塔内，发现了一件年代更早的印刷品《陀罗尼经咒》，据有关证据推测应该印刷于704—751，亦即比王玠的《金刚经》提前一个多世纪。虽然韩国方面据此声称"韩国发明印刷术"，但大多数中外学者都认为这卷《陀罗尼经咒》不过是在中国印造并传到东北亚地区的，如李约瑟《中国科学技术史》第五卷第一分册《纸和印刷》。

他的光荣。①

冯道，生当五代乱世，历事后唐、后晋、后汉、后周，始终不离将相高位，以圆滑世故著称。他曾对契丹君主作践自己是"无才无德痴顽老子"，还欣然自号"长乐老"。欧阳修在撰述《新五代史》时写道："予读冯道《长乐老叙》，见其自述以为荣，其可谓无廉耻者矣。"②不过此公性格并非如此单一，他可算特定的历史条件塑造出的多重面目多重角色的典型，在兵荒马乱的年代也做了一些力所能及的善事。其中最为人所称道者就是后唐长兴三年（932），他倡议在国子监内校定《九经》文字，雕版印刷，至后周完成，世称"五代监本"。此事的意义诚如卡特所言：

> 九经的刊印，是使儒家经文和学说在全国人民视听中恢复佛教兴起以前地位的力量之一，其后继起的古学重兴，只有欧洲重新发现古典文献以后出现的文艺复兴堪以相比；而欧洲的文艺复兴，也是得到印刷术发明的帮助的。中国历史学家所以盛推冯道的业绩，理由即在于此。九经刊印的另一结果，是促成了公私大规模刻书的时代，后者成为宋代整个时期的特征。③

总而言之，印刷术肇始于李唐，成熟于五代，兴盛于赵宋。沈括在《梦溪笔谈》中对此所做的概括，还是比较符合实际的："版印书籍，唐人尚未盛为之。自冯瀛王（冯道）始印五经，已后典籍，皆为版本。"④

作为一项影响非凡的技术，印刷追求的是大量的复制，而大量复制体现的是广泛的扩散，至于广泛扩散的动因则无非是受众的信息渴求与传者的流布欲望。虽然尚缺实证资料，但从历史所显示的各种征候上我们已能感到唐宋之际隐约涌起的大众传播潮，它将要或已经改变着传统中既定的传播格局与传播心态，题壁的兴盛与印刷的发展即为一例。宋人叶梦得在讲书籍的版本与校雠时说过：

---

① [美]卡特：《中国印刷术的发明和它的西传》，吴泽炎译，66页，北京，商务印书馆，1957。
② 《新五代史》卷54。
③ [美]卡特：《中国印刷术的发明和它的西传》，吴泽炎译，71页。
④ 《梦溪笔谈》卷18。

> 唐以前，凡书籍写本，未有模印之法，人以藏书为责。人不多有，而藏者精于雠对，往往皆有善本；学者以传录之艰，故其诵读亦精详。五代时，冯道始请官板镂行。国朝淳化中，复以《史记》《前后汉书》付有司摹印。自是书籍刊镂者益多，士大夫不复以藏书为意。①

这里说到的唐以前人以藏书为责和宋以后士大夫不复以藏书为意，也从一个方面显示了传播格局与传播心态的变迁脉络。

最后，让我们借用台湾学者罗宗涛先生在《唐人题壁诗初探》一文结语中的话，对本章内容做一概括：

> 归纳题壁的处所有：东宫、中书省、秘书省、御史台、集贤阁、府厅、郡斋、县衙、仓库、关城、驿亭、石壁、桥柱、旅馆、酒店、寺院、观祠、私宅、茅亭、江村、妓院、塔墓、雪地，等等，其中以寺院、驿亭、公廨为最多。
>
> …………
>
> 内容方面，涵盖了宣教、即景、行役、留言、送别、乡愁、悼亡、自伤、同情、感谢、旷达、逞才、言志、勉励、赞扬、不平、嘲讽、传情，等等，独不见郊庙和战争的歌诗。
>
> …………
>
> 基本上，诗人题壁，其目的就在于传播；而将这一意图表现得最明白、最强烈的是寒山、元稹、白居易几个人。元、白二人更互相将对方的诗作，大量题壁、题屏，以扩大宣传，企图以联手的方式，增进传播的效果。至于白居易说到题壁的目的是要传播给"采诗者、修史者、后之往来观者"（见《题裴晋公女几山刻石诗》序），几乎可以代表题壁诗人的心意。
>
> 从传播的角度来看，题壁诗确实收到了可观的效果。……题诗于壁是唐诗传播重要的一环，也是促进唐诗兴盛的因素之一。②

唐代的士人传播，大致如上所述。其间我们主要考察的是"媒介"传

---

① 《文献通考·经籍》引叶梦得建炎四年语。
② 《唐代文学研究》，第三辑，89页，桂林，广西师范大学出版社，1992。

播,即书信(内含新闻信)、著述(以时事性小册子即随笔小说为主)和题壁,而对"人际"传播一项没有过多涉及。这主要是因为媒介传播有形可见而人际交往无迹可求。但这并不意味着人际网络的意义可以忽略不计。若论新闻传播,则人际网络的扩散作用就更不容低估。可惜的是其线索已无从连接,其画面已难以复原。如今我们至多能从"君自故乡来,应知故乡事""故人具鸡黍,邀我至田家"等文本中,去想象唐代士人间的人际交往,从"劝君更进一杯酒,西出阳关无故人""主人下马客在船,举酒欲饮无管弦"的场景里去领略他们的絮谈了。

# 第九章　民间传播

史学家陈寅恪先生有一句常被征引的话："华夏民族之文化，历数千载之演进，造极于赵宋之世。"对此观点，出自年鉴学派故乡的法国一代汉学巨匠谢和耐，以其《蒙元入侵前夜的中国日常生活》一书提供了生动翔实的佐证。在这部被誉为"立体的《清明上河图》"的杰作中，谢和耐秉承年鉴学派宗师马克·布洛赫的总体史思想，以细腻的笔触全面地、栩栩如生地展示了南宋人的生活场景，复活了华夏文化登峰造极之际的风俗民情。其中，有一段平实而精彩的论述，在展现中国古代社会风貌上不亚于其巨著《中国社会史》：

> 11世纪以前的中国，其政治状况可以简述如下：统治阶层形成了一个为数很少的精英集团，具有相近的生活方式、思想观念甚至语言文字。他们均沉浸于共同的文化氛围。但是，在这个极小的统治阶层之下，却是一个巨大的、尚未成形的民众团体，具有迥然不同的习俗风尚、千差万别的口音以及特定的技艺。当然，他们全都属于同一个中华文明，然而，尽管统治阶层不断努力去使各地风俗习惯整齐划一，中国民众——特别是乡村大众——却仍然保持着他们差别明显的地区特点。不同地区和省份的这种差异性，又由于在一些边远省份存在着少数民族而进一步拉大了；不过，由于有了令人羡慕的农村政治机构和中央集权政府，这种差异性却很少显露出来。由于所有这一切，便有了诸历史事实中最重要的事实之一。经过必要的修改之后，直至宋代甚至推而广之直至13世纪，中华世界均可与中世纪的欧洲相比。按照毛斯的说法，在当时的欧洲，"唯有教会保有着艺术、科学和拉丁文，并传达着思想；而一般大众却显然并未开化，仍保留着他们的民间习俗与民间信仰"。①

谢和耐的这段文字，犹如为本章的内容勾勒了一个宏观的背景，所谓唐代的民间传播就是在这一背景中，在广大民众——特别是乡村民众"显然并未开化，仍保留着他们的民间习俗与民间信仰"的情景中生发、铺陈并展开的。

---

① [法]谢和耐：《蒙元入侵前夜的中国日常生活》，刘东译，36页。

# 乡 土 中 国

我们说的民间范围,是以农人为主,另外包括伶工、商贾、僧道、医卜、渔夫、樵子、工匠、歌妓等。

假如要用一个词来概括中国社会尤其是古代社会的特征,那么这个词恐怕非"乡土"莫属。中国的历史、中国人的面貌、华夏文明的精神气质,无不与乡土丝丝相连,息息相通,中国社会简直就是生长在乡土之中的。即使在现代化潮流涤荡了传统的每个角落的今天,中国的乡土气息依然处处弥漫,浓郁可辨,而文化意识中的乡土情结更是与生俱来,无所不在。时常可闻、意含讥诮的"土气""土包子""土头土脑"等话语本身,即已表明乡土传统在中国文化中是如何根深蒂固、挥之不去。这一鲜明的乡土特色,在世界各种文化的对比中尤显突出。社会学家费孝通,还曾专门为此写过一部文思俱佳的《乡土中国》,对中国民生图中的"乡土"底色做了深入浅出鞭辟入里的解剖。他指出:

> 从基层上看去,中国社会是乡土性的。……我们说乡下人土气,虽则似乎带着几分藐视的意味,但这个土字却用得很好。土字的基本意义是泥土。乡下人离不了泥土,因为在乡下住,种地是最普通的谋生办法。……这片大陆上最大多数的人是拖泥带水下田讨生活的了。我们不妨缩小一些范围来看,三条大河的流域已经全是农业区。而且,据说凡是从这个农业老家里迁移到四围边地上去的子弟,也老是很忠实地守着这直接向土里去讨生活的传统。……远在西伯利亚,中国人住下了,不管天气如何,还是要下些种子,试试看能不能种地。——这样说来,我们的民族确是和泥土分不开的了。[①]

费孝通的"乡土中国"说,还是在明清商品经济持续发展,特别是中国社会结构已经开始从农耕向工商转型,从传统向现代蜕变的背景下提出的。如果上推到一千多年前的隋唐时代,那么乡土中国的图景就更为鲜明了,用《唐帝国的精神文明》一书中的话来说:"中国古人所真正熟悉的,

---

① 费孝通:《乡土中国》,1~2页,北京,生活·读书·新知三联书店,1985。

主要是自己的乡土。"①乡土本色既决定了古人的生存状态，即：

> 极端的乡土社会是老子所理想的社会，"鸡犬相闻，老死不相往来"。不但个人不常抛井离乡，而且每个人住的地方常是他的父母之邦。"生于斯，死于斯"的结果必是世代的黏着。②

同时也决定了他们的传播状态，即：

> 在一个每代的生活等于开映同一影片的社会中，历史也是多余的，有的只是"传奇"。一说到来历就得从"开天辟地"说起；不从这开始，下文不是只有"寻常"的当前了么？都市社会里有新闻；在乡土社会，"新闻"是稀奇古怪，荒诞不经的意思。③

贺知章的《回乡偶书》，可以作为这一"日出而作，日入而息"的乡土社会的典型写照，作为其生存与传播状态的象征描绘。"少小离家老大回"，这显然是一种融汇在生命中，流淌在血脉里的乡土情怀；"乡音无改鬓毛衰"则凸现了乡土传播图景中的唯一"媒体"——乡音，即与一方水土契合得天衣无缝的方言土语。

不言而喻，这里说的乡土中国主要是就民间而言的，是"从基层上看去"的。也就是说，中国的民间是乡土性的。这是我们谈论唐代民间传播的基点。

当然，除了乡土本色之外，还应看到唐代的商贸活动十分活跃，大小都市纷纷兴起，从而对整个唐代社会的格局与民间生活的面貌产生较大的影响。当时，由广州至南洋诸国的海上丝绸之路和西出阳关的几条陆上丝绸之路，不仅使中国的物产如丝绸、茶叶、瓷器等源源不断地输往中亚和欧洲，所谓"无数铃声遥过碛，应驮白练到安西"（张籍《凉州词》）；而且，使大批胡商在带来葡萄美酒夜光杯一般缤纷诱人的物产同时，也给"死水微澜"的乡土中国注入了流宕不息的波光云影。顺便说一下，丝绸之路（silk

---

① 程蔷、董乃斌：《唐帝国的精神文明》，38页。
② 费孝通：《乡土中国》，18~20页。
③ 同上。

road）一词不是出自中国。这一名称最早是由德国地理学家李希霍芬在其多卷本名著《中国》(1887年初版）中提出来的。不过，真正使"丝绸之路"为世人所普遍接受，则要归功于李氏的学生、以发现楼兰古城而享誉世界的西域探险家斯文·赫定，归功于这位传奇式人物在20世纪30年代中期出版的一部以"丝绸之路"为书名的名作。除了中外交通的兴旺之外，唐代许多城市的纷纷兴起，国内城乡贸易的空前繁盛，更在乡土社会的大环境中显出勃勃生机。"被一条条水陆交通线串联沟通起来的城市，犹如穿缀在丝线网络上的颗颗珍珠，成为各地物产、财富和人文精华的集萃点，同时也是陈列和展示大唐社会物质文明和精神文明成就的闪光窗口。"[1]以淮南节度使治所扬州为例，当时真是商贾如织，繁花似锦，就像高彦休在《唐阙史》中记载杜牧事迹时所描绘的：

> 扬州，胜地也。每重城向夕，倡楼之上，常有绛纱灯万数，辉罗耀烈空中。九里三十步街中，珠翠填咽，邈若仙境。[2]

这一情景简直宛若当今的夜香港。无怪乎唐代诗人留下那么多歌咏扬州的名篇佳作：

> 萧娘脸上难胜泪，桃叶眉头易得愁。天下三分明月夜，二分无赖是扬州。
>
> 徐凝《忆扬州》
> 十里长街市井连，月明桥上看神仙。人生只合扬州死，禅智山光好墓田。
>
> 张祜《纵游淮南》
> 青山隐隐水迢迢，秋尽江南草未凋。二十四桥明月夜，玉人何处教吹箫。
>
> 杜牧《寄扬州韩绰判官》

唐代有句很流行的话，叫"扬一益二"，是说当时的商业都市以扬州为

---

[1] 程蔷、董乃斌：《唐帝国的精神文明》，123页。
[2] 《太平广记》卷273。

第一,益州(成都)为第二。后来,古文名家李翱的女婿卢求对此还颇为不服,大中九年(855)当他奉西川节度使白敏中之命撰《成都记》后,就在序文中为益州力争天下第一的名分:

> 大凡今之推名镇为天下第一者,曰扬、益。以扬为首,盖声势也。(益州)人物繁盛,悉皆土著;江山之秀,罗锦之丽;管弦歌舞之多,伎巧百工之富;其人勇且让,其地腴以善;熟较其要妙,扬(州)不足以俦其半!①

这些都显示了一种市井文化的崛起之势,而这一趋势将于赵宋之世臻于极盛。

不过,透过繁华喧闹的都市,当不难察觉,隋唐时代的中国,特别是中唐以前,整体上依然属于典型的乡土社会,正如当下的中国,尽管已经相当现代化了,但仍确定无疑地是个农业大国一样。这是一个最基本的判断,同时也是我们透视唐代民间生活及传播的出发点。把握住这一点,才能从当时纷繁杂乱的社会表象中理出历史的主脉而不致目迷神眩。在唐代的社会图景中,都市商贾之所以居于视线的核心而村野农夫之所以偏处关注的边缘,并不是由于前者重于后者,而主要是因为都市充满新奇,富于变化,追逐刺激,醉心享乐,于是格外引人注目;而在广大的农村,生活犹如一条无始无终的长河缓慢流淌,波澜不惊,除了如诗如画的田园风光,村夫野老似乎都化成游魂,影影绰绰,若有似无。然而,事实上,唐代民间生活的主体却正是茅檐低小的农户田家,民间的概念主要指涉的还是淳朴疏野的乡土中国。

# 人际网络与口耳相传

在乡土社会中,民间的传播活动一般都只有凭借方言土语,在这里语言几乎成为唯一的交流工具。有论者指出,"中文的'古'字,正是十口相

---

① 《全唐文》卷744。

传之意，即古代事情是由人们口述流传而来的"①。不论这一解释是否确当，民间传播的口语化是毫无疑义的。"田夫荷锄至，相见语依依"（王维），乃是民间传播的常态。

唐代的民间传播与历朝历代相比，在内容上并无多少与众不同之处，也就是说大抵不离民间传说歌谣谚语的范围。这些内容与前边谈过的官方传播和士人传播常常相互渗透，彼此影响。以传说为例，有的是经过民间流传后而被士人载入笔记小说，有的则是从文人的笔记小说中扩散为街谈巷议，播扬成形形色色的传闻、议论和琐言。严格说来，民间传播的内容多为传闻而鲜有新闻，从民间传播的角度看，新闻往往是稀奇古怪可惊可愕的荒唐事。以今日的眼光审视，唐代民间传播领域唯一具备新闻意味的，大概就是"集会"宣读朝廷的政令，如诏书、露布、律令等。日本和尚圆仁在《入唐求法巡礼行记》中，曾记录了这样的一次集会：

> 开成五年（841）三月五日
> 蒙（登州都督府）使君报云："本司检过（有关旅行手续）。"又从京都新天子诏书来。于州城内第门前庭中铺二毯子，大门北砌上置一几，几上敷紫帷，上着诏书，黄纸上书。州判官、录事等，县令、主簿等，兵台使、军将、军中行官、百姓、僧尼、道士各依职类，列在庭东边，向西而立。从内使君出来，军将二十人在使君前引，左右各十人。录事、县司等见使君出，伏面却到地。使君唱云："百姓等"，诸人俱唱"诺"。使君于一毯上立，判官亦于一毯上立，皆西面立。有一军将唤诸职名，录事、县司之列，一时唱"诺"。次唤诸军押衙、将军、兵马使之列，军中列，一时唱"诺"。又云："诸客等"，即诸官客、措大（士子）等唱"诺"。次有二军将取诏书几来，置使君前，一拜，手限诏书，当额揖之。一军将跪坐，袖上受书，擎至庭中，向北而立，唱云："有敕"。使君、判官、录事、诸军等尽俱再拜，有一军将云："百姓拜。"百姓再拜，但僧尼道士不拜。令两衙官披诏书，其二人着绿衫。更有衙官二人互替读，声大似本国申政之声。

---

① 钟少华：《中国口述史学漫谈》，载《学术研究》，1997（5）。

诏书四五纸许，读申稍久，诸人不坐。读诏书了，使君已下诸人再拜。次录事一人、军将一人出于庭中，对使君言谢，走向本处立。使君宣诸司云："各勤勾当"。判官以上尽唱"诺"。次都使唱云："僧道等"，僧尼道士唱"诺"。次云："百姓"，唱"诺"。次诏书使到使君前再拜。使君下毯，以袖遮之。诸官客等数十人到使君前，伏地屈身而立。军将唱："好去。"一时唱"诺"。官人、诸军、僧道、百姓于此散去。[1]

多亏圆仁的细心以及不厌其详的笔录，才使人们对这类集会有了具体感性的了解。显然，这种传播场合的群集之众与当代媒介所造成的动辄百万、千万的"大众"相比，只能算微不足道的"小众"。即便有理由推断这些集会的百姓是各里坊村舍选派的代表，其传播功效与现代传播仍是天悬地殊不可以道里计，借用李长声先生的说法：

> 靠会话和演说等传播，必须聚会在同一场所，这样的群集之众是"群众"。靠手工印刷，书报能印行数万份，人们不必济济一堂，被称作"公众"。识字率提高，书报读者层扩大，广播、电视等电波媒介发达，出现了现代传播媒介的接受者"大众"。[2]

凭借口语传播信息的最大问题是失真。在口耳相传的过程中，一件事越传越离谱的情况并不罕见。正如吴予敏先生所言："口语传播网络的每一步扩展都势必成为新信息累加和原信息衰减的过程。"[3]于是，民间便经常出现事出有因而查无实据的流言与谣传，有时甚至弄得人情汹汹，举国耸动。如隋朝灭陈后，江南民间一度讹传胜利者欲将陈地百姓悉数迁往关中，结果远近惊骇，许多地方的民众还为此揭竿而起，"陈之故境，大抵皆反"[4]，直到朝廷派大兵弹压，才算平息了这场源于口传失真的反叛。怨不得历代王朝对"妖言惑众"是如此敏感，防范如此森严。流言之所以传播得那么神速，是因为人际网络对信息能产生一传十、十传百的扩散作用，常言

---

[1] [日]圆仁：《入唐求法巡礼行记》，88页。
[2] 李长声：《自行车文化叙说》，载《读书》，1997（9）。
[3] 吴予敏：《无形的网络——从传播学的角度看中国的传统文化》，8页。
[4] 《资治通鉴》卷177。

道"两个人的事情天知道，三个人的事情天下都知道"，从一个角度也说明了这一点。两人之间的秘密，一旦泄露，立刻就能判定背信弃义的一方，因而受道德律的约束，双方谁都不会轻易破坏彼此的约定（尔虞我诈的情况例外）。至于三人乃至多人之间的秘密，则泄露者难于指认，外界的压力相对较弱，口风不严的人在此情景中往往会忍不住对他人说起，尽管他一再交代"千万别告诉别人"，但秘密一经传出，便会在人际网络上神速地扩散开来，最终形成天下皆知的局面。对人际网络的这一神奇特性，有的研究者还专门做过实证考察。美国的马丁·加德纳在《流言为什么会不胫而走》一文中写道：

> 你遇到一来自远方的陌生人，通过交谈，竟发现你们有一个共同认识的朋友。心理学家斯坦利·米尔格莱姆曾研究过"小世界问题"。他首先确定了一个"目标者"——一个在马（萨诸塞）州剑桥市正在学习当牧师的年轻人的妻子。然后，在堪（萨斯）州的维契市又随便找了一组人作为"出发者"，给他们每个人一份文件，叫他们寄给他们的一个最有可能认识那个"目标者"的熟人（目标者与出发者的彼此方位，大约相当于中国的沈阳与成都）。接到文件的熟人依同样的办法再把它寄给自己的熟人，使这条"链子"有希望地接续下去，直至连接到"目标者"。叫米尔格莱姆吃惊的是，仅仅过了四天，一个男人就把文件送给了"目标者"……这个过程是这样的：在堪萨斯的一个农人（"出发者"），首先把文件给了一个牧师，牧师把它寄给了他在剑桥的一个牧师朋友，这个人就把文件交给了艾丽斯。从"出发者"到"目标者"，这条"链子"只有两个"中间人"。
>
> 在这次实验中，各条"链子"的"中间人"数最少的是两个，最多的是十个，平均数是五个。然而，如果事先叫人估计一下，大部分猜想需要一百个。不难想象，这样的"熟人网"便能很好地解释，为什么一些流言、有意思的新笑话会那么迅速地传遍全国。[①]

无疑，这也能解释"风言风语"在一个乡土社会中的疾速播扬。当然，

---

① [美]马丁·加德纳：《流言为什么会不胫而走》，载《读者文摘》，1984（5）。

在不待外求、自给自足的独立天地中，任何外界的实在信息在此播扬中都难免蜕化成"民间传说"，而任何确凿的新闻也往往演变为虚幻的传闻。

## 一方水土一方人

关于文化的雅俗之分，向为学界所关注。余英时先生曾精练概括了在此问题上的认识及其演变：

> 近几十年来，许多人类学家和历史学家都不再把文化看作一个笼统的研究对象。相反地，他们大致倾向于一种二分法，认为文化可以分为两大部分。他们用种种不同的名词来表示这一区别：在五十年代以后，人类学家雷德斐的大传统（great tradition）与小传统（little tradition）之说曾经风行一时，至今尚未完全消失。不过在最近的西方史学界，精英文化（elite culture）与通俗文化（popular culture）的观念已大有取代之的趋势。名词尽管不同，实质的分别却不甚大。大体来说，大传统或精英文化是属于上层知识阶级的，而小传统或通俗文化则属于没有受过正式教育的一般人民。①

依照通行的、仿佛不证自明的观念，大传统总是优于小传统，精英文化总是高于通俗文化。前者对应着精致、精巧、精粹，后者对应着粗俗、粗浅、粗陋。简言之，前者属于文明，后者归于原始。显然，这是基于文化人立场的偏见。其实，任何文明的源头活水都出自民间，看似无足轻重的芸芸众生却往往最具有想象力、创造力，他们以其生生不息的生命活力赋予文明以生机、光彩、活泼的形态和永葆青春的魅力。古人尝云"礼失而求诸野"，毛泽东的名言——"人民，只有人民，才是创造世界历史的动力"，更是以政治话语道出了一个普遍的真理。借那个几被用滥的冰山比喻来说，所谓上层的精英文化不过是露出海面可知可感的冰山一角，而支撑它、带动它、左右它的则是下层巨大而隐形的冰山主体。举例来说：

---

① 余英时：《士与中国文化》，129页。

如果一个外国人生活在我国,即中华文化圈里,只是单纯地接受中国文化的经典部分,那还远远谈不上被同化;而当他深入到我们文化的民俗部分,并有了决定意义的认同,从生活习惯到心理状态、价值取向都接受了中国文化的规范,他才可算是"中国通",或者说被"中国化"了。①

挡不住的民间活力恰似"万斛泉涌,不择地而出"(苏轼),在社会生活的每个领域都显得葱郁蓬勃,充满生机,在传播方面同样也是滔滔汩汩,气象万千。被王蒙誉为"一九九六年小说创作上的一大奇葩,可喜可贺,可圈可点"的《马桥词典》(韩少功),为此提供了一个有趣、真切而深刻的旁证。②在这部横看成岭侧看成峰的书中,作者"把考据、政论、语言比较、思想随笔、笔记小说、抒情散文、方言考察、民俗记录、神话、寓言等这一系列不相干的文体通通会集在一部长篇当中"(李锐),表现了社会的、历史的、文化的、民俗的、政治的、小说的、诗歌的、寓言的、神话的多维意义,从而使得"语言学者从中发现语言学,小说作者从中感受小说,民俗学、社会学从中寻找真的与虚构的民俗,评论家从中共鸣或质疑于韩氏社会评论与文艺评论"(王蒙)。而在我们看来,其中最有价值的是对民间语言及传播现象所做的细腻入微的描摹,特别是从生命存在的意义揭示方言土语的意义,更赋予民间传播以无可替代的尊严。俗话说,一方水土养一方人。庄绰在《鸡肋编》中便提到:"大抵人性类其土风。西北多山,故其人重厚朴鲁。荆扬多水,其人亦明慧文巧,而患在轻浅。"不管天人感应的理论今天看来如何不符合科学,"在天人之间占统治地位的和谐是确实存在的"③。就民间语言而言,正像韩少功指出的:

故乡的方言是可以替代的吗?它们深藏在广义普通话无法照亮的暗夜里,故乡人接受了这种暗夜,用普通话或任何其他外来语谈论故乡,

---

① 费孝通:《乡土中国》,30页。
② 王蒙的评论出自《读书》1997年第1期《道是词典还小说》一文,同年第5期《读书》上所刊山西作家李锐的长文《旷日持久的煎熬》,对《马桥词典》又做了进一步的剖析。至于围绕这部引人注目的作品而打的笔墨官司,则辑录于《天涯》,1997(3)。
③ [法]谢和耐:《蒙元入侵前夜的中国日常生活》,刘东译,187页。

不是不可，但其中的差别与隔膜，恐怕就像树上的苹果同离开了土地被蒸熟了腌制了的苹果一样，很难说那是同一只苹果。①

于是，当韩少功把马桥的历史、地理、气候、社会、文化、人物、习俗、情感、命运、故事、气味、温度、幻想、现实等，解构建构成一百一十一个词汇呈现出来时，当他用一部亦真亦幻的词典对个案式的"马桥"民间社会及其传播形态进行全方位的刻画时，也无异于揭示了方言土语与乡土社会的血脉关联，表现了民间传播的强劲生命力。

遗憾的是，如此生动而丰富的民间传播却偏偏由于文本的缺失而无从考究。尽管《马桥词典》不失生活之真实，但毕竟只是虚构的文本。说到底，民间传播是与日常生活水乳交融的，处于无意识的自然状态，即生即灭，"事如春梦了无痕"。费孝通说得好：

> 在这种（乡土）社会里，语言是足够传递世代间的经验了。……中国的文字并不是在基层上发生。最早的文字就是庙堂性的，一直到目前（指20世纪上半叶）还不是我们乡下人的东西。……这种乡土社会，在面对面的亲密接触中，在反复地在同一生活定型中生活的人们，并不是愚到字都不认得，而是没有用字来帮助他们在社会中生活的需要。②

这对生于斯长于斯的"乡民"来说，并不构成任何传播的障碍，但却给后人或外人了解这一传播领域留下了巨大的黑洞。当我们着手考察一千多年前隋唐时代的民间传播时，这一缺陷就显得尤为突出，以至于除了记录下来的歌谣民谚等文本之外，几乎是"羚羊挂角，无迹可求"了。好在唐代的民间歌谣是如此丰富，为探究唐代的民间传播提供了一手资料。当然，这与大传统所留下的如山似海的文本实在无法相提并论。有鉴于此，对唐代的民间传播首先需要明确一点：实际发生的各种传播活动是一回事，根据有限文本而描绘的传播现象又是一回事，二者远远不能画等号。

---

① 转引自墨哲兰：《〈马桥词典〉的语言世界对语言学者旨趣的反讽》，载《花城》，1997（8）。
② 费孝通：《乡土中国》，20页。

# 歌谣谚语

歌谣谚语，是民间传播中常见而通用的传播形式。它既传达时事，又表露舆情，更展示黎民百姓的生活万象，从中能直接感触庶人的喜怒哀乐，真切体察众生的悲欢离合。司马迁《报任安书》说，"《诗》三百篇，大抵圣贤发愤之所为作也"。而事实上，流传于世的305篇《诗》固然不乏圣贤孤愤之声与庙堂恢宏之作，但大多则可谓上古歌谣民谚的缩影或余响。比如，160篇国风就是十五国的民歌民谣。再如，《诗》不仅表达着丰富的社会内涵与普适的天道人心，而且朗朗上口，可歌可唱，如下千古名句，更是脍炙人口：

> 关关雎鸠，在河之洲。
> 青青子衿，悠悠我心。
> 蒹葭苍苍，白露为霜。所谓伊人，在水一方。
> 硕鼠硕鼠，无食我黍！三岁贯汝，莫我肯顾。
> 昔我往矣，杨柳依依，今我来思，雨雪霏霏。
> 普天之下，莫非王土，率土之滨，莫非王臣。
> …………

所以，历代王朝都把采集风谣当作把握民意舆情的第一要务。《左传·襄公十四年》有段话说：

> 自王以下，各有父兄子弟以补察其政：史为书，瞽为诗，工诵箴谏，大夫规诲，士传言，庶人谤，商旅于市，百工献艺。故夏书曰：遒人以木铎徇于路。

《国语·周语上》有段与之齐名的话：

> 故天子听政，使公卿至于列士献诗，瞽献曲，史献书，师箴，瞍赋，蒙诵，百工谏，庶人传语，近臣尽规，亲戚补察，瞽史教诲，耆艾修之，而后王斟酌焉。

这里都涉及采风之意。其中"遒人以木铎徇于路"里的遒人，是上古的宣令之官。木铎，是带木舌的铃子，为遒人宣令施教的工具，与军旅中使用的金铎相对，即顾炎武所言："金铎所以令军中，木铎所以令国中。"①关于采风，《汉书·食货志》说得更清楚：

> 孟春之月，群居者将散，行人振木铎徇于路以采诗，献之太师，比其音律，以闻于天子，故曰：王者不窥牖户而知天下。

《汉书·艺文志》也写道：

> 古有采诗之官，王者所以观风俗，知得失，自考证也。……自孝武（汉武帝）立乐府而采歌谣，于是有代、赵之讴，秦、楚之风，皆感于哀乐，缘事而发，亦可以观风俗、知薄厚云。

唐太宗君临天下，也把采风视为自己的耳目之延伸，希望借此了解民间的疾苦，百姓的心愿。他曾于贞观八年正月颁发诏令曰：

> 昔日明王之御天下也，内列公卿，允厘庶绩，外延侯伯，司牧黎元。惟惧澶化未敷，名教或替，故有巡狩之典，黜陟幽明，行人之官（即振木铎徇于路以采诗之人），存省风俗，时雍之化，率由兹道。宜遣大使，分行四方，申谕朕心，延问疾苦，观风俗之得失，察政刑之苛弊，务尽使乎之旨，俾若朕亲睹焉。②

于是分遣萧瑀、李靖等文武大员十三人巡省天下，兼采风谣。玄宗时代长安有两座颇出风头的名楼，即位于兴庆宫西南角的勤政务本楼和花萼相辉楼，开元天宝年间的不少盛事庆典都同它们的名字联在一起。而其中的勤政务本楼，据史书记载，就是为着"察氓俗，采风谣，以防壅塞"的目的而修建的。③由此看来，太宗的贞观之治与玄宗的开元之治，应该说同这两位开明君王注重民情的举措不无关系。后来德宗朝的名相陆贽，在贯

---

① 《日知录》卷5。
② 《唐会要》卷77。
③ 参见《唐会要》卷30。

彻其去弊求通的思想时，也继承了这一传统。他曾告诉奉使巡行天下的官员"以五术省风俗"，其中第一术就是"听谣诵审其哀乐"①。

林语堂在其《中国报业及民意史》一书中曾说道："中国在没有文字报以前，歌谣就是当日的口语新闻。换言之，歌谣也可视作文字报的前身。"②细究起来，民间的风谣应分为歌、谣、谚三大类。歌与谣的关系较密切。二者最初都是能唱的，相当于今天的歌词。不同之处在于歌要用乐器伴奏着唱，谣则只是徒手而歌。《诗经·魏风·园有桃》里有一句说："我歌且谣。"《毛传》对此的解释就是："曲合乐曰歌，徒歌曰谣。"至于代代相传的俗话——谚，则从来都不是唱的。如《左传·僖公五年》云："谚所谓'辅车相依，唇亡齿寒'者，其虞虢之谓也。"当然，后来歌谣谚三者的界限逐渐模糊，到了唐代情形已像程蔷、董乃斌所言：

> 民歌、曲词都是能唱的诗，谣谚不同，民谣有一部分能唱，但不是都能唱，至于谚语大抵都不能唱，而是只能说。③

从特征上看，民歌突出的是艺术性，民谣突出的是时事性，民谚突出的是风俗性。也就是说，三者之中数民谣更具新闻的意味，"民谣的现实性可能要更强一些，往往是对当前生活中的人或事作出反应"④。比如"造谣"，便是针对现实中的人或事来做文章的。

歌谣谚语虽然不尽相同，但在一点上却是一致的，即短小凝练，押韵上口，易诵好记，便于传播。徐澄宇先生在《诗经学纂要》中就此分析道：

> 上古之世，地旷人稀，既无文字以通声气，而感情之传递、知识之交换尤专赖夫语言。相对而语，无妨靦缕（畅谈）。若隔离稍远，必赖传达。词繁意琐，则传言者或失其真。故必简其语，齐其声，谐其音，而后传之者便矣。⑤

---

① 《新唐书》卷157。
② 转引自吴予敏：《无形的网络——从传播学的角度看中国的传统文化》，134页。
③ 程蔷、董乃斌：《唐帝国的精神文明》，535页。
④ 同上，537页。
⑤ 转引自朱传誉：《先秦唐宋明清传播事业论集》，27页。

歌谣的"简其语，齐其声，谐其音"不为别的，而主要是为了便利传播，这一看法不无道理。《诗经·国风》中的民歌不管表达什么内容，当采用朗朗上口删繁就简的歌谣形式时，其直接目的无非在于广为传播。从沈德潜《古诗源》辑录的唐以前的童谣里谚中，我们也能强烈感受到这一点。如《古诗源》的第一首、帝尧时代的《击壤歌》：

日出而作，日入而息。凿井而饮，耕田而食。帝力于我何有哉！

多么自然，多么流畅，令人过目不忘，这等歌谣怎能传之不远。观风察俗，由此不难看到杜甫一类儒生所神往的"致君尧舜上，再使风俗淳"的动人景象："帝尧之世，天下太和，百姓无事，有老人击壤而歌。"（《古诗源·击壤歌》注）再如：

楚虽三户，亡秦必楚。
众心成城，众口铄金。
千夫所指，无病而死。
屋漏在上，知之在下。
足寒伤心，民怨伤国。
宁为鸡口，无为牛后
从善如登，从恶如崩。
当断不断，反受其乱。
长袖善舞，多钱善贾。
水至清则无鱼，人至察则无徒。
救寒无若重裘，止谤莫若自修。
蓬生麻中，不扶自直。白沙在涅，与之俱黑。
不聪不明，不能为王。不瞽不聋，不能为公。
天下攘攘，皆为利往。天下熙熙，皆为利来。
与其溺于人也，宁溺于渊。溺于渊犹可游也，溺于人不可救也。
…………①

---

① 均见《古诗源》卷1。

这些俚谚歌谣不仅易记易传,而且以简洁明了的语句概括了为人处世的哲理,自然成为民间广为传诵的"口头禅"。如最后"溺于人"一句,不就是今天老百姓说的"唾沫星子淹死人"嘛。

## 上有天堂,下有员庄

中国的歌谣传统源远流长,到了唐代更是盛极一时。以研究唐代的民俗与文学见长的程蔷、董乃斌二位先生,就把唐代称为"民歌谣谚的黄金时代",并指出唐代民谣的"创作面之广,作品之多,质量之高,为历代所难以比肩"①。

我们先来看看唐代民间的"歌"。印象中的大唐歌舞升平,而唐人又能歌善舞。以唱歌而论,这在今天是一种专门化的艺术与职业,而在唐代却是寻常百姓日常生活不可或缺的内容。就像下面这些脍炙人口的诗章所表现的:

> 李白乘舟将欲行,忽闻岸上踏歌声。桃花潭水深千尺,不及汪伦送我情。
>
> 杨柳青青江水平,闻郎岸上踏歌声。东边日出西边雨,道是无晴却有晴。
>
> 春江月出大堤平,堤上女郎连袂行。唱尽新词欢不见,红霞映树鹧鸪鸣。

再看段成式《酉阳杂俎》中记的一段奇闻:

> 元和初,有一士子失姓字,因醉卧厅中。及醒,见古屏上妇人等悉于床前踏歌,歌曰:"长安女儿踏春阳,无处春阳不断肠。舞袖弓腰浑忘却,蛾眉空带九秋霜。"其中双鬟者问曰:"如何是弓腰?"歌者笑曰:"汝不见我作弓腰乎?"乃反首,髻及地,腰势如规焉。士人惊惧,因叱之,忽然上屏,亦无其他。②

---

① 程蔷、董乃斌:《唐帝国的精神文明》,532页。
② 《酉阳杂俎》卷14。

这当然是他醉眼蒙眬的幻觉了,但幻觉的现实基础无疑是唐人善歌的风尚。

除了敦煌曲辞外,唐人的歌或歌词集中收录在《全唐诗》卷874中。一般来说,这些歌的现实性与针对性都很强,或颂扬良吏,或嘲贬贪官,缘事而作,爱憎分明。如《廉州人歌》:

> 武德初,颜游秦为廉州刺史。时承刘黑闼初平之后,风俗未安。游秦抚恤之,化大行,邑里歌之:
> 廉州颜有道,性行同庄老。爱民如赤子,不杀非时草。①

再如《沧州百姓歌》:

> 贞观中,薛大鼎为沧州刺史,州界有无棣河,隋末填废。大鼎奏开之,引鱼盐于海,百姓歌之云:
> 新河得通舟楫利,直达沧海鱼盐至。昔日徒行令骋驷,美哉薛公德滂被。②

同为沧州刺史,同是开河筑堰,姜师度与薛大鼎的情形正好相反,他得到的不是百姓的"颂歌"而是怨曲,这就是《鲁城民歌》:

> 姜师度好奇诡,为沧州刺史,开河筑堰,州县鼎沸。鲁城界内,种稻置屯。蟹食穗尽,又差夫打蟹。民苦之,歌曰:
> 鲁地抑种稻,一概被水沫。年年索蟹夫,百姓不可活。③

与此相同,昏庸贪鄙的地方官王熊在任上也换来一首"百姓不可活"的民歌:

> 王熊为泽州都督。府法曹断掠粮贼,惟各决杖一百。通判,熊曰:"总掠几人?"法曹曰:"掠七人。"熊曰:"掠七人,合决七百。法曹

---

① 《全唐诗》卷874。

② 同上。

③ 同上。

曲断，府司科罪。"时人哂之。前尹正义为都督公平，后（王）熊来替，百姓歌曰：

前得尹佛子，后得王癞獭。判事驴咬瓜，唤人牛嚼沫。见钱满面喜，无锱从头喝。尝逢饿夜叉，百姓不可活。①

除了直率的抨击，还有曲意的嘲讽。像武则天时代洛城传唱的一首《景龙中嘲宰相歌》：

景龙中，洛下霖雨百余日，宰相不能调阴阳，乃闭坊市北门，卒无效，滂溢更甚，人歌云云：

礼贤不解开东阁，燮理惟能闭北门。②

最让人忍俊不禁的，要数下面这首《九龙帐歌》：

闽王鏻以婢金凤为后，嬖吏归守明私通之。鏻尝命工作九龙帐，国人歌云：

谁谓九龙帐，惟贮一归郎。③

上述民歌，都在相当范围里传播了民众的哀乐心声，并在一定程度上宣示了百姓的集体意志，成为民间传播活动的一个方面。下面再来看看唐代民间的"谚"。

谚是民俗味极强的一种民间传播的文本，所谓"俗话说"，往往就是各种民谚。民谚的内容包罗万象，举凡风土人情、饮食起居、天时地理、世道礼仪，简直无所不涉。加之，它具有稳定性，代代相传，百代不易，因而对整个民族性格的铸就和文化传统的维系厥功甚伟。不妨说，谚语是大传统与小传统共同构建、共同认可、共同传承的一个凝聚着民族精神的传播范本。换言之，谚语的意义不在于传递易碎的新闻，而在于播扬恒久的事理。如《李勣引谚别张文瓘》：

---

① 《朝野佥载》卷2。
② 《全唐诗》卷874。
③ 同上。

千里相送,终于一别。①

再如《王彦章引谚》:

人死留名,豹死留皮。②

从有的谚语上,不难看到传承与变迁的痕迹。如《员庄谚》:

员半千庄在焦戴川,北枕白鹿原,莲塘、竹径、荼蘼架、海棠洞、会景堂、花坞、药畦、碾磨、麻稻、垄塍鳞次。里谚曰:
上有天堂,下有员庄。③

不待多言,这句谚语后半已变为"下有苏杭"了。从关中白鹿原上的员庄到扬子江畔的苏杭,不也隐隐透出文明中心的南移么?再如先秦百家的《慎子》中有句话:

不聪不明,不能为王;不瞽不聋,不能为公。④

后来,到戏曲《打金枝》所演义的那段有名故事中,这段话便有了新的内涵:

(郭子仪之子、代宗之婿)郭暧尝与升平公主琴瑟不调,(郭)暧骂公主:"倚乃父为天子耶?我父嫌天子不作。"公主恚啼,奔车奏之。上(唐代宗)曰:"汝不知,他父实嫌天子不作。(假)使不嫌,社稷岂汝家有也。"因泣下,但命公主还。尚父(郭子仪)拘(郭)暧,自诣朝堂待罪。上召而慰之曰:"谚曰:'不痴不聋,不作阿家阿翁。'小儿女子闺帏之言,大臣安用听?"⑤

一场轩然大波就这样被一句家常的民谚平息了。

---

① 《全唐诗》卷877。
② 同上。
③ 同上。
④ 《古诗源》卷1。
⑤ 《因话录》卷1。

说到唐世的谚语，有部趣书值得一提，这就是署名李商隐撰的《义山杂纂》，也作《李义山杂纂》，或径题《杂纂》。鲁迅先生在《中国小说史略》中，称此书"皆集俚俗常谈鄙事，以类相从，虽止于琐缀，而颇亦穿世务之幽隐，盖不特聊资笑噱而已"。不过，关于其作者，鲁迅先生曾第一次提出质疑：

> 中和年间有李就今字袞求，为临晋令，亦号义山，能诗，初举时恒游倡家，见孙棨《北里志》，则《杂纂》之作，或出此人，未必定属商隐，然他无显证，未能定也。①

对此，周一良先生认为："《杂纂》即非玉溪生之作，亦必为唐人旧本也。"②

杂纂之作，从唐迄清，代为不绝，成为一颇堪留意的传播现象，至少显示了民间俗语的兴盛与流行。鲁迅先生1926年7月14日在致章廷谦的信中指出，《义山杂纂》"内有唐人俗语"。今人对《杂纂》深有研究的曲彦斌先生也曾说，《杂纂》"是语言俚俗幽默、别具一格的语录体（或称格言体）古代笔记小品，同时又可视为一部古代俗语的类义选集"③。以唐代的《义山杂纂》为例，南宋陈振孙在《直斋书录解题》中说它："俚俗常谈鄙事，可资戏笑，以类相从。今世所称杀风景，盖出于此。"下面就是《义山杂纂·煞风景》中的一组唐人俗语：

> 松下喝道。看花泪下。
> 苔上铺席。斫却垂杨。
> 花下晒裈。游春重载。
> 石笋系马。月下把火。
> 步行将军。背山起高楼。
> 果园种菜。花架下养鸡鸭。

---

① 《鲁迅全集》，第9卷，96页，北京，人民文学出版社，1981。
② 周一良：《敦煌写本杂钞考》，载《燕京学报》，1948年12月第五期。
③ [唐]李义山等撰：《杂纂七种》，曲彦斌校注，1页，上海，上海古籍出版社，1988。

妓筵说俗事。①

如今文人雅士每言焚琴煮鹤煞风景莫过于此，论其源头则在于斯。

# 骆宾王"造谣"

现在我们来重点看看以时事新闻为主的民间传播文本——谣。

对于民谣，新疆诗人周涛在其才气纵横的名篇《读〈古诗源〉记》之十八中，做过一番"高谈阔论"。他的议论虽然未必尽合学理，但却不乏灵思飞扬的洞见。如：

> 所谓"民谣"，实在不过民怨而已。谣者，谣言也。谣言者，今之所谓"牢骚话儿"是也，时至后汉，《古诗源》中所录民谣、童谣渐多，足可窥见当时社会的颓败之态矣。这些"谣"，自然不是诗之正音，但是这类以老百姓的独特智慧总结出来的顺口溜，这些民间的黑色幽默，这些占卜式的寓言极大地充实、丰富了这部古诗选集，使之充盈了社会的情态和群众的活力。

这段文字深入浅出地概括了谣的性质，指出它是牢骚话儿、顺口溜，流露着黑色幽默，充盈着社会情态等，应该说都触及了谣的根本。再如：

> 谣，是民众议政、参政的一种特殊手段，是封建王朝腐败没落时，老百姓表达民怨和期望的方式，所谓"民心"者是也。中国老百姓没有享受过示威游行的政治权利，也没有聚众街头登台讲演的传统，然而"屋漏在上，知之在下"，老百姓的积思总得找个渠道表达，"谣"就是个扭曲的方式。

这段话把谣的功能归结为参政议政、表达民怨，也是别有新意。关于谣谚的区分，他的分析同样独到：

---

① [唐]李义山等撰：《杂纂七种》，曲彦斌校注，22页，上海，上海古籍出版社，1988。

一般说来，谣不同于谚，虽然它们同出于民间的机智。谣是在非常时期对国家政事的讥评或预告，谚是这种智慧在和平时期对社会人生的精炼总结。至于"童谣"，只是借小孩子的口说出，以儿歌为形式，毕竟儿童以年幼不好治罪。

其中尤为精彩令人称叹的，还数下面这段纵论谣之传播的美文：

> 谣，起于酒楼茶馆、街头巷尾无名者之心，借众口而行。如风无形（试想"风谣""采风"等词），似雨润物。无脚而行天下，城关莫阻；有翅而居人心，官吏难逮。有良心无作者，有奇才无姓名。来时节满城争诵，洛阳纸贵；去时节羚羊挂角，无藤无根。

唐代的民谣十分丰富。仅就《全唐诗》而言，其中编录的歌与谚各为一卷，而谣则为三卷，即卷875的"谶记"、卷876的"语"和卷878的"谣"（所谓谶记和语其实都算谣）。下面我们就介绍一些知名的唐"谣"及其本事。

中国古代大凡江山易主，朝代更替之际，民间总会流行一些诡诡秘秘、神神道道、真真假假、虚虚实实的"谣言"，预言天下兴亡，昭示王朝盛衰，有如巫师阴森森的谶语，俨然具有某种先验的准确性。隋朝末年，这类政治性、预言性的民谣也曾大行于世，一时间似乎谣逐蜂起，谶语迭出，而主旨无非是苍天已死黄天当立之类，弄得人心惶惶，天下骚动。像下面这些《唐受命谶》：

> 桃李子（桃寓陶唐，李指唐朝国姓），洪水（隐李渊之名）绕杨山（杨寓指隋之国姓）。
>
> 江南杨柳树（隋炀帝死前一直滞留扬州），江北李花荣。杨柳飞绵何处去，李花结果自然成。
>
> 桃李子，莫浪语。黄鹄绕山飞，宛转花园里。①

不要小看这种类似巫术式的谶语，它在当时所产生的攻心作用，有时实在比公开的檄文还要厉害。因为，宣传是人为的，不管怎么有理有力都

---

① 《全唐诗》卷875。

不免自我标榜之嫌，而谶语民谣却仿佛昭示着一种高深莫测、不可抗拒的天机与天命。这在一个神灵崇拜十分普遍的时代，一个鬼怪意识渗透于现实生活每一领域的社会，确是威力无比的思想武器或"公关"战术。可以说，隋朝的江山民心在相当程度上是被这种充满迷信气息的"谣言"弄得四分五裂，土崩瓦解了。据《旧唐书·五行志》记载：

> 隋末有谣云："桃李子，洪水绕杨山。"炀帝疑李氏有受命之符，故诛李金才。后李密据洛口仓以应其谶。

毫无疑问，今天看来这些谶语显然纯属"造谣"，是"别有用心"的匿名者在事先或事后故意炮制出来的。尽管我们已不可能确切描绘《唐受命谶》的具体炮制过程，但从唐代其他类似的"造谣"事例中也能得到旁证。比如，徐敬业起兵时为了"逼反"当朝宰相裴炎作内应，便让骆宾王设计，造了一首童谣：

> 裴炎为中书令，时徐敬业欲反，令骆宾王画计，取裴炎同起事。宾王足踏壁，静思良顷，乃为谣曰："一片火、两片火（'炎'字），绯衣（'裴'字）小儿当殿坐。"教（裴）炎庄上小儿诵之，并都下童子皆唱。（裴）炎乃访学者令解之。召（骆）宾王至……以谣言"片火绯衣"之事白，宾王即下，北面而拜曰："此真人矣。"遂与敬业等合谋。①

不管裴炎是否真与徐敬业起事有染，骆宾王"造谣"之状应属事实。再举《皮日休造黄巢谶》为例：

> 黄巢令皮日休作谶词，云："欲知圣人姓，田八二十一（"黄"字）；欲知圣人名，果头三屈律（'巢'字）。"巢大怒。盖（黄）巢头丑，掠鬓不尽，疑三屈律之言是其讥也。（皮日休）遂及祸。②

又如《山阴老人伪谣》：

---

① 《朝野佥载》卷5。
② 《南部新书》丁。

董昌时,有山阴县老人伪上言曰:"愿大王帝于越。三十年前,已闻谣言,故来献。"(董)昌得之,大喜,因僭伪号:

欲识圣人姓,千里草青青("董"字);欲识圣人名,日从日上生("昌"字)。①

这类政治谣言的炮制及传播过程,也印证了英国人类学家、费孝通的导师马林诺夫斯基的一个论断:"巫术之所以进行,完全为的是实行……巫术纯粹是一套实用的行为,是达到某种目的所取的手段。"②

不言而喻,在专制朝代,炮制与传播政治谣言是要冒身家性命的,有时出言不慎就可能被冠以"妖言惑众"的罪名,下面一例便足以令人毛骨悚然:

京兆尹嗣道王(李)实,务征求以给进奉,言于上(德宗)曰:"今岁(803)虽旱而禾苗甚美。"由是租税皆不免。人穷至坏屋卖瓦木,麦苗以输官。优人成辅端为谣嘲之,(李)实奏(成)辅端诽谤朝政,杖杀之。③

在此言论自由没有丝毫保障的情况下,不到万不得已,民谣轻易不会涉及政治话题,而多以社会性内容为主。唐世民谣也不例外。如《京洛语》:

许钦明与郝处俊乡党亲族,两家子弟类多丑陋而盛饰车马以游里巷,京洛为之语曰:

衣裳好,仪貌丑——不姓许,即姓郝。④

虽讥刺权贵,戏谑纨绔,却也无伤大局。又如《魏博语》:

魏牙军起田承嗣,募军中子弟为之,父子世袭,悍骄不顾法令,更易节帅,不慊意辄害之,厚给廪,姑息不能制,时语云云:

---

① 《全唐诗》卷878。
② [英]马林诺夫斯基:《巫术科学宗教与神话》,李安宅译,53页,北京,中国民间文艺出版社,1986。
③ 《资治通鉴》卷236。
④ 《全唐诗》卷876。

长安天子，魏府牙军。①

这则民谚反映了河北藩镇魏博节度使的亲兵那骄悍难制气焰嚣张之势，不过口气是中性的，仿佛只是客观地报道事实。与此相似的，还有《武后长寿元年民间谣》：

> 则天时，选举大滥，天下有是谣。举人沈全交取而续之，御史纪先知劾其诽谤之罪。太后笑曰：但使卿辈不滥，何恤人言。先知大惭：
> 补阙连车载，拾遗平斗量。把槌侍御史，碗脱侍中郎。（沈全交《续谣》：评事不读律，博士不寻章。糊心宣抚使，眯目圣神皇。）②

对此"谣言"，御史已以诽谤罪名起诉，结果武后却是一笑了之。究其原因，在于它只针对有目共睹的社会现象，而没有犯上作乱的政治意图，故即便调侃一下，在开明一点的君主看来也能容忍。最能说明这一点的，是唐玄宗时代两则流传甚广的民谣，而它们都直指明皇的宠幸之人。一是《杨氏谣》：

> 天宝十载上元节，杨氏五宅夜游，与广宁公主骑从争西市门。杨氏奴挥鞭，致公主坠马，驸马程昌裔扶救，因及数挝。上令决杀杨氏奴一人，亦罪昌裔停官。于是杨家转横，京师长吏为之侧目。故当时谣口：
> 男不封侯女作妃，君看女却是门楣。③

另一则是《神鸡童谣》：

> 贾昌七岁解鸟语音，明皇选为鸡坊五百小儿长，甚爱幸之。父死，县官为丧器丧车，乘传洛阳道。当时天下号神鸡童，为之语曰：
> 生儿不用识文字，斗鸡走马胜读书。贾家小儿年十三，富贵荣华代不如。能令金距期胜负，白罗绣衫随软舆。父死长安千里外，差夫

---

① 《全唐诗》卷876。
② 《全唐诗》卷878。
③ 同上。

治道挽丧车。①

这些民谣未尝不可当社会新闻看。

总的来说，民谣的内容以揭露性、批判性、警示性为主。就警示性而论，许多笼罩着神奇诡秘面纱的谣言均属此列，如果除去其间的迷信妖妄的迷雾，则可视为民怨舆情的曲折反映。如《高昌童谣》：

> 贞观十四年，交河道行军大总管侯君集伐高昌，灭之。先是，其国中有童谣如此，国王文泰使人捕其初唱者，不能得也：
>
> 高昌兵马如霜雪，汉家兵马如日月。日月照霜雪，回首自消灭。②

这首所谓的童谣，其实不过是高昌民众对其统治者的警示而已。看不到这一点，便难免误入下面这种思路：

> 既然一个王朝最后的结局，竟如此精确地传唱于若干年前的儿童之口，可见这童谣传递的是不可抗拒的天命；既然童性是一种天真，那么童谣就是一种天籁，童心无邪，童言无忌，清风朗月般撩开冥冥上苍的面纱，透露出其中极神秘的一颦一嚬，这就是天机。③

尽管民谣的基调在于批判，但并非完全没有褒扬。也就是说，民谣在大量的"批评报道"中，也时有"正面报道"。如《时人为屈突语》：

> 屈突通，初事隋为右武侯车骑将军。奉公正直，虽亲戚犯法，无所纵舍。弟盖为长安令，亦以严整知名。时人为之语曰：
>
> 宁食三斗艾，不见屈突盖。宁服三斗葱，不逢屈突通。④

再如《杨刺史语》：

> 杨德干历泽、齐、汴、相四州刺史，治有威名，郡人为之语曰：

---

① 《全唐诗》卷878。
② 同上。
③ 夏坚勇：《湮没的辉煌》，180页。
④ 《全唐诗》卷876。

> 宁食三斗蒜，不逢杨德干。①

《万年人语》：

> 权怀恩为万年令，赏罚严明，见恶辄取，时语曰：
> 宁饮三斗尘，无逢权怀恩。②

除了以上关乎国计民生的沉郁歌吟，民谣中还不乏轻松、欢娱或俏皮的旋律。如：

> 槐花黄，举子忙。
> 三十老明经，五十少进士。
> 好事不出门，恶事行千里。③

"恶事行千里"一语，也是对民间口语传播及其神奇功能的通俗解说，它与非洲土著人说的"语言无腿，而行走无碍"（Words have no legs, yet they walk）④，有异曲同工之妙，也与今人所谓"真相还在穿鞋，而谎言已走遍天下"遥相呼应。

# 俗讲与变文

关于唐代的民间传播，最后还需专门谈谈一种形式独特而影响广泛的传播形式。这就是敦煌文献中最为世人关注的"变文"。

对敦煌文献的诸般情形，徐调孚先生在其《中国文学名著讲话》中，有一段简洁明了的叙述：

> 在中国的西陲，甘肃省的西北部，有敦煌县。这地方自古是西域道上的重镇，县城东南的鸣沙山麓有三界寺，寺旁石室很多，俗称千佛洞。

---

① 《全唐诗》卷876。

② 同上。

③ 同上。

④ The Unesco Courier, Paris, June 1997, p.18。

洞中有壁画，上半截是佛像，下半截是人像。前清光绪二十六年时，拟加以修理，扫除一些沙砾，却在倾坏的墙壁内发现一室竟是书库。库内藏唐人手写的东西和图画、刺绣等美术品不少。这些美术品都是无上之宝，而手写本尤有价值，在历史上和文学上无比重要。究竟是什么时候封闭着的？据猜想，大约在宋朝，因为避西夏的兵革，他们把这些东西保存在那里，倾坏的墙壁原来是那时的复壁，他们想避免战火的损失，于是想了这么一个办法。这办法居然很有效，竟保存了近一千年之久！

书库虽在一九〇〇年（即光绪二十六年）打开了，但中国政府和一般人士却不知去探险，倒是引动了一位在印度政府做工作的匈牙利人名叫斯坦因的，他在一九〇七年到那里，千方百计，诱骗守洞的王道士出卖这宝库，结果给他带走了三十多箱而去，陈列在伦敦博物馆里。接着法国人也知道了，他们也派伯希和来搜求，结果也带去了千余卷之多，运藏到巴黎国家图书馆去。直到一九三〇年（民国十九年），中国政府方才派人去提取，所余的已是糟粕了，现在收藏在北京图书馆里。

究竟这些唐人手写本的宝贝是什么呢？当然种类很多，有佛经，有民间叙事歌曲，有通俗的杂曲，但是最为宝贵的，却要算"变文"了。①

关于变文这一唐代民间传播的独特文本，学界限于条件并未搞得很清楚，其间尚存一些模糊混浊之处。如今的通行看法是：

（变文乃）唐时民间说唱体文字作品。佛教徒为讲经和宣传教义，采用一种新说唱体文学艺术形式，简称"变""转变"。表演时，边说唱故事，边展示图画。其画称"变相"，其辞称"变文"，并有"经变""俗变"之分。题材多为佛经故事，也有历史传说、民间故事或当代社会事件。变文分为全部散文、韵散相间两种，语言通俗，有说有唱，对后世话本、鼓词、诸宫调、宝卷、弹词等有显著影响。②

应该说，这种解释大致不错，惜将变文径直归于寺院讲经，则似不确。因为，变文虽与讲经有联系，但二者并不等同。那么，变文应是怎么

---

① 徐调孚：《中国文学名著讲话》，78页，北京，中华书局，1984。
② 《中国历史大辞典·隋唐五代史卷》，484页。

一回事呢？下面先从唐代盛行的佛教"俗讲"谈起。

众所周知，佛教自东汉传入中原，经过魏晋几百年的发展，到隋唐之世而达到鼎盛的。据王仲荦先生统计，如表9-1所示。①

表9-1 隋唐寺院、僧尼数量统计

| 年代 | 寺院总数 | 僧尼总数 |
| --- | --- | --- |
| 隋 | 3 985 所 | 236 200 人 |
| 621 年 |  | 200 000 人 |
| 738 年 | 5 358 所 | 126 100 人 |
| 749 年 | 5 185 所 |  |
| 845 年 | 4 600 所 | 260 500 人 |

这张冷清的表格其实显示的却是如火如荼的礼佛盛况。以寺院最多的唐玄宗天宝八载（749）而论，全国每一万人平均有一所寺院；以僧尼最多的唐武宗会昌五年（845）而论，则差不多是"百里挑一"，即每一百人中便有一个和尚尼姑。这正如谢和耐所概括的：

> 从6世纪末叶到9世纪中叶的隋唐时代，中国曾是佛教这种世界性宗教之最为灿烂夺目的一大中心……佛教在隋唐时代是中国文化圈中的社会文明和政治制度所不可分割的组成部分。那里的寺院同时是世俗和宗教的中心、中国文化和佛教文化的中心。②

随着礼佛信教蔚然成风，讲解佛经、宣传教义的活动便日趋活跃。从下举唐诗中，当不难想象当时讲经中那万人空巷、耸动视听的场景：

> 街东街西讲佛经，撞钟吹螺闹宫庭。广张罪福恣诱胁，听众狎恰排浮萍。
>
> 　　　　　　　　　　　　　　　　　　　　　　韩愈《华山女》

---

① 王仲荦：《隋唐五代史》，下册，991页。另据《资治通鉴》卷292显德二年（955）："是岁，天下寺院存者二千六百九十四，废者三万三百三十六，见僧四万二千四百四十四，尼一万八千七百五十六。"

② [法]谢和耐：《中国社会史》，耿昇译，233页。

> 无上深旨诚难解，唯是师言得其真。远近持斋来谛听，酒坊鱼市尽无人。
>
> 姚合《听僧云端讲经》

当时的讲经活动分为两种，一为"僧讲"，一为"俗讲"。汤用彤先生根据日本沙门园珍的《佛说观普贤菩萨行法经记》而指出：

> 俗讲当为对未出家的人所讲，而僧讲当为对出家人所讲。《通鉴·唐纪·敬宗纪》胡三省注曰："释氏讲说，类谈空有，而俗讲者又不能演空有之义，徒以悦俗邀布施而已。"也是把对僧人讲的与对俗人讲的分开，而且"俗讲"与"僧讲"之内容之所以有异，就在于听讲的人不同，"俗讲"所讲自必较为通俗。①

这段话意在说明俗讲僧讲之别，是根据听众对象划分的，而不是根据宣讲内容划分的。也就是说，俗讲之俗原本非谓通俗，而是指听众属未出家的俗人，即王文才先生所申述的：

> 俗讲专为世俗男女信士讲经，僧讲则严禁"俗人"介入，二者相对而名，本就听众分之。或误俗讲指其内容，多属"通俗文学"，如变文之类，殊非原意。通观俗讲之讲经文，多陈奥义，与通俗故事之变文，内容大异。两讲之听众有别，固无妨其述义深浅不同，然法会命名，意不在此。盖俗讲布法亦演经义，而僧讲自可取譬故事。若视俗讲为内容通俗，多唱故事，远失其义。②

讲经（不管僧讲还是俗讲）与变文固然不可混淆，但寺院里讲唱佛经的俗讲对民间最早的讲唱文本即变文之兴起产生决定性影响，则是显而易见的事实。一般认为，从内容到形式，变文都是从俗讲中衍化出来，派生出来的。二者关系之密切就像当今的相声与小品一样。一方面，民间艺人受俗讲的启发，利用百姓喜听俗讲的心理，借俗讲那种韵散相间的文体与说唱混合的方式来演义历史故事、民间传说、当代人物事迹以及佛经内

---

① 汤用彤：《康复札记》之三"何谓'俗讲'"，载《新建设》，1961（6）。
② 王文才：《俗讲仪式考》，见《敦煌学论集》，101页，兰州，甘肃人民出版社，1985。

容。另一方面，俗讲僧人受潮流的影响，为争取听众，也在宣传佛教义理的俗讲中，搬演一些中国史传。如《因话录》卷4所记：

> 有文淑僧者，公为聚众谭说，假托经论。所言无非淫秽鄙亵之事。不逞之徒，转相鼓扇扶树。愚夫冶妇，乐闻其说，听者填咽寺舍。瞻礼崇拜，呼为和尚。

于是，在这种互动过程中，为大众所喜闻乐见的讲唱活动及其文本，便潮起潮涌愈演愈盛，构成唐代民间传播的一个重要侧面。至于俗讲与变文的区别则可归纳如下：传播者——一为僧人，一为艺人；传播内容——一者是佛经教义，一者除宗教题材还包括广泛的世俗人事；传播场合——一在寺院，一在民间。一句话，变文是与寺院俗讲有关但又别是一路的民间讲唱艺术。

# 《张议潮变文》

在敦煌民俗研究方面颇有造诣的高国藩先生，对敦煌文献中保存的唐代民间变文做过深入周密的探析，他的不少见解都成为这一领域的权威论断，被广泛采纳和征引。他曾指出：

> 变文原是唐代民间盛行的一种叫"转变"的民间文艺体裁的蓝本，它的特点是图文并茂，翻开给观众看的图画叫"变相"，根据图画讲唱的内容便叫"变文"。①

当时，民间说唱变文的活动称"转变"。据郭湜《高力士外传》记载，上元元年（760）唐明皇被迫移居西内，"夕殿萤飞思悄然，孤灯挑尽未成眠"，悲苦寂寥之际每日便与高力士"亲看扫除庭院，芟薙草木，或讲经、论议、转变、说话，虽不近文律，终冀悦圣情"。另据《太平广记》：

---

① 高国藩：《论敦煌民间变文》，见《敦煌学论集》，188页。

> 杨国忠为剑南（节度使），召募（兵丁）使远赴泸南，粮少路险，常无回者。……人知必死，郡县无以应命。乃设诡计，诈令僧设斋，或于要路转变。其众中有单贫者，即缚之。①

转变的场所一般称"变场"，段成式的《酉阳杂俎》中曾提及。②

跟现在的不少曲艺一样，唐代的民间艺人在转变时，也是说一段唱一段，说的是粗浅的白话，唱的是以七言诗句为主的韵文。为了生动直观、引人入胜，说唱中还配合以相应的图画。随着故事情节的发展，说唱者不时翻动画卷，变换画面。"转变"一词或许由此而来。晚唐诗人吉师老《看蜀女转〈昭君变〉》一诗，较详尽地描绘了说唱变文的情形：

> 妖姬未著石榴裙，自道家连绵水濆。檀口解知千载事，清词堪叹九秋文。翠眉颦处楚边月，画卷开时塞外云。说尽绮罗当日恨，昭君传意向文君。③

诗中的这位蜀中女艺人一边转动画卷，一边富有表情地说唱着《王昭君变文》。有论者认为，"因为说话艺人在讲唱故事时，张挂起图画，所以也叫听众为'看官'"。此说不无道理。总之，借用高国藩先生的说法，"转变始终是具备着三种因素：一是'变相'（连环画的配合），二是'变文'中的说讲，三是'变文'中的歌唱。这说明转变是唐代创新的一种民间的美术、文学、音乐三者结合的综合性民间文艺体裁"④，或者说是民间传播里一种寓教于乐、播闻以娱的新兴方式。

现存敦煌变文的内容主要有三类：一是佛经故事，二是历史传说，三是当世要闻。演唱佛经故事的变文中，最有名的要数《大目乾连冥间救母变文》，简称《目连变》。它讲述了佛门弟子目连入地狱救母亲的故事，对冥间的恐怖作了绘声绘色的描绘，情节曲折多变，极富吸引力。因而，不仅当时流传甚广，如下例所示：

---

① 《太平广记》卷269 "宋昱韦儇"。
② 参见《酉阳杂俎》卷5 "望酒旗玩变场者，岂有佳者乎？"
③ 《全唐诗》卷774。
④ 高国藩：《论敦煌民间变文》，见《敦煌学论集》，198页。

诗人张祜未尝识白公（白居易）。白公刺苏州，祜始来谒。才见白，白曰："久钦籍，尝记得君款头诗。"祜愕然曰："舍人（白曾任中书舍人）何所谓？"白曰："'鸳鸯钿带抛何处，孔雀罗衫付阿谁？'非款头何邪？"张顿首微笑，仰而答曰："祜亦尝记得舍人目连变。"白曰："何也？"祜曰："'上穷碧落下黄泉，两处茫茫皆不见（白居易《长恨歌》中诗句）。'非目连变何邪？"遂与欢宴竟日。①

而且以后又衍生出一系列取材于此的作品，如京剧《宝莲灯》。

演义历史故事与民间传说的变文，以《王昭君变文》《孟姜女变文》《伍子胥变文》等为代表。其中，"《伍子胥变文》是诸作中最好的一篇"②。它是在《吴越春秋》有关史实的基础上增饰大量民间传说而成。如伍子胥逃亡途中遇见姐姐，俩人悲痛万分而又"哽咽声嘶，不敢大哭"，从而烘托出局面的险恶，气氛的紧张。再如伍子胥路遇妻子，但各不相认，只以隐语对答。这些显然都经过民间艺人的加工和发挥。这篇有名的变文，将通俗的文言、日常的白话与典雅的骈文糅合在一起，显得气韵生动，文采斐然，表现出民间的创造活力。如写伍子胥奔吴途中为大江所阻的情景：

唯见江潭广阔，如何得渡！芦中引领，回首寂然。不遇泛舟之宾，永绝乘楂之客。唯见江鸟出岸，白露鸟而争飞；鱼鳖纵横，鸱鸿芬（纷）泊。又见长洲浩汗，漠浦波涛，雾起冥昏，云阴暧磕。树摧老岸，月照孤山，龙振鳖惊，江沌作浪。若有失乡之客，登岫岭以思家；乘楂之宾，指参辰而为正。③

敦煌现存变文中最使我们感兴趣的，当然莫过于铺陈当代人物事迹的作品了。可惜，表现这方面内容的，只剩下《张议潮变文》与《张淮深变文》两个姊妹篇了。关于张议潮及其侄子张淮深的事迹，前文曾在进奏院状部分谈过，因为现在所见的两份唐代进奏院状报都出自他们统领的归义军（驻节沙州即敦煌）。这两篇变文讲述了他们叔侄两代收复失地、保家

---

① 《本事诗·嘲戏》。
② 章培恒、骆玉明主编：《中国文学史》（中），232页。
③ 同上。

卫国、英勇杀敌、可歌可泣的感人故事和英雄壮举，真实地反映了现实社会与历史进程中的一次重大事件、一幕火红场景、一个不朽片断，抒发了强烈的爱国主义情感，是鼓舞边疆民众精神信念的生动教材。如果说第一类变文是寓言神话，第二类变文是报告文学，那么这一类讲唱当世要闻的变文就是新闻通讯了。这里我们特将已成残卷的《张议潮变文》全文著录于下：

（上缺）诸川吐蕃兵马还来劫掠沙州。奸人探得事宜，星夜来报仆射（指张议潮），吐浑王集诸川蕃贼欲来侵凌抄掠，其吐蕃至今尚未齐集。仆射闻吐浑王反乱，即乃点兵凿凶门而出，取西南上把疾路进军。才经信宿，即至西同侧近。便拟交锋。其贼不敢拒敌，即乃奔走。仆射遂号令三军：便须追逐。行经一千里已来，直到退浑国内，方始趁趃。仆射即令整理队伍，排比兵戈：展旗帜，动鸣鼙，纵八阵，骋英雄。分兵两道，裹合四边。人持白刃，突骑争先。须臾阵合，昏雾涨天。

汉国勇猛而乘势，拽戟冲山直进前。蕃戎胆怯奔南北，汉将雄豪百当千。忽闻戎犬起狼心，叛逆西同把险林。星夜排兵奔疾道，此时用命总须擒。雄雄上将谋如雨，蠢愚蕃戎计岂深？十载提戈驱丑虏，三边犷悍不能侵。何期今岁兴残害，辄尔依前起逆心。今日总须摽贼首，斯须雾合已霓霓。将军号令儿郎曰：勉励无辞百战劳。丈夫名窟向枪头觅，当敌何须避宝刀。汉家持刃如霜雪，虏骑天宽无处逃。头中锋铓陪垄土，血溅戎尸透战袄。一阵吐浑输欲尽，上将威灵煞气高。

决战一阵，蕃兵大败。其吐浑王怕急，突围便走。登涉高山，把险而住。其宰相三人，当时于阵面上生擒。只向马前，按军令而寸斩。生口细小等活捉三百余人。收夺得驼马牛羊二千头匹。然后唱大阵乐而归军幕，敦煌北一千里镇伊州城西有纳职县。其时回鹘及吐浑居住在彼，频来抄劫伊州，俘虏人物，侵夺畜牧，曾无暂安。仆射乃于大中十年六月六日，亲统甲兵，诣彼击逐伐除。不经旬日中间，即至纳职城。贼等不虞汉兵忽到，无准备之心。我军遂列乌云之阵，四面急攻。蕃贼猖狂，星分南北。汉军得势，押背便追。不过五十里之间，煞戮横尸遍野处。

敦煌上将汉诸侯，弃却西戎朝凤楼。圣主委令摧右地，但是凶奴尽总仇。昨闻猃狁侵伊镇，俘劫边氓旦夕忧。元戎叱咤扬眉怒，当即行兵出远收。两军相见如龙斗，纳职城西赤血流。将军意气怀文武，威胁蕃浑胆已浮。犬羊才见唐军胜，星散回兵所在抽。远来今日须诛剪，押背擒罗岂肯休。千人中矢沙场殪，铦锷剖劈坠贼头。扪铄红旗晶耀日，不悉田单纵火牛。汉主神资通造化，殄却残凶总不留。

仆射与犬羊决战一阵，回鹘大败，各自苍皇抛弃鞍马，走投入纳职城，把牢而守。于是中军举画角，连击铮铮，四面□兵，收夺驼马之类一万头匹。我军大胜，匹骑不输。遂即收兵，却望沙州而返。即至本军，遂乃朝朝秣马，日日练兵，以备凶奴，不曾暂暇。

先去大中十载，大唐差册立回鹘使御史中丞王端章持节而赴单于。下有押衙陈元弘走至沙州界内，以游弈使佐承珍相见。承珍忽于旷野之中，迥然逢着一人，猖狂奔走，遂处分左右领至马前，登时盘诘。陈元弘进步向前，称是汉朝使命北入回鹘充册立使，行至雪山南畔，被背叛回鹘劫夺国信，所以各自波逃，信脚而走，得至此间，不是恶人。伏望将军希垂照察。承珍知是汉朝使人，与马驮，至沙州，即引入参见仆射。陈元弘拜跪起居，具述根由，立在帐前。仆射问陈元弘使人：于何处遇贼？本使伏是何人？元弘进步向前，启仆射：元弘本使王端章，奉敕持节北入单于，充册立使。行至雪山南畔，遇逢背逆回鹘一千余骑，当被劫夺国册及诸敕信。元弘等出自京华，素未谙野战，彼众我寡，遂落奸虞。仆射闻言，心生大怒。这贼争敢辄尔猖狂，恣行凶害。向陈元弘道：使人且归公馆，便与根寻。由未出兵之间，十一年八月五日，伊州刺史王和清差走马使至云：有背叛回鹘五百余帐，首领翟都督等将回鹘百姓已到伊州侧。（下缺）[①]

从以上的残本情况看，这篇新闻通讯显然是以几个既互相关联又各自独立的典型事迹来展现张议潮的英雄形象。尤其是残本第一个故事，讲汉蕃交兵，恶战惊心一节，更是轰轰烈烈，气壮山河！那种"展旗帜，动鸣鼍，纵八阵，骋英雄"的气概，那种"人持白刃，突骑争先。须臾阵合，昏

---

① 转引自郑振铎：《中国俗文学史》，中，215~217页，北京，东方出版社，1996。

雾涨天"的阵势，直令人联想起屈原当年慷慨悲歌的《国殇》，心中不由腾跃起诗人浓墨重彩抒发的一腔豪情："诚既勇兮又以武，终刚强兮不可凌。身既死兮神以灵，子魂魄兮为鬼雄！"

论及变文的性质，以往人们多从文学源流的角度考察，指出它是后世各种讲唱文学的先驱，其"韵散相间、有说有唱的体制，通过后来的词话、诸宫调、宝卷、弹词、鼓词等说唱文学一直延续下来，至今仍是我国许多曲艺中常见的形式"①。这种纯文学的视角未免狭窄。应该看到，在当时的条件下，转变不仅是寓教于乐的文艺活动，同时也是播闻以娱的传播行为。根据联合国教科文组织里程碑式的传播报告《多种声音，一个世界》（1980），北京大学的关世杰先生将传播的功能归纳为四项——报道、娱乐、教育、说服，并指出"在实际生活中，这些功能常常是混合在一起或是重叠的"，"四大功能对人际交流、组织交流和大众传播都同样适用"②。具体到《张议潮变文》这类时事性的变文，传播的报道、教育、说服及娱乐诸功能，便是盘根错节犬牙交错地交织在一起的。用专家的话来说：

>"变文"的结构比较完整，情节曲折，跌宕起伏，波澜层出，叙事抒情，描写细致，加以那种以散文讲述，韵语吟唱，配合图画的说话、音乐、美术三者结合的讲唱文学形式，演绎佛经故事、历史故事、民间传说和当时社会、人物故事等，用丰富、细腻的美感来陶冶人们的心灵，适合当代广大群众，包括皇帝以及王公大臣、妇人孺子的审美情趣，所以能够受到普遍的欢迎。③

综上所述，变文是借鉴俗讲的形式而发展起来的一种民间传播的讲唱文本，产生于盛唐，发展于中唐，全盛于晚唐五代。它韵散相间，图文并举，综合语言、音乐、美术等手段，以获得全方位的效果，使听众在绘声绘色形象生动的情景中，接受教育、享受娱乐、感知信息，因而，成为唐代民间传播领域一独具特色的新生事物。

---

① 章培恒、骆玉明主编：《中国文学史》（中），233页。
② 关世杰：《跨文化交流学》，34页，北京，北京大学出版社，1995。
③ 王庆菽：《敦煌变文研究》，见《敦煌语言文学论文集》，70页，杭州，浙江古籍出版社，1988。

# 结　　语

"唯有在暮色苍茫之中，密涅瓦（罗马神话中的智慧女神）的猫头鹰才开始展翅飞翔"——黑格尔的这句名言，未尝不是对史学演进的一个形象表述。

无论中西，史学都经过一条从历史科学到历史哲学的递进之路。前者犹如好奇的儿童，恨不得把每桩史事的来龙去脉都问清楚；而后者已是饱经风霜的老人，"俯仰自得，游心太玄"，在纷纭驳杂的历史表象上驰骋其智慧的灵思。

历史科学的派别不管怎样千差万别，无不立足于"经验的现象"，即古希腊史学名家修昔底德在《伯罗奔尼撒战争史》中所倡言的：

> 如果有人希望能看到过去事件的真实图画……他将会宣布我写的东西是有用处的，那么我也将以此为满足。[①]

而历史哲学显然已不满足于这类"如史直说"（兰克），其旨趣在于从历史中追寻"先验的或超验的意义"，即德国20世纪最具魅力的历史哲学大家斯宾格勒在《西方的没落》中所究诘的：

> 历史是不是有逻辑呢？在个别事件的一切偶然的和无法核计的因素以外，是不是还有一种我们可以称之为历史的人类（historic humanity）的形而上的结构的东西，一种本质上不依赖于我们看得非常清楚的社会的、精神的和政治的外表形式的东西呢？这种种现实是不

---

[①] 转引自张文杰等编译：《现代西方历史哲学译文集》，260页，上海，上海译文出版社，1984。

是仅是次要的,从上述那种东西中引申出来的呢?①

举例来说,按照维科的观点,人类历史始于"神的时代",然后下承"英雄时代",最后转入"凡人时代"。与此相似,孔德认为,人类认识的发展经过神学阶段、形而上学阶段和实证阶段,即神学、玄学与科学。诸如此类的形而上命题,都无法逐一还原为形而下的事实。因为,历史哲学不在于描摹历史的形态,而在于勾勒历史的神态。英国哲学家W. H. 沃尔什说得好:"与其说他们提出的是假说,不如说是一个解释问题的框架。"②

本篇结语即是对唐代新闻传播活动的一种历史哲学的透视。换言之,在唐代新闻传播既有的历史形态上,我们试图追寻一下其间尚未清朗的历史神态或曰历史意义。

## 一

依据一般的传播学的视角,新闻亦为信息流通。当人们相互依存形成社会之际,信息已如"食色,性也"般的不可或缺。马克思有句众所周知的哲语——人是各种社会关系的总和,而社会关系的建立与维系都离不开信息的交流。其间,新闻传播的地位举足轻重,因为新闻无非是社会化的信息。如果把整个社会的信息网络比作水系,那么新闻传播便是贯通此一水系的大河,既汇聚众多大小支流,又使整个水系浸润于它的滋养之中。

从远古以迄当代,新闻传播绵延不绝,滔滔如流。在这一长程的历史时段中,随着社会关系的日趋紧密和信息交流的日渐繁复,新闻传播也一步步地由简趋繁,由粗陋而专精,由晦暗幽深到豁然开朗,其中特别明显的就是从无序到有序。在我们看来,这一发展过程可以分为三个气象分殊、风貌各异的递进阶段,即信息传播、新闻传播与大众传播。在信息传播阶段,新闻尚杂乱无章地混同于各种信息,并未形成独立而鲜明的风貌,更不具备整合社会推动历史的能量,犹如大河的源头,只是一脉涓涓细流。因此,这一阶段的所谓新闻传播,其实往往等于笼而统之的信息传

---

① [德]斯宾格勒:《西方的没落》,齐世荣等译,上册,1页。
② 转引自张文杰等编译:《现代西方历史哲学译文集》,221页。

播。到第二阶段,即新闻传播阶段,新闻信息才开始从众口喧哗中脱颖而出,不仅规模与效应日甚一日,而且逐渐形成完整的、系统的、稳定的传播机制,从此才有真正意义上的新闻传播。至于大众传播,无非是新闻传播的拓展与延伸,其特质体现在信息接受的大众化与普及化。若用信息论的观点考量,上述三个阶段可以说是"信源—信道—信宿"三维空间的逐次展开。也就是说,对新闻传播而言,第一阶段只有信源即混同信息的新闻,第二阶段始有信道即传播媒介,第三阶段才将信宿一项变为广大的、成千上万、数不胜数的受众。

在整个新闻传播的进程上,从第一阶段过渡到第二阶段是最具决定性的变异,显示着新闻传播从无序进入有序的飞跃;而从第二阶段到第三阶段则只是外在的扩张,并非内在的革新。换言之,第一阶段与第二阶段的交汇处,是一道至关重要的分水岭。在此之前,严格说来并不存在一条线索分明的新闻史,有的只是无所不包混然莫辨的传播史。而此后,新闻史的身影才从信息流通的大背景中凸显出来,并且日渐明晰、清朗,最终成为信息流通这一社会系统的主流。这里的关键是媒介。倘言科学技术是第一生产力,那么,正是媒介这一传播活动之生产力的发展与完善,最终促使传播史跃升为新闻史。举例来说,如果没有印刷媒介的问世以及由此导致的新闻传播手段的革新,那么新闻传播便无法实现从无序到有序的整体突破,只能继续停留在"非理性化"的阶段,或什么都是又什么都不是的传播史中。

根据通常印象,假定要把新闻传播的进程分为"传播史—新闻史—大众传播史"的话,那么第一个转型期似乎应在19世纪,即传统与现代的嬗变之际。这是一种相当普遍的共识,甚至是不言自明的常识。的确,19世纪是中国新闻史上一划时代的里程碑。不过,我们认为,它标示的其实是新闻史到大众传播史的量变,而非传播史到新闻史的质变。确定这一质变的发生,不仅需要考察新闻的历史,更需要透视社会的变迁。而透过新闻所由生成的时代,可以发现一条总的线索,一条中西皆然的线索:传播史与古典世界相对应而新闻史与近世社会相统一。这么一来,从传播史到新闻史的问题,实际上便与古典文明向近世文明的转型联系在一起了。那么,这一转型发生在何时呢?显然,这是所有问题的症结。无论凭诗性的直觉与想象，还是借理性的逻辑与实证，我们都殊途同归地将目光集中于唐代。在我们心目中，正是唐代才可谓集古典之大成而开近世之先河。

唐代，向称盛世。后人对盛唐历史历久弥深的崇仰，与其说是对其文治武功的心仪与神往，不如说是对一个永远飘逝的古典时代的追怀与感念，正像文艺复兴的意大利向往古希腊罗马的荣光。用历史形态学的眼光审视，天崩地陷的安史之乱倒不失为一个颇具深意的历史界标：此前，随着登峰造极的鼎盛之势，播撒过一路文明精华的古典精神便无可挽回地耗尽了其历史的蓄能而趋向终结——无可奈何花落去；此后，在国势日蹙、民不聊生、军阀混战、山河飘零的背景下，一种迥异既往的时代气质便开始悄然生成，日渐弥漫，在古典芬芳已然消散的真空中透出不绝如缕的近世气息——似曾相识燕归来。

为了更清楚起见，我们不妨将唐宋两代做一对比。李唐与赵宋，不仅是两家正朔不同的朝代，更是两个风貌各异的时代。简单地说，一个是纯粹古典的（主要指盛唐），一个是完全近世的。李约瑟在《中国科学技术史》第一卷概述中国历史时写道："这两个朝代的气氛完全不同。唐代是人文主义的，而宋代则较着重于科学技术方面。"不待言，人文色彩自属古典文明的基调，而科学技术乃属近世历史的征候。事实上，赵宋以降，历史的风标已转向近世，不管步履多么艰难、速度多么滞缓，中国始终在朝近世的领域前行，正如谢和耐在描述南宋社会时所言：

> 13世纪的中国在近代化方面进展显著，比如其独特的货币经济、纸币、流通证券，其高度发达的茶叶和盐业企业，其对于外贸（丝制品和瓷器）的倚重，以及其各地区产品的专门化等。①

即便传统中国不能自行进入现代社会，但当欧风美雨自西徂东之际，中国社会内部的新陈代谢至少已为现代文明冲积出可供生发的土壤。就像当代西方"以中国为中心"的汉学研究所普遍认为的，中国古代文明中存在着不可忽视的"现代化倾向"，出现过若干重大的"内倾性变革"，西方

---

① [法]谢和耐：《蒙元入侵前夜的中国日常生活》，刘东译，5页。

的入侵只是加速了这种变革而已。①设非如此，则仅凭洋人的坚船利炮不仅无济于事，反而适足亡国。这就好比一种有机体在移植另一种有机体时，自身必须具备相容性。而这一对现代文明的整体相容性，是由唐宋之际的社会变迁开其端绪的。

唐宋判若两途的古典文明与近世文明，并非随着改朝换代之机而断然分开的。大略说来，两者之间存在一个此消彼长、新老交替的时间跨度，即从中唐到北宋。葛兆光先生就此曾写道：

> 唐文化与宋文化，分别代表了两种截然不同的文化精神，前者可说是古典文化的巅峰，后者则是近代文化的滥觞，然而在这两者之间，有一个相当长的过渡带，它包括了中唐到北宋这几百年时间，在这过渡带里，思想、学术、习俗等方面的新旧交替，构成了一个很复杂的动态流程……②

关于古典与近世之分以及两者间的嬗替，费正清在其《中国：传统与变革》一书中说得更明确而具体：

> 六朝和唐代前期在许多方面是古代中国历史的最后阶段；唐代后期与在此之后的宋代（960—1276）组成后来中国历史的最初阶段。事实上人们可以称这一时期为"近代早期"阶段，因为这时的文化直至20世纪初都是中国的典型文化，其中许多东西在以后的一千年中证明是中国最典型的东西，至少在唐代后期开始萌芽，而在宋代开始繁荣。……在唐代后期和宋代所确定的文学、艺术和社会、政府模式直至20世纪初一直统治着中国文明。③

在他看来，"古典后期中国和近代早期中国之间的过渡时期主要在8世纪前后"④。不管时段的划分如何出入，有一点可先确认：唐代中叶到宋代中叶的二三百年间，文明形态发生了一次意义重大的变更，即由古典转入近

---

① 参见《书与人》1997年第3期周文彬文。
② 葛兆光：《道教与中国文化》，216页。
③ [美] 费正清、赖肖尔：《中国：传统与变革》，陈仲丹等译，118~120页。
④ 同上，119页。

世（近代的早期）。与此相应，新闻传播也由无序渐入有序，由传播史蜕为新闻史，从而使社会的信息流通跃升到一个新的层面。

## 二

北宋史学大家司马光，以其皇皇巨著《资治通鉴》而得与司马迁比肩而立。此书从有史以来一直写到宋朝立国，差不多横跨了整个古典时代。就此而言，司马光无异为古典时代谱写了一曲主题连贯、风格统一、神韵饱满、气度恢宏的史诗。从此，再也没有也不可能有如此纯粹的古典之作，如此彰显古典风致的历史心声。因为古典世界的大幕已经落下，古典时代的辉光已经消散，充溢于历史时空中的已非令人陶醉的醇醪而是平淡家常的清流了。这一情形恰似古希腊罗马之后，《伊利亚特》一类古典史诗遂成绝唱。

在我们看来，所谓古典文明，既是可以言传的历史与现实，更是需要意会的神韵与脉动。其中既张扬着刚健的生命，又洋溢着浓郁的诗意，更挥洒着淋漓尽致的浪漫情怀，由于天性自然而与深厚、博大、淳朴的土地一脉亲和，仿佛那种灵动的神韵赋予它不可企及的淳美，芬芳醉人。在其文明图景中，贵族化多于平民化，精神化多于世俗化，走向自然生命的激情多于走向现实社会的欲望，轰轰烈烈的英雄气象多于小桥流水的人间烟火。清儒沈德潜的不朽杰作《古诗源》，辑录了他所说的"近体诗"，即唐诗以前的古体诗精华，而它实际上也可说是一部古典精神的结晶。这种精神源自洪荒中的初民感应，至唐诗而形成最后一座光华灿烂的丰碑。从此，古典文明便气数殆尽，历史的图景与精神的品位都开始转向世俗市井一路，像宋词无非是当时的流行歌曲，所谓"凡有井水处，即能歌柳词"便透出一缕媚俗的情调。明人祝允明尝言"诗死于宋"（《祝子罪知录》），从历史哲学上讲，这实在是一句颇具慧眼的妙论。因为，古典的精魄即是诗的灵魂。伴随古典之光的熄灭，诗的生命也就终结了。明代诗必盛唐的复古运动只能制造古董而了无生气的原因，亦当由是观之。

依据斯宾格勒的历史形态学，每一种文明都有自己的生命周期，都要经历从生到死的成长过程。对已充分展开并极尽其能的中国古典文明来说，唐玄宗天宝十四载（755）十一月的渔阳鼙鼓动地来，不啻是骇人听闻的末日钟声。这里的一则唐诗轶事，似乎成为这一历史巨变的永恒定格，在象征的画面中凝聚了"随风飘去"（gone with the wind）的无限怅惘。当时，在出奔四川之前，明皇最后一次登上花萼相辉楼，抚栏凭眺长安，不胜凄楚悲凉。西风残照，汉家陵阙，此景此情，人何以堪。弹琴鸣弦，梨园弟子唱起了好像专为这一刻而写的歌诗：

> 山川满目泪沾衣，富贵荣华能几时？不见只今汾水上，唯有年年秋雁飞。

玄宗问作者是谁，乐工回答是前宰相李峤。玄宗悲叹一句"真是个才子啊"，便又是留恋又是无奈地下楼而去。① 当时他肯定没有意识到，此一去不仅长别了大唐的盛世，而且也永诀了古典的韶光。或许，就此来说最深切的感受、最精微的领悟、最痛彻心扉的体验，还数晚唐诗人李商隐的名作《锦瑟》：

> 锦瑟无端五十弦，一弦一柱思华年。
> 庄生晓梦迷蝴蝶，望帝春心托杜鹃。
> 沧海月明珠有泪，蓝田日暖玉生烟。
> 此情可待成追忆，只是当时已惘然。

迷蒙怅恍的意境、伤感悲凉的思绪、一咏三叹的吟唱，这一切在古典已逝之际便构成一曲"追忆逝水年华"的哀歌。

就在古典文明消逝的同时，一种全新的文明形态也开始萌发。借用《中国大百科全书》的权威说法：

> 从唐中叶开始到北宋建立，二百年间酝酿了中国封建社会的缓慢变化，而一系列新事物都产生于唐代后期。在这个历史转折阶段，既有旧时代衰亡中的痛苦，也有新时代即将来临的曙光。②

---

① 参见《唐诗纪事》卷10"李峤"。
② 《中国大百科全书·中国历史》（缩印本），705页。

这一新时代的曙光，就是近代文明的早期形态，亦即本篇所称的近世文明。相对于古典文明的精神化与贵族化，近世文明的基调可以概括为功利化与世俗化。而这一趋势于唐代后期开始表露于社会生活的各个领域，至北宋已蔚然成为历史的主流。以政治而论，古典盛期的门第制度业已崩溃，开科取士的文官体系逐步完善，特别是宋代以后，政治权力对平民广泛开放，一个人不论其门第、乡里、贫富如何，都可能"学而优则仕"，使得机会渐趋平等。就思想意识而言，古典的出世哲学已转化为近代的入世伦理[①]，用余英时先生的话说："如果我们想要在中国史上寻找一个相当于韦伯所说的'新教伦理'的运动'，则从（中唐的）新禅宗到（宋明的）新儒家的整个发展庶几近之。"[②]至于文化的大众化潮流，则肇始于唐宋之际的讲唱文学，中经勾栏瓦舍的戏剧艺术，至明清时期的传奇小说而一浪一浪地形成高潮。

当然，在方方面面的变化中，最关键的还是经济基础与社会结构的演化。此类研究一向很多，特别是关于明清资本主义萌芽的论述更是盛极一时。一般认为，宋元以后社会面貌大为改观，其间显著标志是城市中心和商业活动的凸显。下面一段清人沈垚（1789—1840）屡被引述的文字，集中说明了这一点：

> 宋太祖乃尽收天下之利权归于官，于是士大夫始必兼农桑之业，方得赡家，一切与古异矣。仕者既与小民争利，未仕者又必先有农桑之业方得给朝夕，以专事进取，于是货殖之事益急，商贾之势益重。非父兄先营事业于前，子弟即无由读书以致身通显。是故古者四民分，后世四民不分。古者士之子恒为士，后世商之子方能为士。此宋、元、明以来变迁之大较也。
>
> 天下之士多出于商，则纤啬之风益甚。然而睦娴任恤之风往往难见于士大夫，而转见于商贾，何也？则以天下之势偏重在商，凡豪杰有智略之人多出焉。其业则商贾也，其人则豪杰也。为豪杰则洞悉天

---

[①] 参见余英时：《中国近世宗教伦理与商人精神》，见《内在超越之路——余英时新儒学论著辑要》，248~424页，北京，中国广播电视出版社，1992。

[②] 同上，289页。

下之物情，故能为人所不为，忍人所不忍。是故为士者转益纤啬，为商者转敦古谊。此又世道风俗之大较也。①

不言而喻，城市与商业的发达使社会分工愈益细密，物资、人员及信息的流通也愈益活跃。诸如《清明上河图》所呈现的北宋汴京百业兴盛、市场喧嚣，《梦粱录》《武林旧事》所记载的南宋临安作坊林立、买卖兴隆，都是这一近世图景的生动写照。南宋孟元老流寓临安即杭州时，写下一部追思北宋汴梁风物的名著《东京梦华录》，对当时衣食住行、吃喝玩乐的细致描绘，更为市列珠玑、户盈罗绮的商业化社会及其世风提供了一手记录：

> 仆从先人宦游南北，崇宁癸未（宋徽宗年号，公元1103年）到京师（开封），卜居于州西金梁桥西夹道之南。渐次长立，正当辇毂之下，太平日久，人物繁阜，垂髫之童，但习鼓舞，班白之老，不识干戈，时节相次，各有观赏。灯宵月夕，雪际花时，乞巧登高，教池游苑。举目则青楼画阁，绣户珠帘，雕车竞驻于天街，宝马争驰于御路，金翠耀目，罗绮飘香。新声巧笑于柳陌花衢，按管调弦于茶坊酒肆。八荒争凑，万国咸通。集四海之珍奇，皆归市易，会寰区之异味，悉在庖厨。花光满路，何限春游，萧鼓喧空，几家夜宴。伎巧则惊人耳目，侈奢则长人精神。瞻天表则元夕教池，拜郊孟亨。频观公主下降，皇子纳妃。修造则创见明堂，冶铸则立成鼎鼐。观妓籍则府曹衙罢，内省宴回；看变化则举子唱名，武人换授。仆数十年烂赏迭游，莫知餍足。（《东京梦华录》序）

显然，这幅宝马雕车香满路的近世图景已同秦时明月汉时关的古典风尚不可同日而语了，而"商人的世界观与终老一村的农民恰恰相反，也和不出户牖专讲心性的儒者不同；他们不能满足于主观的冥想，而必须了解广大的外在世界"②。这也正是新闻史得以展开的社会条件和历史背景。

与费正清齐名的法国汉学家谢和耐，在其《中国社会史》的"从中世

---

① 《落帆楼文集》卷24《费席山先生七十双寿序》。
② 余英时：《中国近世宗教伦理与商人精神》，见《内在超越之路——余英时新儒学论著辑要》，375页。

纪到近代"一编中开宗明义地写道:

> 未来变化的先兆标志是在持续于755—763年间的安禄山武装大叛乱的翌日才出现的。所以,如果不考虑为以神秘的世系观念为基础的传统式"王朝"断代,那么我们于此可以把唐代分成两部分,并且把第二个时代与紧接其后的一个时代密切联系起来。事实上,在安禄山叛乱之后并非仅仅是一般的气氛改变了,而且还有政治空气、经济、法规制度……907—960年的所谓五代时期仅仅为合乎逻辑的续篇和于8世纪末开始的发展结果。(这是)一个"向近代过渡"的时代……①

这段话与下面李泽厚先生的话可谓异曲同工、所见略同,而出自中西两位学界重镇的文字无异于为本节内容做了言简意赅的概括:

> 开始于中唐社会的主要变化是均田制不再实行,租庸调废止,代之缴纳货币;南北经济交流、贸易发达;科举制度确立;非身份性的世俗地主势力大增,并逐步掌握或参与各级政权。在社会上,中上层广泛追求豪华、欢乐、奢侈、享受。中国封建社会开始走向它的后期。到北宋,这一历史变化完成了。②

## 三

本篇的主旨在于追索唐代新闻传播的整体意义,力图从经验与超验、历史与逻辑相统一的角度确认其历史地位。为此,我们提出一个命题——从传播史到新闻史,而这一命题又隐含着两个理论预设。其一,唐宋之际是古典文明与近世文明此消彼长的嬗替时期;其二,传播史与古典文明相融汇而新闻史与近世文明相契合。前者已经澄清而后者还需阐明。

如果遵循常人的共通感觉,那么提及新闻与新闻传播总会自然联想到晚近的历史,而对新闻与古代社会的联系总难免生出一丝圆凿方枘的困惑:

---

① [法]谢和耐:《中国社会史》,耿昇译,198页。
② 李泽厚:《美的历程》,120页,北京,文物出版社,1981。

"古有新闻么?"应该说,这种感觉产生于对当代生活的亲和和对古代社会的隔膜。不过,但凡通行的常识常理,大都蕴含着某种深刻的"大道",不宜等闲视之。黄仁宇《万历十五年》中有句话说得好:"天下的大道理都可以用常情来度量。"①一般来说,常识上讲得通,学理上也自然成立;反之亦然。以上述常人的通识而言,它实际涉及这么一个包罗广泛涵义深广的大道理:只有从近世文明的坐标上,才能考量新闻传播;而在古典文明的谱系中,无从检视新闻传播。这是一枚硬币的两面。

一方面,古典时代的大背景是古往今来相黏,天地人神共居,即所谓"非理性"。其间可以滋生巫术与宗教、神话与传说、史诗与传奇以及虚实相混的历史(如斩白蛇起义之类完全被当成事实而不觉诞妄)和真伪杂糅的传闻,至于由时间观念(新近)与理性意识(真切)所建构支撑的新闻则匪夷所思。所以,当时所谓的新闻传播往往混杂于一般的信息传播,不是化为军国谍报,就是演为民间谣诼。如前所示,古典世界拥有空旷的生存空间与心理空间,与古朴而凝固的土地一脉相接,四野一望都是目不识丁的农夫,而其典型便是《古诗源·击壤歌》中那安坐于文明源头的那位淳朴憨厚、悠然自得的老人:

> 日出而作,日入而息。凿井而饮,耕田而食。帝力于我何有哉!

这样的社会及其传播活动,就像费孝通《乡土中国》所描绘的:

> 同一戏台上演着同一的戏,这个班子里的演员所需要记得的,也只有一套戏文。他们个别的经验,就等于世代的经验……
>
> 在一个每代的生活等于开映同一影片的社会中,历史也是多余的,有的只是"传奇"。一说到来历就得从"开天辟地"说起;不从这开始,下文不是只有"寻常"的当前了么?都市社会里有新闻;在乡土社会,"新闻"是稀奇古怪、荒诞不经的意思。②

当然,这并不是说古人不打听身外之事,不传播各方消息,"剑外忽传

---

① [美] 黄仁宇:《万历十五年》,55页。
② 费孝通:《乡土中国》,19页。

收蓟北""闻道龙标过五溪"等,都表明新闻及其传播是自古皆然的普遍现象。不过,对此我们宁愿称其为传闻而非新闻。因为,对新奇事物的好奇过问是一回事,与身外世界的休戚与共是另一回事;消息的辗转流传是一回事,有序的新闻传播又是一回事。好比讲道理与讲理性看似相同,实则相距不啻道里计。

另一方面,伴随着唐宋之际的世俗化潮流,"一个尚武、好战、坚固和组织严明的社会,已经为另一个活泼、重商、享乐和腐化的社会所取代"①,那种安土重迁、自给自足、节奏缓慢、内容单调的生活方式,正在实现一种历史性的跨越。于是,乡土的束缚一点点松动,现实的律动一层层加快,需要应对的事物层出不穷,与各方的联系交往也与日俱增。结果,不管是个体存在还是社会存在,都不可避免地由整体趋于分化,终至散为琐琐屑屑的碎片。例如,南宋临安城内的行业多得令人瞠目:珠宝业、刀剪业、金银业、裱褙业、古董业、蟹行、青果行、糖蜜行、姜行、双线行(鞋行)、香水行(澡堂),等等。②由男耕女织的封闭板块演为彼此依赖的多元格局(最初自然以城市为主),是新闻、新闻传播乃至新闻事业等一整套系统生成的文明土壤。丹麦的思想家克尔凯郭尔以其非凡的洞察力预言,新闻事业将造成一种心理状态,使人们越来越间接地与生活打交道。③若从本源处讲,正是人们与生活的关系越来越从直接变得间接,才导致新闻事业的问世,才促使既往的传闻进化为此后的新闻,并推动传播行为由盲目无序演变成自觉有序。

尤为凸显的是,在这一由"直接"到"间接"的流转中,恰好出现了变无序流传为有序传播的技术手段——媒介。这绝非偶然的巧合,毋宁说是新闻史发端的征兆与标志。构成媒介的首要因素在于机械,即庄子所谓"有机械者必有机事,有机事者必有机心"。而也正是这一技术因素促使新闻传播走上专业化、标准化、社会化,一言以蔽之——有序化。显然,最早的媒介自然当属以印刷术为核心的传播机制。印刷媒介的诞生不仅使信息得以迅

---

① [法] 谢和耐:《蒙元入侵前夜的中国日常生活》,刘东译,2页。
② 参见《梦粱录》卷13《团行》。
③ 参见 [美] 巴雷特:《非理性的人》,杨照明等译,31页,北京,商务印书馆,1995。

速、便利而广泛的传播，更重要的是在社会的信息网络中置入了第一个"中介商"，从而使以往传受双方的直接买卖变为经由媒介的间接贸易。这是前所未有的全新格局。在我们看来，媒介的这一传播结构远比其传播功能更值得关注。因为，作为流通领域的中介商，是导致自然经济向市场经济过渡的变异基因；同样，作为传播领域的媒介物，也是促使无序的个体化传闻向有序的社会化新闻转型的中枢环节，其历史意味颇堪深究。若再联系到文明嬗替与媒介兴起相互吻合的背景，那就更耐人寻味了。众所周知，雕版印刷出现于唐代，成熟于五代十国，至北宋而呈广泛应用之势。这一过程适值古典世界消逝而近世社会萌生的时期，无怪乎谢和耐写道：

> 完全可以说，印刷术在中国出现得恰逢其时，因为当时正在扩张的社会阶层刚巧在试图通过学习而改进自己……事实上，正是由于商人阶层的崛起和下层城市人口的急剧增长，印刷术才会应着他们的新要求而如此广泛地应用开来。正是社会变迁赋予此项发明以正当的用途，否则的话，它就会被轻轻地忽略掉。我们就此所找到的证据是，事实上印刷术的最早应用范围是极其有限的。①

似巧非巧，开西方近代世俗化历史之先声的文艺复兴，同样是与古登堡印刷术的发明与普及大致相伴相生的，而西方新闻史的帷幕也由此拉开。

总之，无论是囿于常人的直觉感受，还是基于学理的逻辑辨析，都表明新闻是近世文明的衍生物或寄生体，新闻的生成是与世俗化社会的政治、经济与文化息息相通的，两造之间原有深刻的同构与对应，恰似斯宾格勒所揭示的那类情形：

> 在西方油画的空间透视和以铁路、电话、远距离武器制胜空间之间，在对位音乐和信用经济之间，原有深刻的一致关系。②

一句话，只有在近世社会中活跃的新闻图景才定格成新闻史，而在古典世界展开的新闻活动只能积淀为传播史。

---

① [法]谢和耐：《蒙元入侵前夜的中国日常生活》，刘东译，173页。
② [德]斯宾格勒：《西方的没落》，齐世荣等译，上册，18页。

## 四

借用李鸿章《筹议海防摺》中的警言，唐宋之际华夏曾在不知不觉中也遭遇了一场"数千年未有之变局"：一个精神化贵族化的古典时代已夕阳西下一去不返，另一个功利化世俗化的文明形态正如日东升冉冉兴起。倘言鸦片战争后的变局来自突如其来的外部强力，那么唐宋易代时的变局则源于由来已久的内部演化。一者昭示着从古典的光荣转入近世的梦想（如铺叙北宋汴京的《东京梦华录》与详陈南宋临安的《梦粱录》所示），一者显现着从孤立的传统迈向一体的现代。与此相应，前者使传播史演变成新闻史，后者又使新闻史拓展为大众传播史——一个以新闻史为"意志"而以传播史为"表象"的世界。上述命题既在逻辑上成立，按诸历史也若合一契。最后我们就以唐代后期的新闻传播为切片，再对传播史到新闻史的飞跃做一历史的透视。

当今世界范围的大众传播越来越呈三分天下之势：按照邵建先生的形象概括，其一是官方的"意识形态文化"，其二是文人的"意义形态文化"，其三是大众的"意象形态文化"。①这三套话语在本质上分别对应着中国古代的"政统"（朝廷）、"道统"（士子）与"传统"（民众）。而此三统在唐宋之际的大变局中，都不约而同地萌发出新闻传播的幼芽，都殊途同归地表露出从无序到有序、从传闻到新闻的趋向。

毋庸赘述，邸报是中国古代最引人注目的新闻媒介。通常说的邸报只是习惯性的泛指，实际的叫法则是多种多样。《宋代新闻史》的作者朱传誉先生，曾列举过宋代的一系列称呼："邸报、邸状、报状、朝报、进奏院报、进奏官报、进奏报，甚至简称报。"②这些不同的名称之所以统一于邸报，自然是因为它发源于州郡的"驻京办事处"——邸。戈公振先生曾根据《西汉会要》所谓"郡国皆有邸，所以通奏报，待朝宿"而断言："通奏报云者，传达君臣间消息之谓，即邸报之所由起也。"③此论流行一时，而今

---

① 参见邵建：《西方社会面临"意象形态"的挑战》，载《东方》，1996（6）。
② 朱传誉：《先秦唐宋明清传播事业论集》，144页。
③ 戈公振：《中国报学史》，24页。

证明不足为信。首先，从道理上讲，"有了邸，不一定就有邸报"①。其次，从史实上看，汉代的邸只负责呈递章奏，朝廷从不允许"留驻京师的藩邸享有公开发行邸报的特权"。②

享有类似权力的藩邸，是安史之乱后各地藩镇于京师设立的进奏院。③知掌进奏院事务的进奏官（吏）又称邸吏，故其发往各镇的进奏院状偶尔也叫邸吏状（《旧唐书·李师古传》）。不过，邸吏状虽是宋代以后各种官报的直系渊源，但与正式的邸报还相差很大，充其量"只能属于一种由官文书向正式官报转化过程中的原始状态的报纸"④，或曰邸报的萌芽。其内容近乎内参，其形式埒于新闻信。其实，从报纸的演进过程看，中西新闻史都呈现着一条共同的轨迹，即最早出现的是新闻信，继而是新闻书，最后才是新闻纸，从唐代的进奏院状到宋代的正式官报，这期间属于新闻信阶段；此后近千年一直都算新闻书一统天下的阶段；直到19世纪现代化浪潮涌起之际，中国报业才进入新闻纸的阶段。准此，则唐代的进奏院状是不是报纸其实已无关紧要，其意义在于它是官报的源头，也是绵延近千年的中国新闻事业的先河。此其一。

大约从唐代开始，一向以道统自任的士大夫对一种小品式的传播文本产生了日渐浓厚的兴趣，并将其纳入文人的生活内容，这就是笔记小说。笔记小说虽滥觞于魏晋，如刘义庆的《世说新语》，但形成气候则在唐代，而到宋代更是蔚然成风。"正是在宋代，可以从中抽取有关日常生活的文本开始增多了，如生活琐记、轶事汇编、笔记小说、地方志等，都向我们提供了大量翔实准确和栩栩如生的细节"⑤。值得注意的是，笔记小说的兴起同社会生活的世俗化潮流完全同步，本身正反映着信息的激增以及对琐屑环节的现实关切与内心嗜好。"这类信息资源的骤然增多，其原因不外乎：从

---

① 方汉奇、宁树藩、陈业劭等主编：《中国新闻事业通史》，第一卷，32页。
② 参见姚福申：《从敦煌马圈湾烽燧遗址出土的简牍看汉代官方的新闻传播》，载《新闻学论集》，第八辑。
③ 关于唐代进奏院及其功能，详参张国刚《唐代进奏院考略》一文，载《文史》，第十八辑，北京，中华书局，1983。
④ 方汉奇、宁树藩、陈业劭等主编：《中国新闻事业通史》，第一卷，60页。
⑤ [法] 谢和耐：《中国社会史》，耿昇译，6页。

10世纪初叶以来印刷术的发明及其推广使用、教育的进展,以及与之相应的商人阶级的兴起,商人中间并不存在对于描绘琐碎细节的藐视,这一点与文吏大相径庭。"①

笔记小说或因其体裁而被视为"随笔",如季羡林先生所言:

"笔记",就是随笔记录。这种书籍的量异常大,从古代就有。尽管不一定用"笔记"这个名称,内容则是一样的。一个读书人有所感,有所见,读书有点心得,皆随笔记下。②

或因其内容而被归入"杂家"。以唐代为例:

有历史琐闻,如《隋唐嘉话》《唐国史补》与《因话录》等;有考据辨证类,如《封氏闻见记》《苏氏演义》与《资暇集》;有杂俎传奇类,如《玄怪录》《甘泽谣》与《酉阳杂俎》;有文化生活类,如《教坊记》《羯鼓录》与《历代名画记》;有男女婚姻故事类,如《霍小玉传》《柳毅传》与《李娃传》等。③

这些内容在当时属小道杂闻,在今天就算社会新闻。其中既有荒诞不经的"鬼话",又有耳闻目睹的实情。真真假假,奇奇怪怪,"无所不有,无所不异,使读者忽而解颐,忽而发冲,忽而目眩神骇,愕眙而不能禁"④。于是,文人士子便以此种形式介入了新闻传播,从而在官方的正途之外另辟了一条报道"软新闻"的蹊径。用谢和耐的说法:

收集奇闻轶事的爱好早在唐代就十分风行,而到了宋代就更加明显。印刷术使得这类著作流传甚广,它们是由一系列的简短故事组成,这些故事均极尽荒唐怪诞之能事,却个个都有其亲眼目击的证人。人名、地名、日期等(新闻要素),均被准确地提供。⑤

---

① [法] 谢和耐:《中国社会史》,耿昇译,6页。
② 季羡林:《漫议"糖史"》,载《环球》,1997(6)。
③ 吴枫:《隋唐历史文献集释》,193页。
④ 明人李云鹄称《酉阳杂俎》语。转引自(唐)段成式著,方南生点校:《酉阳杂俎》,前言,1页。
⑤ [法] 谢和耐:《中国社会史》,耿昇译,176页。

比起邸报，笔记小说更是一种社会化的媒介，尽管还不能径直称其为新闻媒介。此其二。

从信息流通上看，唐代民众的生活领域最突出的转机表现为讲唱艺术的异军突起。从唐代的俗讲、变文到宋代的鼓词、诸宫调以及说话人的讲史、小说等，这一面向底层百姓的传播形式越来越普及，影响越来越广泛。"据宋人笔记记载，在以北宋都城汴京和南宋都城临安为中心的城市中，普遍建有被称为'瓦舍''勾栏'的娱乐场所，演出各种各样的技艺。其中最流行的是说话。"①施拉姆曾把艺人的巡回演出称为"面对面媒介"（face-to-face media）。②在非严格的意义上，兴于唐而盛于宋的说唱活动也可以说是民间信息网中的第一个媒介，由于它的出现而使口耳相传的亲身传播变成坐享其成的间接接受。如此一来，以往混乱无序的传播行为便受到一套规整有序系统（媒介）的制约，除生活起居的信息之外，百姓对时事的了解、历史的认识、世态的把握以及生活价值伦常观念的体悟等，便往往借助于此传播系统。诚然，说唱艺术所传达的多为旧闻，如《张议潮变文》《张淮深变文》《说岳全传》甚至三国故事等。但在差不多"每代的生活等于开映同一影片的社会中"，这一切对蒙昧混沌的广大民众来说，足以构成报道身外世界的新闻了。至少通过这种讲唱媒介，百姓的内心世界已从"帝力于我何有哉"的封闭状态转入"话说天下大势"的开放层面了。借用无所不在的熵定律即热力学第二定律，这实际上是一个从熵值增加到负熵增加、从系统的平衡态到非平衡态或者简单说从信息量的递减到递增的过程，也就是我们说的新闻传播从无序到有序的嬗替过程。此其三。

上面三点即官方的邸吏状、文人的笔记小说和民间的讲唱活动互相融汇，便凸显为早期新闻史的生命脉动。按照宁树藩先生为新闻所下的定义——经过报道的新近发生的信息③，此三者无疑都是各自领域内所生成的最早新闻，当然这是结合特定的时代背景说的。而这方面的发展都为本篇主旨提供了事实依据，使之趋于经验与超验，历史与逻辑的统一。

---

① 章培恒、骆玉明主编：《中国文学史》，（中），305页。
② See W. Schramn and W. Potter, *Men, Women, Mesage and Media: Understanding Human Communication*, p.122.
③ 参见宁树藩：《新闻定义新探》，载《复旦学报》（社会科学版），1987（5）。

总括起来讲，唐代既是古典世界的终结，又是近世社会的开端；与此相应，既往的传播史演化为后来的新闻史（新闻史又为19世纪中叶开始的大众传播史营造了历史氛围）；两者嬗替与过渡大致处于唐代的后期，其间新兴的进奏院状、笔记小说与讲唱活动三种早期的原始媒介，使新闻传播全方位地从无序走上有序，实现了意义重大的一次飞跃。这是我们为唐代新闻传播建构的一个大图式。当然，正如开篇所言，这一大图式与其说是历史科学的现象描述，不如说是历史哲学的解释框架。我们不求达到W.H.沃尔什所期许的那种历史哲学："一个伟大的形而上学家使我们信服他的观点是正确可靠的；读过他的书以后，我们觉得我们仿佛是用另一双眼睛看世界了。我们从形而上学家身上学到东西所用的方式，与我们从肖像画家或哲理诗人那里学到的东西的方式是一样的。"[1]我们只望不至于沦为R.G.科林伍德所批评的那种历史哲学——或把事实搞得混乱不堪，或把事实弄得支离破碎。[2]

---

[1] 转引自张文杰等编译：《现代西方历史哲学译文集》，222页。
[2] 同上，157页。

# 参 考 文 献

1. 隋书. 北京：中华书局，1973.
2. 旧唐书. 北京：中华书局，1975.
3. 新唐书. 北京：中华书局，1975.
4. 新五代史. 北京：中华书局，1974.
5. 旧五代史. 北京：中华书局，1976.
6. 资治通鉴. 北京：中华书局，1956.
7. 全唐文. 北京：中华书局，1983.
8. 全唐诗. 北京：中华书局，1960.
9. 通典. 长沙：岳麓书社，1995.
10. 唐会要. 上海：上海古籍出版社，1991.
11. 太平广记. 北京：中华书局，1961.
12. 大唐西域记. 北京：中华书局，1985.
13. 大唐六典. 西安：三秦出版社，1991.
14. 唐律疏议. 北京：中华书局，1983.
15. 贞观政要. 长沙：岳麓书社，1996.
16. 增订唐两京城坊考. 西安：三秦出版社，1996.
17. 入唐求法巡礼行记. 上海：上海古籍出版社，1986.
18. 史通. 沈阳：辽宁教育出版社，1997.
19. 隋唐嘉话 朝野佥载. 北京：中华书局，2005.
20. 封氏闻见记校注. 北京：中华书局，2005.
21. 唐国史补. 上海：上海古籍出版社，1983.
22. 大唐新语. 北京：中华书局，1984.
23. 唐语林校证（全二册）. 北京：中华书局，1987.
24. 因话录. 上海：上海古籍出版社，1985.
25. 唐摭言. 上海：上海古籍出版社，1978.
26. 教坊记. 上海：上海古籍出版社，2000.
27. 酉阳杂俎. 北京：中华书局，1981.

28. 开元天宝遗事 安禄山事迹. 北京：中华书局，2006.
29. 北梦琐言. 北京：中华书局，1985.
30. 北里志. 北京：古典文学出版社，1957.
31. 本事诗. 北京：中华书局，1983.
32. 桂苑笔耕集校注. 北京：中华书局，2007.
33. 唐人轶事汇编. 上海：上海古籍出版社，1995.
34. 梦溪笔谈. 沈阳：辽宁教育出版社，1997.
35. 唐才子传校笺. 北京：中华书局，1987.
36. 齐东野语校注. 上海：华东师范大学出版社，1987.
37. 容斋随笔. 郑州：中州古籍出版社，1994.
38. 日知录集释. 郑州：中州古籍出版社，1990.
39. 古诗源. 北京：中华书局，1963.
40. 宋高僧传. 北京：中华书局，1987.
41. [德] 韦伯. 儒教与道教. 南京：江苏人民出版社，1993.
42. [英] 崔瑞德. 剑桥中国隋唐史. 北京：中国社会科学出版社，1990.
43. [法] 谢和耐. 中国社会史. 南京：江苏人民出版社，1995.
44. [美] 费正清，赖肖尔. 中国：传统与变革. 南京：江苏人民出版社，1992.
45. [美] 谢弗. 唐代的外来文明. 北京：中国社会科学出版社，1995.
46. [美] 卡特. 中国印刷术的发明和它的西传. 北京：中华书局，1957.
47. 陈寅恪. 唐代政治史述论稿. 上海：上海古籍出版社，1997.
48. 陈寅恪. 陈寅恪史学论文选集. 上海：上海古籍出版社，1992.
49. 范文澜. 中国通史简编（修订本）. 第三编第一册. 北京：人民出版社，1965.
50. 翦伯赞，主编. 中国史纲要. 第二册. 北京：人民出版社，1965.
51. 王仲荦. 隋唐五代史. 上海：上海人民出版社，1988.
52. 黄仁宇. 中国大历史. 北京：生活·读书·新知三联书店，1997.
53. 章培恒，骆玉明，主编. 中国文学史. 上海：复旦大学出版社，1996.
54. 郑振铎. 中国俗文学史. 北京：东方出版社，1996.
55. 向达. 唐代长安与西域文明. 北京：生活·读书·新知三联书店，1957.
56. 余英时. 士与中国文化. 上海：上海人民出版社，1987.
57. 高国藩. 敦煌民俗学. 上海：上海文艺出版社，1989.
58. 冯尔康，主编. 中国社会结构的演变. 郑州：河南人民出版社，1994.
59. 张泽咸. 唐代工商业. 北京：中国社会科学出版社，1995.
60. 张泽咸. 唐代阶级结构研究. 郑州：中州古籍出版社，1996.
61. 程蔷，董乃斌. 唐帝国的精神文明. 北京：中国社会科学出版社，1996.
62. 林语堂文集第六卷（武则天正传）. 北京：作家出版社，1995.
63. 王涤武. 武则天时代. 厦门：厦门大学出版社，1991.

64. 李泽厚. 美的历程. 北京：文物出版社，1981.
65. 李泽厚. 中国古代思想史论. 合肥：安徽文艺出版社，1994.
66. 楼祖诒. 中国邮驿发展史. 北京：中华书局，1940.
67. 陈鸿彝. 中国交通史话. 北京：中华书局，1992.
68. 刘广生，主编. 中国古代邮驿史. 北京：人民邮电出版社，1986.
69. 臧嵘. 中国古代驿站与邮传. 天津：天津教育出版社，1991.
70. 曹之. 中国印刷术的起源. 武汉：武汉大学出版社，1994.
71. 吴枫. 隋唐历史文献集释. 郑州：中州古籍出版社，1987.
72. 吴宗国. 唐代科举制度研究. 沈阳：辽宁大学出版社，1992.
73. 赵文润，主编. 隋唐文化史. 西安：陕西师范大学出版社，1992.
74. 葛兆光. 道教与中国文化. 上海：上海人民出版社，1987.
75. 傅璇琮. 唐代诗人丛考. 北京：中华书局，1980.
76. 费孝通. 乡土中国. 北京：生活·读书·新知三联书店，1985.
77. 余太山. 西域通史. 郑州：中州古籍出版社，1996.
78. 甘惜分. 新闻学大辞典. 郑州：河南人民出版社，1993.
79. 方汉奇，宁树藩，陈业劭，主编. 中国新闻事业通史. 第一卷. 北京：中国人民大学出版社，1992.
80. 中国新闻史文集. 上海：上海人民出版社，1987.
81. 朱传誉. 宋代新闻史. 台北：中国学术著作奖助委员会，1967.
82. 朱传誉. 先秦唐宋明清传播事业论集. 台北：商务印书馆，1988.
83. 黄卓明. 中国古代报纸探源. 北京：人民日报出版社，1983.
84. 戈公振. 中国报学史. 北京：生活·读书·新知三联书店，1955.
85. 尹韵公. 中国明代新闻传播史. 重庆：重庆出版社，1990.
86. 徐培汀，裘正义. 中国新闻传播学说史. 重庆：重庆出版社，1994.
87. 陈力丹. 精神交往论——马克思恩格斯的传播观. 北京：开明出版社，1993.
88. 孙旭培，主编. 华夏传播论——中国传统文化中的传播. 北京：人民出版社，1997.
89. 李敬一. 中国传播史：先秦两汉卷. 武汉：武汉大学出版社，1996.
90. 吴予敏. 无形的网络——从传播学的角度看中国的传统文化. 北京：国际文化出版公司，1988.
91. 刘建明. 基础舆论学. 北京：中国人民大学出版社，1988.
92. 余也鲁，郑学檬，主编. 从零开始——首届海峡两岸中国传统文化中传的探索座谈会论文集. 厦门：厦门大学出版社，1994.
93. 沙莲香，主编. 传播学——以人为主体的图像世界之谜. 北京：中国人民大学出版社，1990.
94. [美]迈克尔·E. 罗洛夫. 人际传播——社会交换论. 上海：上海译文出版社，1997.
95. 方汉奇. 从不列颠图书馆藏唐归义军"进奏院状"看中国古代的报纸. 新闻学论集. 第

五辑. 北京：中国人民大学出版社，1983.
96. 宁树藩. 新闻定义新探. 复旦学报（社会科学版），1987（5）.
97. 张国刚. 两份敦煌进奏院状文书的研究——论"邸报"非古代报纸. 学术月刊，1986（7）.
98. 吴廷俊. 从归义军进奏院状的原件看唐代进奏院状的性质. 新闻探讨与争鸣，1988（1）.
99. 张国刚. 唐代进奏院考略. 文史. 第十八辑. 北京：中华书局，1983.
100. 姚福申. 唐代新闻传播活动考. 新闻大学，1982（5）.
101. 姚福申. 《开元杂报》考. 新闻学论集. 第九辑. 北京：中国人民大学出版社，1985.
102. 姚福申. 唐代孙处玄使用"新闻"一语的考辨. 新闻大学，1989（1）.
103. 姚福申. 有关邸报几个问题的探讨. 新闻研究资料. 第九辑. 北京：新华出版社，1981.
104. 姚福申. 从敦煌马圈湾烽燧遗址出土的简牍看汉代官方新闻传播. 新闻学论集. 第八辑. 北京：中国人民大学出版社，1984.
105. 王志兴. 唐人孙处玄用过"新闻"一词吗？. 新闻学论集. 第八辑. 北京：中国人民大学出版社，1984.
106. 江向东. 对中国古代报纸产生于唐代之说的质疑. 福建师范大学学报（哲学社会科学版），1992（2）.
107. 张国刚. 邸报并非古代报纸. 天津日报，1986-03-25.
108. 李昇平，陶第迁. 论唐代的对外传播. 面向21世纪的新闻与传播（论文集）. 广州：暨南大学出版社，1996.
109. 刘光裕，郭术兵. 论传播方式的改变对唐宋词的影响. 齐鲁学刊，1997（1）.
110. 傅璇琮. 唐代的进士放榜与宴集. 文史. 第二十三辑. 北京：中华书局，1984.
111. 周绍良. 《柳氏述》笺证. 向达先生纪念论文集. 乌鲁木齐：新疆人民出版社，1986.
112. 姜亮夫. 罗振玉《补唐书张议潮传》订补. 向达先生纪念论文集. 乌鲁木齐：新疆人民出版社，1986.
113. 陈沅远. 唐代驿制考. 燕京大学史学年报，第一卷第五期.
114. 郑秦. 古代公文制度与行政效率. 中国古代行政管理体制研究. 北京：光明日报出版社，1988.
115. 邱江波. 论舆论与中国古代谏诤. 社会科学战线，1991（4）.
116. 罗宗涛. 唐人题壁诗初探. 唐代文学研究. 第三辑. 桂林：广西师范大学出版社，1992.
117. 汤用彤. 康复札记之三"何谓俗讲". 新建设，1961（6）.
118. 王文才. 俗讲仪式考. 敦煌学论集. 兰州：甘肃人民出版社，1985.
119. 程毅中. 唐代俗讲文体制补说. 敦煌语言文学研究. 北京：北京大学出版社，1988.
120. 王庆菽. 敦煌变文研究. 敦煌语言文学论文集. 北京：北京大学出版社，1988.

121. 高国藩. 论敦煌民间变文. 敦煌学论集. 兰州：甘肃人民出版社，1985.
122. 王宏治. 关于唐初馆驿制度的几个问题. 敦煌吐鲁番文献研究论集. 第三辑. 北京：北京大学出版社，1986.
123. 大庭惰. 吐鲁番出土的北馆文书——中国驿传制度史上的一份资料. 敦煌学译文集——敦煌吐鲁番出土社会经济文书研究. 兰州：甘肃人民出版社，1985.
124. 潘吉星. 从考古发现看印刷术的起源. 光明日报，1997-03-11.
125. 张子谦. 从社会文化发展看印刷术的真正起源. 新闻出版报，1997-2-20.
126. 章宏伟. 试论雕版印刷术起源问题. 中国印刷，1996（2）.
127. 王洪祥. 古代新疆新闻的杰出传播者——玄奘. 新疆新闻界，1996（3）.
128. 邓绍基，李玫. 尺牍文略论. 山西师范大学学报，1997（1）.

# 附　　录
## 中国新闻史研究的一点再反思[①]

**【内容摘要】**中国之有新闻业以及新闻史离不开所谓现代性问题，在中国语境中亦即"古今中西"问题。围绕现代性及其话语迄今形成两种思路，一为从传统到现代的进化论思路，包括"走向世界""国际接轨""全盘西化"的自由化路径与"国家独立""民族解放""人民自由"的革命化路径；一为从文明体系到现代体系的文化主义思路。与之相应，似可分出不同类型的新闻史研究。本文对此进行了初步的思考与探索，借以在广阔的文明背景下追寻中国新闻业的内在逻辑。

**【关键词】**传统　现代　文明　新闻史

## 一

鸦片战争以来的中国历史，风起云涌，跌宕起伏，常被称为"数千年未有之大变局"，借用顾诚《南明史》开篇的精彩文字来说："充满了风云突变、波涛叠起的重大事件，阶级搏斗和民族征战都达到高潮，又搅和在一起，在中华大地上演出了一幕幕可歌可泣、惊心动魄的场面。"[②]应和着这样一种天翻地覆的大变局，林林总总的理论思想和学术话语纷至沓来，潮起潮落，围绕着现代化以及所谓现代性[③]，你方唱罢我登场，令人目不暇

---

[①] 载《山西大学学报》（哲学社会科学版），2012（3）。此处略有修订。
[②] 顾诚：《南明史》（上、下），1页，北京，光明日报出版社，2011。
[③] 关于现代化、现代性等概念，见谢立中：《"现代性"及其相关概念词义辨析》，载《北京大学学报》（哲学社会科学版），2001（5）。

接，其中尤以1919年的五四和1989年为高潮。简言之，各种现代性话语大抵不外"古今中西"四个字，而古与今、中与西又是同一问题的两个方面。所以，参透这四个字，也就差不多把握了现代中国的变迁脉搏。

关于古今中西的现代性问题，迄今形成两种基本思路。一种可以概括为"传统与现代"，亦即进化论的思路。按照这种思路，中国在遭遇西方冲击前，长期处于封闭、保守、停滞的状态，清代更是带有封建、专制、落后的胎记。而以西方为代表的现代历史，则体现着文明、进步、开放。所以，中国无论救亡图存，还是走向世界，都必须实现从传统到现代的转型。

这种思路又分为两种不同或对立的路径，一种不妨称为"自由化"路径，如美国汉学鼻祖、哈佛大学教授费正清的"冲击与反应"模式（impact and response）。这一路径将西方的现代化冲击视为近代中国一切变化的枢纽，故着眼"走向世界""国际接轨"，就像胡适倡导"全盘西化"[①]，今天一些人宣扬"新四化"——市场化、私有化、自由化、全球化一样。耐人寻味的是，这里的"世界"显然不包括亚非拉，如老挝、圭亚那、埃塞俄比亚、巴布亚新几内亚；这里的"国际"也不关乎《国际歌》的"英特耐雄纳尔"（internationale），这一路径的"世界""国际"往往是以"西方"为主的政治概念。所以，遵循自由化路径的现代性叙事，自然认同"西方中心论"，推重西方的一整套政治制度、经济模式、社会生活、思想文化传统等，并以之作为分析、评判和规划中国社会的圭臬。如清末民初的"新政"，就被视为层层推演、步步深入的西式现代化的三部曲——器物层面的洋务运动、制度层面的戊戌变法、思想层面的五四运动，而今天与未来的中国只是延续这一路径，除此之外，别无他途。一度扰扰攘攘的"普世价值"，并不在于本身有什么问题——"东海西海，心理攸同；南学北学，道术未裂"（钱钟书），而在于其中蕴含的文化政治意味。中央电视台曾经热播的电视剧《走向共和》（2003）以及电视纪录片《大国崛起》（2006）、《公司的力量》（2010）等，无不尊奉这套叙事逻辑及其文化政治。而《走向共和》等主创人员，多为20世纪80年代以来活跃的新闻记者。清华大学教授、

---

[①] 胡适甚至说："我们必须承认我们自己百事不如人，不但物质机械上不如人，不但政治制度不如人，并且道德不如人，知识不如人，文学不如人，音乐不如人，艺术不如人，身体不如人。"（《介绍我自己的思想》）

作家格非在小说《春尽江南》里，借一对夫妇的对话生动展现了这一路径的现实意味：

> 庞家玉从北京打来电话。端午问她，为什么闹哄哄的？他什么也听不清。
>
> "我和朋友们正在中关村的沸腾鱼乡吃饭。我出来了。现在听得清楚吗？"家玉似乎有点兴奋。
>
> 她提到了上午听过的一个报告。报告人是一个姓余的教授。他讲得太好了。从全国各地来的学员们在吃饭时仍在争论不休。报告的题目似乎叫作《未来中国社会的四大支柱》。
>
> 由于夫妻二人本来可聊的话就不多，再加上庞家玉在明显的激动中情绪亢奋，端午只得假装自己对所谓的"四大支柱"发生了强烈的兴趣。
>
> "哪四大支柱啊？能不能简单地说说？"
>
> "第一是私人财产的明晰化，第二是宪法的司法化，第三是……后面两个，怎么搞的？我这猪脑子，等我想想。"
>
> "是不是代议制民主和传媒自由啊？"端午提醒她。
>
> "没错，没错。就这两条。咦，你是怎么知道的呀？神了，你又没听过上午的报告。"
>
> "狗屁不通的四大支柱。不过是食洋不化的海龟们的老生常谈，"端午刻薄地讽刺道，"你可不用瞎激动，人家余教授的支柱可是美国福特基金会。"[①]

另一种路径可谓"革命化"，也就是耳熟能详的主流叙事，即两大"基本矛盾"推演现代中国历史的进程。具体说来，由于帝国主义与中华民族的矛盾、封建主义与人民大众的矛盾不断加剧，中国一步步地陷入半殖民地、半封建的悲惨境地，由此引发一浪高过一浪的革命运动，使中国社会告别传统文明，步入现代文明。用马克思的名言来说，革命是历史的火车头。按照革命化的逻辑及其叙事，从太平天国到义和团，从戊戌变法到辛

---

① 格非：《春尽江南》，20页，上海，上海文艺出版社，2011。

亥革命，从北伐战争到土地革命战争，从抗日战争到解放战争……一部现代史就是一部中国革命史，一部争取国家独立、民族解放、人民自由幸福的历史。这一历史叙事及其意义，被新中国开国领袖毛泽东以诗一般的语言写入人民英雄纪念碑的碑文：

> 三年以来，在人民解放战争和人民革命中牺牲的人民英雄们永垂不朽！
>
> 三十年以来，在人民解放战争和人民革命中牺牲的人民英雄们永垂不朽！
>
> 由此上溯到一千八百四十年，从那时起，为了反对内外敌人，争取民族独立和人民自由幸福，在历次斗争中牺牲的人民英雄们永垂不朽！

20世纪80年代，李泽厚提出一对影响甚广的思想范畴——"启蒙"与"救亡"，成为上述两条现代性路径的典型对举。按照这一双重变奏说，现代中国的主题是"启蒙"，即以西方现代化模式，对传统中国的思想、文化、精神、制度等进行再造，使社会摆脱传统束缚，使个体获得身心自由，成为文明进步的现代人。然而，由于"救亡"的严峻现实，列强侵凌、亡国灭种的危险一次次迫在眉睫，从鸦片战争到甲午战争、从八国联军到日寇侵华，"启蒙"的进程不得不一次次被迫中断，被救亡图存的"革命"运动取代。90年代后，李泽厚在海外发表"告别革命"的谈话，重申启蒙价值，批判革命路径。①2006年，《中国青年报》的"冰点周刊"发表中山大学教授袁伟时的《现代化与历史教科书》一文，引发激辩，"冰点"停刊整顿，更是构成两条思想路径的一次现实冲突。

深究起来，革命化与自由化的路径看似各行其是，但都致力于现代化以及现代性的目标，热望将中国从传统导入现代。即便时贤诟病的革命运

---

① 他在2008年出版的《新版中国古代思想史论》里，继续重申1985年提出的"西体中用"说：
所谓"西体"，就是现代化，它是社会存在的本体。它虽然来自西方，却是全人类和整个世界发展的共同方向。所谓"中用"，就是说这个现代化进程仍然必须通过结合中国的实际（其中也包括中国传统意识形态的实际）才能真正实现。这也就是以现代化为"体"，以"民族化"为用。

（《新版中国古代思想史论》，252页，天津，天津社会科学院出版社，2008。）

动同样如此,汪晖称为"反现代的现代性":"中国革命也是反现代的现代性,它既受到现代性的制约,又试图冲破现代性的逻辑。"①比如,新中国一成立就确立了工业化目标,"文化大革命"后期更明确提出"四个现代化"的蓝图。即使以聚讼纷纭的"自由"为例,自由化路径固然念兹在兹,而革命化路径又何尝不追求自由的理想,就像1950年的《歌唱祖国》一曲唱的"我们勤劳,我们勇敢,独立自由是我们的理想……"像一位开国将领给女儿信里写的:"让爸爸们,把新民主的地基铲得平平的,让你们后一代,能够在我们的国土上建筑起一座自由、快乐、文明、进步、庄严、华丽的世界。"只不过革命化路径更注重共同体的命运,自由化路径更强调个人的选择,即日本思想家沟口雄三以"总体的自由"与"个体的自由"所做的分析:

> 中国的大同式近代比起个人自由更志向于总体的自由,而这种排除个人自由即私人自利的、反专制性质的总体自由,由于其排除个人私利的独特的共和原理,从而使民权主义不只是停留在政治层面上,同时和经济上的总体自由,即追求四亿人民总体的丰衣足食的民生主义联系在了一起,这是中国近代的一个重要特征。……大同式的近代不是通过"个"而是通过"共"把民生和民权联结在一起,构成一个同心圆,所以从一开始便是中国独特的、带有社会主义性质的近代。②

特别是,革命化与自由化的路途及其叙事虽然政治上或分道扬镳,但思路上又遥相呼应,二者其实共享一个隐含的思想前提:古代野蛮而现代文明,中国落伍而西方先进。举例来说,这一思路及其叙事,不管是革命化路径,还是自由化路径,"都异口同声地将19世纪以降的中国历史描述为一个衰落的过程。准确地说,那本是清朝政治体制的衰落,可在那些描述中,却似乎成了整个中国本身的衰落"③。与此相应,按照这一"传统与现代"的思路,中国现代自然成为"外因"主导的进程,而传统与现代的问题

---

① 周志强、肖寒:《中国现代性的历史反思—汪晖访谈录》,http://www.wyzxsx.com/Article/Class17/200704/17568.html。
② [日]沟口雄三:《作为方法的中国》,孙军悦译,17~18页,北京,生活·读书·新知三联书店,2011。
③ [日]沟口雄三:《中国的冲击》,孙军悦译,103页,北京,生活·读书·新知三联书店,2011。

就从时间上的古今问题，转化为空间上的中西问题，从而遮蔽了更为关键的"内生"因素。比如，孙中山的"王道"思想就源于中国数千年的"大同"意识，"大同思想不仅影响了孙文，而且还构成了中国共和思想的核心"①，而大同思想的精髓正在于中华文明的"万人各得其所"：

> 正如孙文把革命的目标设定为"要四万万人都是丰衣足食"（《三民主义》）一样，中国共和革命的一个特征就在于以满足天下所有人民的生存需求为主要目标。例如，就人权而言，欧洲的共和思想的主要内容是以确立私有权为基础的政治权利上的自由和平等，而中国的共和思想为了满足四亿人民全体的生存需求，以大同调和为基础，更志向于反"大私"性质的经济上的平等。因此，"民权"也就意味着多数者为了反抗少数者的专横自私所追求的全体人民的生存权利，也就是国民权、人民权的意思。这和欧洲包含了个人经济活动的无限自由，即以个人私有财产权为基础的市民权利从一开始就大不相同。②

随着20世纪末"新启蒙"的分崩离析，犹如20世纪初五四阵营的分道扬镳③，"文化自觉"意识日渐觉醒，陈寅恪当年心仪的"我民族独立之精神、自由之思想"日益为人青睐。2011年胡锦涛在纪念中国共产党成立90周年大会上的讲话、2010年刘云山在《红旗文稿》上发表长文《文化自觉 文化自信 文化自强》等，更使文化自觉进入高层方略。2004年设立的一年一度的中国文化论坛，在其编辑的年度报告之总序里就文化自觉写道：

> 可以用费孝通所说的"文化自觉"这一命题来界定所谓"对中国文化主体性的理论思考和实践关怀"……"文化自觉"这一命题中的"文化"涉及经济、政治、法律、教育、学术和其他领域的方方面面；这一命题中的"自觉"表达的是在全球化的处境中对于中国文化自主性的关切和思考，而这一关切和思考不可能不涉及中国如何在开放条件下寻求经济、政治、法律、教育、学术等领域的独特的变革道路这

---

① [日] 沟口雄三：《中国的冲击》，孙军悦译，12页，北京，生活·读书·新知三联书店，2011。
② 同上，14~15页。
③ 参见程巍：《新文化运动与五四运动：两种"精神"的缠斗》，载《中华读书报》，2011-07-13。

一现实问题。

我们强调中国的变革有着自身的"独特的道路"是基于两个方面的基本认识：第一，中国是个古老的文明，又经历了现代的革命和30年的改革，中国的变革必然是一个立足于自身的传统与现实而展开变革与创新的过程，那种简单照搬现成模式的方式不仅在历史中曾经导致灾难，而且也会在现实中将中国的变革引向歧途；第二，当代全球化浪潮包含着一种支配性的逻辑和同质化的趋势，中国的变革一方面离不开向其他文化与社会的学习和借鉴，但另一方面又必须在开放中确立自身的自主性。所谓"和而不同"，表达的正是这种开放性与自主性、关联性与多样性之间的辩证关系。……只有基于一种深刻的"文化自觉"，人们才能避免盲目的自卑与自大，真实地理解我们置身的这个多样性的世界及其面临的挑战。①

概言之，所谓文化自觉，就是费孝通晚年提出的十六字箴言——"各美其美、美人之美、美美与共、天下大同"。在文化自觉及其引领的"民族复兴"潮流下，传统与现代思路正面临新的转机，尤其是自由化路径更显出固有的局促与逼仄。

## 二

相对于"传统与现代"的另一种思路，姑且概括为"文明与现代"。按照这种思路，古代中国属于一种文明体系，不同于以现代西方为典范的民族国家体系②：

> 古代中国人的"中国"常常是一个关于文明的观念，而不是一个有着明确国界的政治地理观念。③

---

① 黄平：《乡土中国与文化自觉》，北京，生活·读书·新知三联书店，2007；苏力：《中国人文社会科学三十年》，北京，生活·读书·新知三联书店，2009。
② 关于这一问题的详细讨论，参见汪晖：《现代中国思想的兴起》，上卷第二部"帝国与国家"，北京，生活·读书·新知三联书店，2008。
③ 葛兆光：《宅兹中国——重建有关"中国"的历史论述》，45页，北京，中华书局，2011。

> （中国）不同于近代"民族国家"（nation-state），它是一个以文化，而非以种族为华夷区别的独立发展的政治文化体，或者称之为"文明体国家"（civilizationalstate），它有一种独特的文明秩序。①
>
> 按照传统的政治理念，国家不是一个法律建构的实体，而是一个文化或文明实体。②

与凝固为古典的文明体系相比，现代体系或现代文明虽有层出不穷的阐述，诸如理性化、世俗化、科层化等，但都不及马克思恩格斯的《共产党宣言》一语中的：

> 资产阶级除非对生产工具，从而对生产关系，从而对全部社会关系不断地进行革命，否则就不能生存下去。反之，原封不动地保持旧的生产方式，却是过去的一切工业阶级生存的首要条件。生产的不断变革，一切社会状况不停的动荡，永远的不安定和变动，这就是资产阶级时代不同于过去一切时代的地方。一切固定的僵化的关系以及与之相适应的素被尊崇的观念和见解都被消除了，一切新形成的关系等不到固定下来就陈旧了。一切等级的和固定的东西都烟消云散了，一切神圣的东西都被亵渎了。③

打破成规，追求变化，让一切固定的东西都烟消云散，就是现代的鲜明标志。尽管现代文明多以西方为先导，甚至为样板，但"现代"并非单数的概念，而是复线的进程。换句话说，现代化不是只有西方一种固定模式，而是由多种多样的路径所构成的多元化图景。古典的文明体系是多元的，一如变化的现代体系是多元的。至于从文明体系到现代体系乃属于不同文明形态的转换，也不存在一条不断上升、不断进化的单一路线。事实上，作为不同的文明体系及其分析框架，古典的文明国家与现代的民族国

---

① 金耀基：《金耀基自选集》，77页，上海，上海教育出版社，2002。
② 强世功：《中国香港：文化与政治的视野》，115页，北京，生活·读书·新知三联书店，2010。
③ 《马克思恩格斯文集》，第2卷，34~35页，北京，人民出版社，2009。

家往往圆凿方枘，犹如牛顿的经典物理学体系与爱因斯坦的现代物理学体系，顾炎武区分的"亡国"与"亡天下"可以视为象征性分野。①

众所周知，现代的民族国家以确定的领土、主权、国家认同等利益共同体为标志，而中国古代的文明体系则以天下意识、礼乐制度、朝贡关系等文化共同体为特征，其间差异不亚于诗人心中的嫦娥奔月与科学家手里的航天飞机。举例来说，在诺贝尔经济学奖等现代经济学看来，所谓"经济"就是利益算计，而中华文明的经济乃在"经世济民"。哈佛大学教授丹尼尔·贝尔曾指出，古典文明围绕着人们的"需求"（need）而展开，现代社会则以满足人们的"欲求"（want）为鹄的。需求属于生理层次，故有限度，欲求属于心理层次，故欲壑难填。无怪乎，现代的科技发明、消费主义、广告传媒乃至民主自由等，最终使人处于永无餍足的欲求之中。②北京大学政治学教授强世功就此写道：

> 现代的弊端，即把古典政治思想中贬斥和摈弃的激情（passion）和欲望（desire）看作是现代政治的起点，并把利益（interests），看作驯服欲望的工具，政治的全部目的就是将人们的激情和欲望导向利益的最大化计算。无论亚当·斯密的"看不见的手"，还是孟德维尔的"蜂蜜的预言"；无论是通过社会契约的理性计算来建立政府，还是通过野心制约野心来"驯服君主"，都是按照现代的逻辑来理解经济、政治、社会和道德。③

推崇古典文明的政治学家列奥·施特劳斯分析了古典体系的"天然正确"（natural right），如何已被现代社会偷换为"天赋权利"（natural right）④，前者确立的是一种高贵神圣的德行原则，后者推崇的是一种功利算计的世

---

① 顾炎武《日知录》卷一三"正始"："有亡国，有亡天下。亡国与亡天下奚辨？曰：易姓改号，谓之亡国；仁义充塞，而至于率兽食人，人将相食，谓之亡天下。……保国者，其君其臣，肉食者谋之；保天下者，匹夫之贱与有责焉耳矣！"

② 参见[美]丹尼尔·贝尔：《资本主义文化矛盾》，赵一凡译，北京，生活·读书·新知三联书店，1989。

③ 强世功：《中国香港：文化与政治的视野》，296~297页，北京，生活·读书·新知三联书店，2010。

④ 参见[美]列奥·施特劳斯：《自然权利与历史》，彭刚译，北京，生活·读书·新知三联书店，2003。

俗原则。

不无巧合的是，在经典物理学被现代物理学取代的20世纪初，德国思想家、历史哲学家斯宾格勒提出了著名的"文明史观"。在1918年问世的《西方的没落》一书里，他指出每一种文明都如生命有机体，存在着自身的年轮与周期，世界历史就是由一个个不同的文明体系构成的。这一思想既质疑了西方中心论，又颠覆了历史进化论，同时也开启了"文明与现代"的思路。如果说经典物理学与现代物理学的分立集中于时空观，那么文明体系与现代体系的差异则突出体现于政治哲学。在赵汀阳看来："以国家为政治的标准分析单位只属于西方政治模式，这不能覆盖所有的政治模式，比如说中国政治的标准分析单位就是天下（世界）。"①中国人的天下观，早在文明初启的"轴心时代"（雅斯贝尔斯）就已显露，就像诗经吟咏的"普天之下，莫非王土；率土之滨，莫非王臣"，并蕴含于中国人自古及今的心胸与襟怀，诸如"修身齐家治国平天下""先天下之忧而忧，后天下之乐而乐"等：

> "天下"比西方思想中的"世界"概念有着更多更重要的含义，它是自然地理、社会心理和政治制度三者合一的"世界"，是一个饱满的世界概念。……西方政治思想中没有关于整个世界的政治世界观，世界就总被看作是自由争夺和掠夺的"公地"，更无所谓世界利益，而只有国家利益。这一有缺陷的政治意识鼓励了西方长期以来对世界的霸权主义和殖民主义掠夺，一直到非常晚近才开始意识到世界出了问题。②

这种天下意识及其实践不仅意味着四海之内皆兄弟，"对于天下，所有地方都是内部，所有地方之间的关系都只是远近亲疏关系"③，而不是对抗性关系，而且更意味着天下为公、天下大同，天下人共享一切物质财富与精神价值：

> 天下体系的"无外原则"蕴含至少两个重要结果：（1）既然"天下"

---

① 赵汀阳：《坏世界研究：作为第一哲学的政治哲学》，28页，北京，中国人民大学出版社，2009。
② 同上，83~84页。
③ 同上，92页。

与"天"一样都是世界万民的公共利益和公共资源,天下理念就拒绝了把他者看作不共戴天的异己。这一点决定了天下政治的根本原则是"和",即在承认世界多样性的基础上谋求合作最大化和冲突最小化。

(2)既然世界多样性是天经地义,天下体系就拒绝单方面推广某种观念体系和知识体系的生存空间。这是"礼不往教"的文化原则。《礼记》曰:"礼,闻取于人,不闻取人,礼,闻来学,不闻往教。"别人自愿来学,与强加于人显然完全不同。①

由此也可知,中国古代为何只闻"取经"而不闻"传教",但见西天路上的仆仆风尘,鲜有延续千年血与火的"宗教战争"或"传教战争"。

按照天下一家和四海之内皆兄弟的理念,和平与和谐自然成为中华文明的首要原则或最高原则。天下政治一向将天下太平视为根本,所谓"和为贵""宁为太平犬,不为乱离人"等都体现着这种集体无意识,并且至今隐含于"稳定压倒一切"等话语。杨昂《中华太平盛世:清帝国治下的和平(1683—1799)》一文,在肯定清帝国政治遗产之际,就特别强调"完整的疆域,整合的政制体系,多元融合的民族,自由发展的宗教"②。显而易见,中华文明体系的和平与和谐原则迥异于现代体系的暴力原则或冲突原则。提出"现代世界体系理论"的沃勒斯坦(Immanuel Wallerstein)曾悲叹:"世界体系的生命力由冲突的各种力量构成,这些冲突的力量由于压力的作用把世界体系结合在一起,而当每个集团不断地试图把它改造得有利于自己时,又使这个世界体系分裂了。"③如果说天下政治以治乱兴亡作为衡量一切的准则,那么现代政治则以意识形态作为判定一切的砝码,乃至"许多在当代有着广泛社会影响的理论都是政治意识很强的,例如施密特的敌友理论、柏林和海耶克对积极自由和专制的批评、福柯的知识/权力分析、亨廷顿关于文明冲突、福山关于历史终结、萨伊德关于东方学、列奥·斯特劳斯理解的古今之争、罗尔斯的公正理论、哈贝马斯的交往理论、沃勒

---

① 赵汀阳:《坏世界研究:作为第一哲学的政治哲学》,105页。
② 杨昂:《中华太平盛世:清帝国治下的和平(1683—1799)》,见强世功主编:《政治与法律评论》(2010年卷),71~72页,北京,北京大学出版社,2010。
③ [美]伊曼纽尔·沃勒斯坦:《现代世界体系》,罗荣渠等译,卷1,460页,北京,高等教育出版社,1998。

斯坦的世界体系理论、哈特和内格瑞的新帝国理论、约瑟夫·奈的软实力理论"①。这些理论同现代世界的关系容或见仁见智，但显见的事实是伴随着这些层出不穷的理论，是当今世界连绵不断的冲突、争斗、战争、动乱，耶鲁大学教授蔡美儿称之为"起火的世界"。

既然治乱兴亡是天下政治的核心，那么为了天下太平，就不能不将天下人的身家性命纳入政治考量，不能不将"天理民心"作为天下太平的基石。所谓"周公吐哺，天下归心""得民心者得天下"等，早已融入中华文明的精神血脉。显然，天下政治不能仅凭暴力，再强大的暴力也不可能统驭天下，更不可能持久，天下太平归根结底还在于人心以及化育人心的文化，就像中国古代的"怀柔远人"。孙子早就意识到："百战百胜，非善之善也；不战而屈人之兵，善之善也。"（《孙子·谋略篇》）诸葛孔明"七擒孟获"传为千古佳话。在卡尔·施米特等现代西方政治学家看来，政治的要义仅仅在于"区分敌友"，而在中国的文明理念里，政治的化境更在于"化敌为友"。毛泽东曾以大白话教导胡耀邦：政治就是把拥护自己的人搞得多多的，把反对自己的人搞得少少的。为此，固然需要公平、正义，"不患寡而患不均"，"均贫富，等贵贱"；同时更需要文化及其濡染、化育、感召与熏陶，以塑造与引领更有意味的人生。古代特别是先秦的礼乐制度之所以发达，原因也在于此。同样，世界各大文明体系无不将人心而非强权视为政治的根本，将文化而非利益视为长治久安的根基。犹太教、基督教、伊斯兰教、佛教、印度教无不致力于世道人心，曾以武力纵横欧亚非的古罗马帝国，迫害基督教数百年而终不敌其浸淫，最后连帝国皇帝都归顺了基督教。在文明体系中，政治的最高境界从来都在于"不战而屈人之兵"的文化与文化领导权：

> 较高的文明不仅意味着较高的经济水平和物质生活，而且意味着更有魅力的精神生活，因此容易获得更多人的支持。民心向背终究是任何一种政治权力的根基。精神生活从一开始就具有政治意味，尽管人们反思到这一点是相当晚近的事情。精神生活不仅能够吸引人，而

---

① 赵汀阳：《每个人的政治》，9页，北京，社会科学文献出版社，2010。

且能够统治人，事实上，精神生活是统治的完成形式，只有当完成对人们的心灵统治才最后实现了统治。心灵上的同意是对一种政治统治的自愿自觉认同，因此，心灵的一致认同是政治权力的最后基础。只有能够创造一种为所有人或至少大多数人所认可的精神生活，才能充分有效地维持政治秩序。①

总而言之，古今中西乃属不同的文明体系及其话语，不存在一条自西徂东、一路上升的历史直线，总体上也不存在先进与落后、文明与野蛮之别。文明体系与现代体系的差异不应该是价值谱系的你高我低，而应该是价值排序的你先我后，就像古代与现代都讲美德，也都讲权利，只不过古代更崇尚"美德"优先，而现代更追求"权利"优先。想想1848年英国帕默斯顿勋爵在下院的那段名言：没有永远的朋友，也没有永远的敌人，只有永远的利益。同样，如果说文明体系的自由在于推崇人的尊严，那么现代体系的自由则在于追求人的利益。下面是为两大体系及其价值排的序列：

| 文明体系 | 现代体系 |
| --- | --- |
| 美德为本 | 权利为本 |
| 德行优先 | 利益优先 |
| 内在自由 | 外在自由 |
| 内心自律 | 身外法律 |
| 天下无外 | 国家至上 |
| 需求驱动 | 欲求驱动 |
| 朝贡关系 | 外交关系 |
| 文化主义 | 民族主义 |
| 乡土社会 | 都市社会 |
| …… | …… |

与进化论的"传统与现代"思路相比，"文明与现代"思路具有如下特征：一是更具有包容性、开放性，二是更契合错综复杂的历史进程，三是更体现天下大同的理想，借用作曲家瞿小松一段富有诗意的文字来说：

---

① 赵汀阳：《坏世界研究：作为第一哲学的政治哲学》，23~24页。

以我小学层面的地理知识，我知道：非洲有一条大河，叫尼罗河；南美有一条大河，叫亚马逊河；欧洲有伏尔加河、有多瑙河、有莱茵河、有易北河；古代的亚述，现今的伊拉克，有幼发拉底河、有底格里斯河；印度有恒河；中国有澜沧江、有长江、有黄河。世界上，还有许许多多我这个小学生不晓得的河流。众多的河流所滋养的繁盛物种，众多的江河所流经的高山、丘陵、戈壁、平原、森林、草地，使得我们生息繁衍其中的地球，我们的这个家，丰饶，有趣，可爱。这所有河流所孕育的文明，如果说伟大，它们同等地伟大；如果说无足轻重，它们同等地无足轻重，因为从月球、从太空远眺地球，溪、涧、江、河，所有的流，我们一概不见。①

## 三

超越"传统与现代"思路，开拓"文明与现代"思路，对古今中西问题以及中国现代史包括新闻史，就会形成更加开阔的视野、更加大气的格局、更加持平的心态。一百多年前的1906年，25岁的鲁迅在《文化偏执论》里，已敞显了这样一种视野、格局与心态："明哲之士，必洞达世界之大势，权衡校量，去其偏颇，得其神明，施之国中，翕合无间。外之既不后于世界之思潮，内之仍弗失固有之血脉，取今复古，别立新宗，人生意义，致之深邃，则国人之自觉至，个性张，沙聚之邦，由是转为人国。人国既建，乃始雄厉无前，屹然独见于天下，更何有于肤浅凡庸之事物哉？"如今，经过一个多世纪的风风雨雨，人们对此已有越来越自觉、越来越自信的体会，就像北京大学教授强世功2010年写到的：

> 如果我们能够对自己的文化偏见或政治偏见有所反思，并能抛开狭隘的个人恩怨，从文明、民族和历史的角度看待中国的近代和现代史，看待中国近代以来曲折的现代性探索，包括中国革命、新中国建立、

---

① 瞿小松：《虚幻的"主流"》，载《人民音乐》，2011（6）。

社会主义建设、"文化大革命"、改革开放、八九年政治风波以及中国崛起等这些前后相继的历史事件,我相信大家都会对"中国"这个概念有所感悟。①

从文明与现代的思路可以说,现代中国不管如何波涛翻涌,怎样风云变幻,一方面固然属于应对外来冲击的历史进程,另一方面更属于文明体系的转换过程。这个纷纷扰扰的数千年未遇之变局虽然由种种现实因素所促成,恩格斯的"合力论",今天的"博弈论",都有助于理解其错综复杂的背景;但并没有了断,也不可能了断自身的文明基因与文明脉络,即使貌似激进的东西同样既回应着外来潮流,更植根于、生发于内在的文明土壤。比如,沟口雄三对"天"这一概念的阐发:

> 被历代王朝所继承的"天"的统治观念(民以食为天、均贫富、万物各得其所等)不断地变换着其结构形式,依然基本上被继承了下来。例如,清末的大同思想、孙文的民生主义(四亿人的丰衣足食)以及后来的社会主义理念等。这一事实反映了这样一个道理:作为统治理念的"天",实际上是民众的声音。在中国,有关"天"的统治理念,本然地具有社会主义性质,不管社会主义的名目如何,对于中国人民的整体性的生存而言,"天"(相互扶助)的理念是无法轻易抛弃的。②

再如,政治学者强世功教授对新中国政制的论述:

> 共产党理论中最核心的要素不是阶级,也不是民族,而是"国家"和"天下"这样的概念。中国人接受马克思主义的阶级概念,就在于这个阶级概念的背后,有着共产主义的天下大同理想。而这个"国家"也不是现代西方政治理论中的民族国家,而是传统儒家的家—国—天下的差序格局。

毛泽东及其领导的中国共产党人之所以坚定地信仰马克思主义,不仅是因为"十月革命一声炮响给中国送来了马列主义"使得他们看

---

① 强世功:《中国香港:文化与政治的视野》,370页。
② [日]沟口雄三:《中国的冲击》,王瑞根译,100~101页。

到了拯救中国的道路，而且更重要的是，他们看到了马克思主义开辟了拯救全人类的途径。由此，中国选择马克思主义与其说是出于民族主义或者国家主义的现实动机，不如说是基于国际主义和"天下大同"的古典理想。这是共产党与国民党、"旧中国"与"新中国"的根本区别。①

就像没谁能拔着自己的头发离开地球一样，中国的"现代"——现代化、现代性、现代文明等，不能不带有鲜明的中华文明烙印，所谓"中国特色"不是什么人随意强加的，也不是以任何人的意志为转移的。遵循这样的思路，当能避免以意识形态的有色眼镜看问题，以刻舟求剑、南橘北枳的心态强求数千年文明延续不断的中国，从而对文明转型的一整套探索与顿挫多一份同情与理解，对前人的一系列成功与落败多一份温情与敬意。在我们看来，晚清也好，民国也罢，新中国的前三十年也好，后三十年也罢，落实于实际层面无不属于"现代国家"的生成过程或建设过程（state-building）。具体说来，也就是一个"从'自在民族'到'自觉民族'，从'文化主义'到'民族主义'，从'帝国'到'民族国家'的过程"②。用沟口雄三的话说，从鸦片战争到新中国成立，"在这一百年的时间里，中国一以贯之地所追求的基本上是两个长期性课题——吸取西欧文明、推翻王朝制度并建立取而代之的新国家体制"③。显然，这是一项包罗万象的社会系统工程，不可能一蹴而就，也不可能一帆风顺，更不可能按图索骥。而无论工程多么浩大繁杂，艰难曲折，以五千年文明国家的深沉底蕴、聪明智慧与刚毅坚卓，当年仁人志士追求的"振兴中华"已日益成为今日"民族复兴"的愿景——不仅属于中国式现代化，而且属于人类文明新形态。

相应于"传统与现代"和"文明与现代"的思路，隐然形成不同的中国新闻史叙事。大略说来，"传统与现代"一路的新闻史依然占据主流，如中国新闻史权威方汉奇教授的《中国近代报刊史》（山西人民出版社，1981）及其主编的三卷本《中国新闻事业通史》（中国人民大学出版社，1992），

---

① 强世功：《中国香港：政治与文化的视野》，105~106页。
② 李涟：《帝国远行：中国近代旅外游记与民族国家建构》，33页，北京，中国社会科学出版社，2011。
③ [日]沟口雄三：《中国的冲击》，王瑞根译，116页。

以及十之八九的新闻史教科书。其中"革命化"叙事由于共享主流价值，并承载为主流媒体出思想、出人才之责，更是主导着新闻史学科。不难理解，随着80年代以来层层涌动的"告别革命""国际接轨""普世价值"等思潮，"自由化"叙事也开始吹皱池水，甚至时或波涌浪翻，与西方的新闻专业主义一道对中国的新闻实践与新闻话语形成冲击之势，如张育人的《自由的历险——中国自由主义新闻思想史》（云南人民出版社，2002）、李金铨主编的《文人论政：知识分子与报刊》（广西师范大学出版社，2008）等。总体看来，"传统与现代"一路的叙事既细致勾画了新闻史的演进轨迹，又深入揭示了新闻史的内外动因，对中国新闻史学科的建立与发展贡献甚多，并构成中国新闻传播之学的学术基础。与此同时，由于受制于根本思路的局限，无论革命化新闻史，还是自由化新闻史，都难免存在顾此失彼的问题。打个比方，革命化勾勒了长江，自由化描绘了黄河，而问题在于中国还有许许多多的大江大河，更有数不胜数的高山湖泊、草原牧场、平原盆地、戈壁沙漠，等等。

伴随21世纪中国的和平发展，以及"文化自觉"意识的苏醒，如今"文明与现代"思路渐如春风徐来，草长莺飞，新闻传播领域也不例外。2011年9月，国务院新闻办公室发布《中国的和平发展》白皮书，第一次明确宣示了六大"国家核心利益"之际，也阐述了中华文明的传播观，从中不难看出"文明与现代"的思想逻辑：

> 中国人民历来崇尚"和而不同""天人合一""以和为贵"的理念，以和谐精神凝聚家庭、敦睦邻里、善待他人。和谐文化培育了中华民族热爱和平的民族禀性。举世闻名的"丝绸之路"是一条贸易之路、文化之路、和平之路，铭刻下中国古人追求同各国人民友好交流、互利合作的历史足迹。中国明代著名航海家郑和"七下西洋"，远涉亚非30多个国家和地区，展现的是中华灿烂文明和先进科技，留下的是和平与友谊。
>
> 中华民族以"海纳百川，有容乃大"的胸怀，接受一切有益的外来文化，促进了中外文化融合，留下了不少对外文化交流的千古佳话。中国人民具有强烈的集体意识和社会责任感，崇尚"己所不欲，勿施

于人",尊重不同文化、不同观念,注重推己及人、将心比心,不将自己的意志强加于人。对外待之以礼,实行睦近交远。

如前所述,鸦片战争以来的变局既是现代文明的启蒙历史,也是争取国家独立、民族解放、人民自由的革命历史,同时更属于现代国家的生成过程、建设过程。与之相应,新闻业除了高高在上地启蒙大众,如孙中山的"先知先觉"对"后知后觉",除了星火燎原地动员民众、组织民众、发动民众,如"全党办报,群众办报"及毛泽东的"政治家办报",同时也是一面为纷繁复杂的现代国家体系提供必不可少的信息平台与传播网络,一面日入日深地"型塑"必不可少的世道人心,从而在中华文明数千年的文化认同上形成现代的国家认同,将文明体系的天下之民或"散沙之民"(孙中山),变成现代国家的一国之民——"国民"。另外,中华文明的内在基因也如血脉一般渗透于现代新闻业,从而形成不同于西方新闻业的诸多理论与实践。比如,以往新闻史将王韬、梁启超、《大公报》等"文人论政"归结于现代西方新闻思想的影响,视之为"新闻自由"的一条历史脉络。而从"文明与现代"的思路看,文人论政其实更是赓续着春秋诸子的百家争鸣、汉代太学生的参政议政、明代东林党人的"家事国事天下事"等精神衣钵。再如,一些研究常常批评中国的典型报道,认为不符合西方新闻专业主义的标准。其实,在这些看似"高大全"的典型报道中,无不若隐若现地体现着中华文明激浊扬清的道德传统。

如今,诸如此类的研究已如春水绿波,耳目一新,值得关注。例如,北京大学吴晓东博士的学位论文《〈长河〉中的传媒符码》(《视界》2003年第12辑)、四川大学李涯博士的学位论文《帝国远行:中国近代旅外游记与民族国家建构》(中国社会科学出版社,2011)等。再如中国人民大学新闻学院樊亚平博士的学位论文《中国新闻从业者职业认同研究(1815—1927)》(人民出版社,2011)、清华大学新闻与传播学院李漫博士的学位论文《元代传播考》(北京大学出版社,2013)、复旦大学新闻学院王华博士的学位论文《民族影像与现代化加冕礼——少数民族题材纪录片历史与建构(1949—1978)》、中国社会科学院研究生院新闻系牟邵义博士的学位论文《明代东北亚地区陆路信息传播研究》,等等。这些研究虽然取舍万殊，但共同点都在自觉不自觉地摆脱进化论思路，从更加广阔的文明背景上探求新闻传播的丰富内涵。举例来说，按照"革命化"叙事，19世纪传教士报刊难脱文化帝国主义的丑恶印记，而在"自由化"叙事中则被视为先进文明的宁馨儿，就像2011年出版的《传教士中文报刊史》一书序言所写的：

> 传教士中文报刊介绍了相当丰富的西学知识，举凡数、理、化、天、地、生、医、农、文、史、哲、经、法、政治学、教育学、军事学，从自然科学、人文科学、社会科学到工程技术，无所不涉。其中，相当多的知识为中国人此前所不知，或较中国已有之知识先进。①

这一路研究及其认识当然都有理有据，也在某种程度上触及问题的实质。不过，世纪之交，留美学者刘禾对19世纪列强话语政治的独到研究引起学界热议，其中涉及传教士问题不仅体现着一种"文明与现代"意识，而且对理解当时新闻传播也不无启发。②与此相似，中国社会科学院外国文学研究所研究员程巍，关于电报网络的所思所见对清末民初的新闻史研究同样提供了广阔视野：

> 清末以来政府在财政极度匮乏的情形下引进的各种技术和制度（铁路、轮船、航空、电报、印刷机、邮政系统、房屋编号、国语统一、国民教育体系、强迫教育等），为日后一个统一的现代国家的形成铺垫了技术、制度和社会诸方面的基础，不能为了把1917年神话为"中国现代史的开端"而将其一笔抹杀。长城非一日建成。
>
> 川流不息的电波将中国各地及中国与世界紧密连在一起。李鸿章这份奏片所体现的战略眼光和现代商业管理理念，远高于狂想"十万里铁路"的胡适。电报在全国动员以及"同步行动"方面具有的政治潜力，超出了李鸿章的预想，并实际促成清廷的快速倒台。在电报遍设于中国后，即便从甘肃到北京须一百多天，从上海到成都须两个月，

---

① 赵晓兰、吴潮：《传教士中文报刊史》，"序言"，1~2页，上海，复旦大学出版社，2011。

② 参见刘禾：《帝国的话语政治：从近代中西冲突看现代世界秩序的形成》，北京，生活·读书·新知三联书店，2009。

但甘肃、上海、成都和北京可在同一时刻互通音讯。不徒如此,万里之遥发生的事,当日或次日便可为中国各地报馆所知,并立即载于报刊。

电报大大促进了各地方共同体对"同一个国家"的认同。它是时间和意识的加速器。假若说李鸿章引进电报反加速了清朝的终结,那么,西方发明的这种技术也成了列强瓜分和侵略中国的一个障碍——它们发现这个向来缺乏组织的国家已迅速动员起来。

以前因地理距离而处于不同时空的各地方共同体,如今被电报一齐带进同一个时空共同体。1911年10月的辛亥革命能迅速变成全国运动,1918年11月欧战胜利消息能在同一刻传遍全国并形成举国同庆的场面,1919年5月4日的北京学生运动能立即席卷全国,1927年的北伐能进展神速,与电报快捷传递消息和社会动员的功能密不可分;而且,电报也成为"国际运动"的媒介:巴黎和会期间,七千封电报从中国各地发向巴黎。这一切,在1900年以前是不可想象的。电报网的设立,使这个处在"空洞的、异质的时间"中的古老国家第一次获得了各地之间以及中国与世界之间的共时性。①

当然,眼下"文明与现代"一路的新闻史研究还任重道远,不仅因为许多材料还有待发掘,许多问题还有待探究,许多认识还有待厘清,而且更关键的还在于"解放思想",像《国际歌》唱的"让思想冲破牢笼",特别是冲破数百年来桎梏人类思想的一套话语,刘小枫对政治学家列奥·施特劳斯的解读或许有助于理解这一点:

> 施特劳斯倡导的政治哲学突出"古典"的规定,首先意味着从根本上质疑现代"盲目而热烈的""主义"(无论保守、"左倾"还是自由主义)——回答为什么我们要引进施特劳斯,第一个理由就是:我们由此得以摆脱百年来对西方现代的种种"主义""盲目而热烈的"追逐。
>
> 我们引介施特劳斯的第二个理由就在于:对现代之后的西方文教制度的学理基础,我们应该抱持审慎的态度。施特劳斯倡导的古典教

---

① 程巍:《清末电报网与国家统一》,载《中华读书报》,2009-07-01。

育为我们提供了契机,因为,古典教育要求我们瞩目古代的高伟灵魂,这只能见诸古代流传下来的经典——讲是非、好坏、对错、善恶,必须基于一套道德原则,无论中国还是西方的古代文明,早就已经总结出这样的原则,现代的社会科学废除了这些原则,"在地上"另立原则,我们必须寻回古典的原则,才能挽救我们作为学人的道德-政治品质。

我们引介施特劳斯的第三个理由就在于:施特劳斯的"古典政治哲学"让我们懂得,中国之"道"百年来面对的仅仅是西方的现代之"道",而非西方的古典之"道",使我们得以摆脱以现代西方之道来衡量中国古典之道的习惯立场,摆脱现代西方文教体系中的种种"盲目而热烈的"政治想象。[①]

由此观之,值得反思。

---

[①] 刘小枫:《施特劳斯与中国:古典心性的相逢》,载《思想战线》,2009(2)。

# 后　记
## ——让我们追寻那诗意的境界

　　经过一番寻寻觅觅冷冷清清的辛苦劬劳，这篇博士论文总算杀青了。此时此刻，自是感慨良多；千言万语，却又欲说还休。唯有庆幸有缘成为中国人民大学的一名学子，庆幸能够忝为方汉奇先生的一介门生。母校厚德载物，师恩山高水长——幸甚至哉，歌以咏志！

　　回想两年前那个暑热难捱的夜晚，当我为千呼万唤不出来的论文选题而辗转反侧时，一道灵光仿佛倏忽闪过。于是，"唐代文明与新闻传播"兀然而出！那一刻，就像跋涉的朝圣者蓦地瞥见圣城，既诚惶诚恐，又欢欣雀跃。

　　一方面，就此选题而论，自忖并非合适人选。因为，我既对唐代史知之不多，又对新闻史涉猎甚少，尚未入门，遑论研究。而另一方面，内心又隐然腾起"非我莫属"的冲动。其间，除去"我不入地狱谁入地狱"的年轻气盛外，还有那挥之不去的生命情结。

　　据说汤因比尝言，要是容许自由投胎，那么他最愿意生活在9世纪的新疆北部。此言令我怦然心动！9世纪于中国乃属自己神往的大唐时代，而新疆北部则是生我养我的一方热土。由此构成的时空坐标，正是我生命世界中永远的"光荣与梦想"。这么说来，情形便似普希金的诗句所云："我整个的生命是和你必然相会的保证……"

　　不过，踏上这条"荒芜英雄路"之初，心底对所欲追寻的目标并不明确。你来我往的思路，就像不知驶向哪个港口的航船，但觉八面来风都是逆风。起初，原想做点严谨凿实的"朴学"，借用兰克的话说，"只打算完全如实地说明事实的真相"(《拉丁与条顿民族史》初版序言)，即所谓"如史直说"。

应该承认，这种想法里也含有对自己以往偏重高蹈之思而轻略实证之学的自省与矫枉。记得钱钟书的弟子张隆溪说过，乃师对建构宏大的体系和成套的理论不感兴趣，而与弗雷泽的治学理路不谋而合："一切理论都是暂时的，唯有事实的总汇才具有永久的价值。"

然而，不久我便感到，纯粹在事实上爬梳钩稽不仅有悖自己的性情，而且其意义也值得推敲。倘如傅斯年所说，史学就是史料学，那么史学的价值何在？史料的厘正与堆积又有何用？进而言之，对隐匿于历史黑洞中的名物，若不以鲜活的心境去洞明，去烛照，从而赋予灵动的生命，那么漫溲如许的断烂朝报究竟干卿底事？

于是，我再次想起那个直逼本源的画面。一次，布洛赫的爱子向身为历史学家的父亲发问："告诉我，爸爸。历史有什么用？"为此，布洛赫正襟危坐写下那部传世名作《历史学家的技艺》。其中着力阐发的思想，就是史学不能仅限于现象的客观描述，而应凸显生命的意义与感悟，为人生贯注一脉美好的诗意。

事实上，追寻诗意本是史学的题中应有之义。布洛赫说得好："（历史学）思接千载，视通万里，千姿百态，令人销魂，因此它比其他学科更能激发人们的想象力。……不要让历史学失去诗意……一些人一听到历史要具有诗意便惶惑不安，如果有人以为历史诉诸感情会有损于理智，那真是太荒唐了。"(《历史学家的技艺》导言)

在刘知几揭示的三条史家标准里，首屈一指的也是诗意（才），其次才是学术（学）与思想（识）。而对唐代来说，彰显诗意更是不言而喻。作为饱满的生命、流宕的精神和自然的心性之流溢，诗意可谓唐代文明的灵魂。借用T. 卡特的精妙概括，唐代"是一个新生与青春的时期，是一个抒情诗"的世纪。

胡马、胡马，远放燕支山下。跑沙跑雪独嘶，东望西望路迷。迷路、迷路，边草无穷日暮。论文搁笔之际，对到底解决了多少学术问题，不敢心存奢望。唯一尚可欣然的，是唐代与西域的同构气象使我得以抒写鼓荡其中的沛然诗意。因此，就我而言，这篇论文与其说是一项拾遗补缺的学术研究，不如说是一次荡气回肠的生命洗礼。

末了，不能不对诸多师友表示深深的谢忱！需要特别提及的，是本篇博士论文的各位评审委员和答辩委员。他们的谨严、学识及风范，使我获益良多。这里，我只想把他们的尊名开列于此，以志感念：

宁树藩（复旦大学新闻学院教授，博士生导师——评审委员）

丁淦林（复旦大学新闻学院教授，博士生导师——评审委员）

姚福申（复旦大学新闻学院教授，《新闻大学》主编——评审委员）

吴廷俊（华中理工大学新闻与信息传播学院院长，教授——评审委员）

谷长岭（中国人民大学新闻学院副教授——评审委员）

陈业劭（中国人民大学新闻学院教授——评审委员与答辩委员会主席）

赵玉明（北京广播学院副院长，教授，博士生导师——答辩委员）

刘建明（清华大学中文系副主任，教授——答辩委员）

明安香（中国社会科学院新闻与传播研究所研究员——答辩委员）

尹韵公（中国社会科学院新闻与传播研究所所长，研究员——答辩委员）

郭镇之（北京广播学院电视传播研究所所长，研究员——答辩委员）

李彬

1998年6月21日于中国人民大学研一楼745

# 修订版补述

本书1999年付梓以来，转眼已有15个春秋。为了此次修订，过去一年又将《资治通鉴》通读一遍，每见字里行间当年留下的眉批，恍兮惚兮就像穿梭于时空梦境，瞻之在前，忽焉在后，更真切地感到"生也有涯而知也无涯"。司马光的《进资治通鉴表》，如今读来不由心领神会：

> 性识愚鲁，学术荒疏，凡百事为，皆出人下；遍阅旧史，旁采小说，简牍盈集，浩如烟海；骸骨癯瘁，目视昏近，目前所为，旋踵遗忘……

为此，修订版唯有尽力，不敢奢求，除校订差错，弥补前愆，拾遗补阙增添一点内容，斟酌损益更改一些文字，最后还附有一篇近作，既属这些年的点滴心得，又多少延续着这篇博士论文的学术思路。

通常而言，学位论文写什么题目，就会对什么专题发生好感，自己当然也不例外。出版社送来的书稿清样校阅完毕之际，恰好读到诗评家李元洛追思晚唐诗人郑谷的散文《千年如在觅诗魂》，结尾抒写的意境令人悠然神往：

> 环目四顾，寂寂无人，青山仍青着从唐代以来就青着的青色，溪涧仍溪着从唐代以来就溪着的溪声，只是再也寻不到郑谷的一角衣衫，半枚履印，再也找不到读书堂的一截断瓦，半口残砖，诗人早已走进了云烟深深深几许的历史。蓦然回首，山林间居然有一匹悠闲的白马，在不知有汉无论魏晋地低头嚼着青草，那该是当年郑谷的坐骑的子孙后裔吧？

且让我纵身而上，快走踏清秋，从古驿道直去唐朝。①

除此人之常情，攻读博士学位于我还有更深意味。因为，在自己的求学与心路历程上，《唐代文明与新闻传播》是个转折。如果说此前兴趣在舶来的传播学理，并兼及欧美新闻传播业的话，那么十八年前拜方汉奇先生门下受业后，思想与学术不知不觉发生转向——关注中国问题、聚焦文化政治、追求历史与逻辑的有机统一等，而探究唐代新闻传播就是一次粗浅的学习与尝试。

如今时过境迁，愈感本篇习作不仅是爬罗剔抉的学术苦旅，而且更是清明高远的思想洗礼。正如书中所示，唐代是一个英姿勃勃的英雄时代，一个生机勃勃的青春时代，清季汇编的数万首《全唐诗》犹如涛声远逝的袅袅余响。在人类文明史上，如此阳光明丽的时代，也许只有古希腊可堪媲美。而不可比拟的是，唐代文明辐射辽远的疆域，精神光焰更穿越历史的天宇，旦复旦兮，光华灿烂。尤其印象鲜明的是，唐代具有一种罕见的、兼容并包的开放气度，诚可谓九天阊阖开宫殿，万国衣冠拜冕旒。

说到开放，当下每个国家都自诩开放，每个人也喜欢自视开放，而关键在于对什么开放。赵汀阳一语中的：人们总是更容易对新事物而非异质事物开放。向新事物开放，谁也不会真正感到深刻的痛苦。西人最终不也接受了日心说、进化论、精神分析等最初令其愤怒不已的思想嘛。至于面对异质事物，精神世界的开放之门则仿佛重如泰山了。当今流行的"我不赞同你的话，但我誓死捍卫你说话的权利"，说穿了无非是一种温和的异教徒意识或原教旨主义。

当初撰写论文后记时，特意提到汤因比的一个夙愿并心有戚戚：西域与唐代的交错时空，是他心向往之的生命家园。在学术思想上，汤因比向以文明比较论著称，想来这一祈盼同其考察各大文明的感悟不无关系，而中国西域正是几大文明交相辉映的胜地。无论如何，不管怎样，浸淫辉煌灿烂的文明天地，沐浴吞吐日月的精神气象，人的生命格局怎不开阔，怎

---

① 李元洛：《千年如在觅诗魂》，载《人民日报》，2014-01-08。

不明朗,一如李杜诗歌,光焰万丈,亦如贝多芬炽热光辉的交响曲,扶摇直上九万里。也因此,笔者对各路原教旨不免敬而远之。

拙著曾蒙黄春峰先生的青睐,收入新华出版社"新闻传播学博士文库"。如今又得益于翟江虹女士的美意,有幸纳入中国人民大学出版社"新闻传播学文库"。另外,修订工作得到清华大学新闻与传播学院博士研究生李海波与硕士研究生刘恋的协助,在此一并致谢。

**李彬**
2014年从教三十载附识于清华园